浙江省生态经济促进会组织编写

《浙江生态经济发展报告》年度系列

2016 浙江生态经济发展报告

——生态文明制度建设的浙江实践

沈满洪　张　迅　谢慧明　等著

中国财经出版传媒集团
中国财政经济出版社

图书在版编目（CIP）数据

2016浙江生态经济发展报告：生态文明制度建设的浙江实践/沈满洪等著. —北京：中国财政经济出版社，2016. 12
ISBN 978-7-5095-7064-7

Ⅰ. ①2… Ⅱ. ①沈… Ⅲ. ①生态经济-经济发展-研究报告-浙江-2016 Ⅳ. ①F127. 55

中国版本图书馆CIP数据核字（2016）第269403号

责任编辑：周桂元　　　　责任校对：张　凡
封面设计：楠竹文化　　　　版式设计：董生平

中国财政经济出版社 出版
URL：http：//www. cfeph. cn
E-mail：cfeph @ cfeph. cn

社址：北京市海淀区阜成路甲28号　邮政编码：100142
营销中心电话：88190406　北京财经书店电话：64033436　84041336
北京京华虎彩印刷有限公司印刷　　各地新华书店经销
787×1092毫米　16开　21印张　281 000字
2016年12月第1版　2016年12月北京第1次印刷
定价：46. 00元
ISBN 978-7-5095-7064-7/F・5657
（图书出现印装问题，本社负责调换）
本社质量投诉电话：010-88190744
打击盗版举报热线：010-88190492，QQ：634579818

2016 浙江生态经济发展报告
——生态文明制度建设的浙江实践

组织编写：浙江省生态经济促进会

承担单位：浙江省哲学社会科学重点研究基地——
浙江省生态文明研究中心

项目资助：浙江省优势学科哲学社会科学重大招标项目
“生态文明制度建设研究”（14YSXK03ZD）

作　　者：沈满洪　张　迅　谢慧明　钭晓东
郅玉玲　李植斌　李　一　赵忠诚
王　晋　周　楠　沈玲佳　陈明刚
赵容丽　俞梦绮　强朦朦　吴应龙

序

党的十七大报告在阐述更高要求的小康社会时，首次以一段话的篇幅提出“建设生态文明”的命题。党的十八大报告按照“五位一体”的框架以一个单独的部分系统阐述了“大力推进生态文明建设”。如果说党的十七大报告就生态文明建设点了题，那么，党的十八大报告则对生态文明建设开了题。

党的十八大报告在阐述生态文明建设时，首次以一段话的篇幅提出“加强生态文明制度建设”。党的十八届三中全会通过的《中共中央关于全面深化改革若干重大问题的决定》按照“五位一体”的框架以一个单独的部分系统阐述了“加快生态文明制度建设”。《中共中央国务院关于加快推进生态文明建设的意见》以三分之一左右的篇幅阐述生态文明体制、机制和制度建设。《生态文明体制改革总体方案》则全力以赴阐述生态文明体制、机制和制度改革。如果说党的十八大报告就生态文明制度建设点了题，那么党的十八届三中全会以后的几个文件则对生态文明体制、机制和制度建设进行了全面的顶层设计。

中央的顶层设计充分说明，生态文明制度建设是生态文明建设的根本保障，要真正走上绿色发展的道路、建成以美丽中国为目标的社会主义生态文明，必须大力推进生态文明制度建设。《中共中央关于全面深化改革若干重大问题的决定》指出：

“建设生态文明，必须建立系统完整的生态文明制度体系，实行最严格的源头保护制度、损害赔偿制度、责任追究制度，完善环境治理和生态修复制度，用制度保护生态环境。”

总体上看，浙江省在生态文明建设方面走在全国的前列。习近平总书记在G20杭州工商峰会上的讲话中把杭州誉为“生态文明之都”。之所以浙江省在生态文明建设方面走在全国前列，一是因为浙江省始终坚持习近平总书记提出的“绿水青山就是金山银山”重要思想的正确指引，二是因为浙江省生态文明制度建设走在全国前列，无论是生态文明管制制度、生态文明财税制度、生态文明产权制度还是生态文明协商制度、生态文明法律制度等均走在全国前列。

为了及时展现浙江生态文明建设、生态经济发展的经验，浙江省生态经济促进会委托浙江省哲学社会科学重点研究基地——浙江省生态文明研究中心主任沈满洪教授组织专家学者编写《浙江生态经济发展报告》（年度系列）。在出版了《2012浙江生态经济发展报告》、《2013 浙江生态经济发展报告》、《2014/2015 浙江生态经济发展报告——“五水共治”的回顾与展望》的基础上，又推出了《2016 浙江生态经济发展报告——生态文明制度建设的浙江实践》。

《2016 浙江生态经济发展报告——生态文明制度建设的浙江实践》以“生态文明制度建设”为主题，既从总论的角度总结了浙江生态文明制度建设的发展脉络、制度清单、显著成效、基本经验、突出问题及改革思路等，又从分论的角度分别就生态管制制度、生态补偿制度、排污权交易制度、生态文明公众参与制度、环境法律制度等逐一作了回顾和展望。整个报告思路清晰，层次分明，观点鲜明，论证有力，具有较强的指导性、创新性和可读性。相信它能成为广大干部群众开拓工作思路、提升理论素养的良师益友，方便读者以理论促进实践，掌握生态文明之都建设的特点和规律，为早日建成“两富”、“两美”浙江添砖加瓦。

习近平总书记视察浙江时明确提出了“干在实处永无止境，走在前列要谋新篇”的要求。这是对全省广大干部群众的莫大鼓励和极大鞭策。希望全省广大理论工作者和实际工作者坚持中国特色社会主义道路自信、理论自信、制度自信、文化自信，为实现“四个全面”的战略目标作出无愧于时代的贡献！

宁波大学校长
浙江省生态文明研究中心主任　沈满洪
中国生态经济学学会副理事长
2016年9月18日

目　　录

总　　论 …………………………………………………………………… (1)

生态文明制度建设的浙江实践 ……………………………………… (3)

一、浙江省生态文明制度建设的发展沿革 ……………… (4)

二、浙江省生态文明制度建设的政策清单 ……………… (18)

三、浙江省生态文明制度建设的绩效评价 ……………… (60)

四、浙江省生态文明制度建设的基本经验 ……………… (69)

五、浙江省生态文明制度建设的突出问题 ……………… (73)

六、浙江省生态文明制度建设的改革思路 ……………… (79)

分　　论 …………………………………………………………………… (87)

分论之一：生态管制制度建设的浙江实践 ………………… (89)

一、生态管制制度的内涵与分类 …………………………… (89)

二、浙江省在生态管制制度建设上的探索 ……………… (91)

三、浙江生态管制制度的实施绩效 ………………………… (106)

四、浙江生态管制制度的建设经验 ………………………… (121)

五、浙江生态管制制度建设中存在的问题 ……………… (126)

六、浙江生态管制制度建设的对策建议 ………………… (129)

分论之二：生态补偿制度建设的浙江实践 ………………… (136)

一、生态补偿制度基本原理 ………………………………… (136)

二、浙江省生态补偿制度改革的回顾 …………………………（141）
三、浙江省生态补偿制度建设的主要做法 ……………………（150）
四、浙江省生态补偿制度成效分析 ……………………………（156）
五、浙江省生态补偿制度的基本经验 …………………………（162）
六、浙江省生态补偿制度存在的问题 …………………………（166）
七、完善浙江省生态补偿制度的对策建议 ……………………（171）

分论之三：浙江排污权制度建设及改革报告 ……………………（177）
一、排污权制度的理论基础及其内涵 …………………………（178）
二、浙江省排污权制度改革与发展的历史回顾 ………………（182）
三、浙江省排污权制度改革与发展的基本特征 ………………（186）
四、浙江省排污权制度建设的初步成效 ………………………（199）
五、浙江省排污权有偿使用和交易制度的基本经验 …………（209）
六、浙江省排污权制度建设的主要问题 ………………………（212）
七、浙江省进一步加强排污权制度建设的对策建议 …………（218）

分论之四：生态文明公众参与制度建设的浙江实践 ……………（224）
一、生态文明公众参与制度概述 ………………………………（224）
二、浙江省生态文明公众参与的历史回顾 ……………………（239）
三、浙江省公众参与生态文明的主要成效 ……………………（251）
四、浙江省生态文明公众参与制度建设存在的问题 …………（258）
五、浙江省生态文明公众参与制度建设的经验 ………………（263）
六、完善浙江省生态文明公众参与制度建设的对策建议
……………………………………………………………………（267）

分论之五：环境法律制度建设的浙江实践 ………………………（273）
一、环境法律制度建设的基本内涵 ……………………………（273）
二、浙江环境法律制度建设的历史回顾 ………………………（279）

三、浙江环境法律制度建设的绩效评估 …………………（300）
四、浙江环境法律制度建设的基本经验 …………………（306）
五、浙江环境法律制度建设的问题与不足 ………………（311）
六、浙江环境法律制度建设的完善路径 …………………（317）

总　　论

生态文明制度建设的浙江实践

生态文明制度建设是生态文明建设的根本保障。生态文明制度就是关于推进生态文明建设的行为规则，是关于推进生态文化建设、生态产业发展、生态消费行为、生态资源开发、生态环境保护、生态科技创新等一系列制度的总称。根据不同的标准，生态文明制度可以有不同的分类。在《生态文明体制改革总体方案》中，生态文明制度包括自然资源资产产权制度、国土空间开发保护制度、空间规划体系、资源总量管理和全面节约制度、资源有偿使用和生态补偿制度、环境治理体系、环境治理和生态保护市场体系、生态文明绩效评价考核和责任追究制度。本部分首先在细致梳理八类浙江省生态文明制度的发展沿革和政策清单的基础上，明确提出浙江省生态文明制度在生态、经济和社会效应三方面业已取得显著成效；其次揭示了浙江省生态文明制度建设的三大经验：一是强调“自下而上”制度创新与“自上而下”制度推广相结合，二是突出多种调控手段有机结合并善于平衡政府与市场的关系、制度与技术的关系和各子制度之间的关系，三是主张省市整体规划与市县个体规划相结合、城市整体规划与产业个体规划相结合、系统整体规划与个体功能规划相结合；最后基于浙江省生态文明制度建设中的突出问题给出了四类制度建设的改革思路，包括构建生态型“有为政府”、培育绿色化“有效市场”、实现体制性“多规合一”、实施制度化“考核办法”。

一、浙江省生态文明制度建设的发展沿革

继党的十八大报告突出强调“加强生态文明制度建设”以后，党的十八届三中全会《决定》又明确提出必须建立系统完整的生态文明制度体系①。2015 年 4 月，《中共中央国务院关于加快推进生态文明建设的意见》以较长的篇幅系统阐述了“健全生态文明制度体系”②。2015 年 9 月，中共中央、国务院发布《生态文明体制改革总体方案》，明确了生态文明体制改革的总体要求、具体制度建设目标和实施保障。具体制度建设目标包括健全自然资源资产产权制度、建立国土空间开发保护制度、建立空间规划体系、完善资源总量管理和全面节约制度、健全资源有偿使用和生态补偿制度、建立健全环境治理体系、健全环境治理和生态保护市场体系、完善生态文明绩效评价考核和责任追究制度八类。浙江省在生态文明制度建设和体制改革方面走在全国前列，但不同生态文明制度在浙江经历了不同的变革与实践，制度实施的重点也千差万别。浙江省自然资源资产产权制度重点关注确权登记、自然资源产权体系、自然资源资产管理体制和分级行使所有权体制等。浙江省国土空间开发保护制度主要是指完善主体功能区制度、健全国土空间用途管制制度、建立国家公园体制和完善自然资源监管体制。浙江省空间规划体系建设重点是编制空间规划、推进市县“多规合一”、创新市县空间规划编制方法。浙江省资源总量管理和全面节约制度建设主要集中在土地资源、水资源、天然林资源、湿地资源、海洋资源、矿产资源与资源循环利用七个方面。浙江省资源有偿使用和生态补偿制度包括自然资源环境价格和税费制度、土地有偿使用制度、矿产有偿使用制度、海域海岛有偿使用制度、生态补偿机制、耕地草原河湖休养生息制度。环境治理体系、环境治理和生

① 新华网. 中共中央关于全面深化改革若干重大问题的决定. 2013 - 11 - 15，http：//news. xinhuanet. com/2013 - 11/15/c_ 118164235. htm.

② 光明日报. 中共中央国务院关于加快推进生态文明建设的意见. 2015 - 05 - 06，http：//news. gmw. cn/2015 - 05/06/content_ 15574309. htm.

态保护市场体系两类制度集中体现为污染物排放许可制、污染防治区域联动机制、农村环境治理体制机制、绿色金融体系、环境信息公开制度、培育环境治理和生态保护市场主体等。浙江省生态文明绩效评价考核和责任追究制度主要聚焦于差异化绩效考核体系建立、资源环境承载能力监测预警、自然资源资产负债表编制、领导干部自然资源资产离任审计、生态环境损害责任终身追究。根据关键性制度出台的年份或制度出台的密集程度差异，浙江省八类生态文明制度可以分为不同的发展阶段并遵循着不同的演变路径。

1. 浙江省自然资源产权制度的发展沿革

浙江省 1978 年以来自然资源产权制度的演进路径可以分为三个阶段。

（1）地方性法规体系的形成阶段（1978 年至 20 世纪 90 年代）。在改革开放之前，浙江省自然资源产权制度基本是针对国家层面所出台的法律、法规和规章的贯彻执行。这一时期在国家层面上只在宪法、民法通则中对自然资源的所有权作出了规定，不存在任何一部自然资源的单行法。1954 年的《宪法》规定“矿藏、水流，由法律规定为国有的森林、荒地和其他资源都属于全民所有”。这表明我国的自然资源产权制度从建立之初就从法律上明确了国家所有制，但国家通过法律规定自然资源所有权的同时并没有对其产权制度作出进一步安排，行政管理部门成为自然资源产权安排的唯一主体，政府行为成为自然资源产权市场的全部内容（王万山等，2002）。总体上，改革开放前的自然资源完全归国家所有，使用权无偿取得且不可交易，自然资源法律缺失。为适应社会主义市场经济发展的需要，国家在 20 世纪 80 年代集中颁布了几项关于自然资源的重要法律。浙江省在此基础上陆续出台了一批地方性法律法规：1986 年《浙江省乡镇集体矿山企业和个体采矿管理条例》、1987 年《浙江省土地管理实施办法》、1989 年《浙江省渔业管理实施办法》、1993 年《浙江省森林管理条例》、1994 年《浙江省林地管理办法》，以及其他一系列地方政府规范性文件等，这些政府文件共同构成了浙江省自然资源产权制度安排的基础。在这一阶段，自然资源所有权二元结构正式确立，使用权和所有权可分离，但自然资源使用权依旧处于无偿获得的状态。

（2）使用权有偿取得和可交易阶段（20 世纪 90 年代至 2013 年）。我国的自然资源使用权有偿取得与可交易始于土地使用权，《浙江省确定土地所有权和使用权若干规定》对国有土地和集体土地的所有权与使用权作出了详细规定，完善了土地资源的产权体系。随后是采矿权和探矿权有偿取得与交易流转的变革。在自然资源使用权的有偿取得和交易方面，浙江省在其中的水权、采矿和探矿权进行了一些有益的自发性探索实践，先于国家层面以招投标方式出售矿产资源的使用权，如我国第一个水权交易的案例（东阳—义乌水权交易）。与此同时，各类自然资源的确权登记工作逐渐展开，初始领域是林地、矿业和土地，然而这一阶段的浙江省自然资源的确权登记制度散见于各资源地方性法律法规、部门规章和规范性文件的条例之中，尚未对自然资源确权登记制度进行专门性的安排。

（3）建立系统的自然资源资产产权制度阶段（2014 年至今）。随着我国社会主义市场经济的迅速发展，自然资源的稀缺性日益显现，其资产价值越来越受到重视，资产属性日益明显。因此，自然资源资产产权既强调资源的稀缺性和资产化，同时也强调资源的生态性（杨海龙等，2015）。自党的十八届三中全会以来，浙江省在原有自然资源产权制度改革的基础上，开始探索建立系统完整的自然资源资产产权制度。进一步深化各自然资源领域的产权归属和权责明晰问题，进一步分离所有权和使用权，开始建立统一的自然资源确权登记系统。由于不同自然资源所有权和使用权的分离程度不一，这一阶段的浙江省在进一步探索所有权和使用权分离的同时对自然资源确权登记和有偿取得形式的多样化进行了探索。浙江省业已进行了土地、林地、矿业、水流和海域确权登记，在使用权的流转与抵押等方面政府也出台了规范性文件。

2. 浙江省国土空间开发保护制度的发展沿革

浙江省的国土空间开发保护制度从建立到发展至今，大约可以分四个阶段，即1978—1995年的萌芽阶段、1996—2004年的探索阶段、2005—2013年的发展阶段、从2014年至今的全面重视阶段。

（1）1978—1995年的萌芽阶段呈现两个特点：一是重视经济区划。在“七五”计划时期，浙江省提出“两片四区”经济区划，将浙江省划分成浙东北和浙西南两大片；在这两大片划分的基础上再细分成以杭州为中心的浙北区域，以宁波为中心的浙东区域，以温州为中心的浙南区域和以金华为中心的浙西区域；提出以沿海带动内地以期形成以城市为中心的点轴分布空间布局。二是开始生态保护地建设。1981年，浙江省政府发布《浙江省自然保护区条例》，提出加强森林系统的生态环境保护，初步建立了国家级的森林公园、风景名胜区和自然保护区体系。

（2）1996—2004年的探索阶段也呈现两个特点：一是经济区划进一步完善。“九五”时期，浙江省提出了“三区三带”经济区划，将浙江省划分为三大经济区域，即沪杭甬高速公路沿线地区、温台沿海地区、浙赣铁路和金温铁路沿线地区；在三大区域中，产业沿交通干线呈明显的轴线集聚，已经或正在形成三条产业带：杭州湾“V”形产业带、温台沿海“I”形产业带、浙赣铁路和金温铁路沿线“T”形产业带。二是开始重视生态文明建设，并对生态功能区建立与管理、自然资源管理进行初步探索。1996年，浙江省政府颁布《浙江省风景名胜区管理条例》；2000年，浙江省政府发布《浙江省农业自然资源综合管理条例》；2003年，浙江省出台《浙江省生态省建设规划纲要》。

（3）2005—2013年浙江省国土空间开发保护制度进入发展阶段，表现为重点完善主体功能区规划和基本建立国土空间用途管制制度。2005年10月，浙江省编制的《浙江省国民经济和社会发展第十一个五年（2006—2010年）规划纲要》提出要优化空间发展框架，把城市群作为推进城市化的主体形态，培育杭、甬、温三大都市经济圈，推进浙中城市群的资源整合和经济融合，并要求明确区域主体功能区划。2013年9

月 26 日，浙江省政府正式发布《浙江省主体功能区规划》，报告首先根据土地资源、水资源、环境容量、生态系统脆弱性、生态重要性、自然灾害危险性、人口集聚度、经济发展水平、交通优势度等指标的综合评价将浙江国土划分为优化开发区域、重点开发区域、限制开发区域和禁止开发区域。优化开发区域主要分布在长三角南翼环杭州湾地区，重点开发区域主要分布在沿海平原地区、舟山群岛新区和内陆丘陵盆地地区，限制开发区域分为农产品主产区、重点生态功能区和生态经济地区，禁止开发区域主要是指世界遗产、世界地质公园、国家级自然保护区、国家级风景名胜区、国家森林公园和国家地质公园等。与此同时，浙江省政府于 2006 年发布了《浙江省自然保护区管理办法》，规范了自然保护区的建设和管理；2011 年，浙江省出台了《浙江省风景名胜区条例》，完善了其中风景名胜区的开发、利用和保护的制度，同时增加了关于风景名胜区规划的相关条款。

（4）全面重视阶段。浙江省国土空间开发保护制度基本完善，进入了国土空间开发保护的建设阶段。这一阶段有两个特点：一是政策不断完善和强化。《浙江省主体功能区规划》发布以后，浙江省政府相继发布《关于市县环境功能区划编制工作有关问题的意见》、《浙江省人民政府办公厅印发关于各类开发区整合优化提升意见的通知》、《浙江省人民政府办公厅关于全面编制实施环境功能区划加强生态环境空间管制的若干意见》和《浙江省人民政府办公厅关于印发农业“两区”绿色发展三年行动计划（2015—2017 年）的通知》等一系列各主体功能区编制和建设文件。二是试点工作不断深化。2014 年，浙江省发布《浙江省人民政府办公厅关于在开化县开展重点生态功能区示范区建设试点的通知》，开始了在开化县试点生态功能区建设工作。与此同时，浙江省开化县和仙居县分别启动国家公园试点。2015 年，国务院批转《国家发改委关于 2015 年深化经济体制改革重点工作意见》，并提出在北京、吉林、黑龙江、浙江、福建、湖北、湖南、云南、青海 9 个省份开展“国家公园体制试点”，每个省份选取一个区域在 2017 年前完成为期三年的国家公园试点。开化县经浙江省政府批准成为浙江省国家公园建设的首个试点地区。

3. 浙江省空间规划体系的发展沿革

浙江省空间规划体系大体经历了三个阶段：多规分治阶段、多规合一萌芽阶段、多规合一发展阶段。

（1）多规分治阶段时间大体在2000年以前。1992年，浙江省政府发布了《浙江省实施〈中华人民共和国城市规划法〉办法》，对城市市区、近郊区以及城市行政区域因城市建设和发展需要实行规划控制的区域进行集中领导，统一管理。1996年，浙江省政府继续发布浙江省“九五”计划，提出了“三区三带”的经济区划。1997年，浙江省政府发布《浙江省土地利用总体规划》。1998年，浙江省政府发布《浙江省城镇体系规划1996—2010》。

（2）多规合一萌芽阶段时间大体在2001年到2012年间。在这一阶段上，浙江既有“双规”、“三规”的初步探索，也有土地利用规划、城乡发展规划等。2003年10月，国家发改委规划司正式启动了规划体制改革试点，江苏苏州、福建安溪、广西钦州、四川宜宾、浙江宁波和辽宁庄河成为首批六个试点市县并开始推进国民经济和社会发展规划、城市总体规划、土地利用总体规划“三规合一”试点。2004年，浙江省政府在《浙江省统筹城乡发展推进城乡一体化纲要》中提出，以编制市县域总体规划为重点，进一步调整完善市县级土地利用总体规划和城乡的供排水、公交、生态建设与保护等专项规划；同时深化城乡编制综合改革，强化区域性规划的综合协调功能。2006年，浙江省建设厅和国土资源厅联合出台《关于加快推进县市域总体规划编制工作的若干意见》，确定宁波宁海、嘉兴海宁、金华武义、衢州龙游和台州温岭为第一批“双规”联合编制试点。浙江省政府在2007年发布的《浙江省县市域总体规划编制导则（试行）》和2008年发布的《关于切实加强县市域总体规划和土地利用总体规划衔接工作的通知》中提出了县市域总体规划和土地利用总体规划相衔接的工作思路。与此同时，浙江省政府还积极开展了一些创新市县空间规划编制方法的尝试，如2004年浙江省政府发布的

《关于在全省城乡规划领域推行“阳光规划”的意见》。

（3）多规合一阶段，大体从 2013 年开始。在 2013 年 12 月 12 日中央城镇化工作会议上，习近平总书记指出：要建立统一的空间规划体系、限定城市发展边界、划定城市生态红线，探索经济社会发展、城乡、土地利用规划的“三规合一”制度。2014 年，国家发改委发布《关于开展市县“多规合一”试点工作的通知》，选取全国 28 个县开展多规合一试点，浙江嘉兴、开化、德清被列入试点名单。《通知》要求试点与探索“多规合一”的具体思路，研究提出可复制可推广的“多规合一”试点方案，实现一个市县一本规划和一张蓝图。同时，浙江省还积极探索完善市县空间规划体系，建立相关规划衔接协调机制；提出合理确定规划期限、规划目标、规划任务和构建市县空间规划衔接协调机制等四项试点任务。

4. 浙江省资源总量管理和全面节约制度的发展沿革

浙江省资源总量管理和全面节约制度从新中国成立以来至今大致可以分为三个阶段。

（1）总量未控制阶段（1978—1985）。新中国成立初期，为早日迈入工业化，我国对资源尤其是矿产资源进行了大量的开采，既造成了资源浪费又给生态环境带来了破坏。再加上在发展早期，经济与资源之间的矛盾尚不突出，人与自然和谐相处等科学发展观尚未提出，资源被认为是“取之不尽，用之不竭”的。在资源开发利用政策方面，主要表现为“有水快流、靠山吃山、靠水吃水”的加速资源开发的政策取向（谷树忠等，2011）。总体上，该阶段国家尚未进行总量控制，浙江省也未进行“自下而上”的制度创新，总量未得以控制。

（2）萌芽阶段（1986—1997）。改革开放后的一段时间，对外开放与市场化为经济发展注入了新的活力。但对资源的利用方式仍然较为粗犷，不少地区在经济发展的过程中出现了资源瓶颈，突出表现为矿产资源、水资源与土地资源。为应对资源瓶颈，国家开始实行总量控制，相继颁布了《中华人民共和国矿产资源法》、《中华人民共和国土地管理法》和《黄河可供水量分配方案》，开始对土地资源、矿产资源与水资源实行总量控制。为响应中央政府号召，各省结合自身实践开始了“自上而下”与“自下而上”相结合的制度探索。1986 年，浙江省第六届人民代表大会常务委员会第二十一次会议通过了《浙江省乡镇集体矿山企业和个体采矿管理条例》，开始有针对地管理矿产资源，促进矿产资源的合理开发与利用。该条例开启了浙江省对资源总量控制的探索。与此同时，浙江省还强调了耕地保护、节约用水、天然林保护问题。浙江省先后颁布了《浙江省实施〈中华人民共和国水法〉办法》、《浙江省城市节约用水管理实施办法》、《浙江省土地复垦办法》、《浙江省基本农田保护条例》、《浙江省土地监察条例》、《浙江省森林管理条例》等。在这一阶段，浙江省资源总量控制制度呈现出三个特点：一是总量控制对象较少，仅涉及水资源、土地资源与林地资源。二是制度强度还较低，仅作出面上规定，具体操作思路与建设措施尚处于探索阶段。三是总量控制手段较单一，主要靠法律手段与行政手段，而对经济手段与技术手段的运用还较少。

（3）浙江省资源总量管理和全面节约制度的发展阶段（1998—2010），表现出三方面特征。第一，总量控制与全面节约的资源种类已经基本完善，制度体系基本构建完成。除土地资源、矿产资源、水资源与林地资源外，浙江省在 1998 年颁布了《浙江省海域使用管理办法》，开始对海洋资源进行管制。湿地资源是浙江省最晚开始控制的资源种类，《浙江省人民政府办公厅关于加强湿地保护管理工作的通知》的出台标志着浙江省开始重视湿地资源的保护。第二，规制强度逐步增强。在此阶段上，浙江省关于各类资源总量控制与全面节约的法规、条例、标准、通知等文件数量逐步增多。“自上而下”与“自下而上”的制度探索已初具成效，规制强度不断增大。第三，总量控制的手段逐渐丰富。除法律手段与行政手段外，浙江省政府开始注重经济手段对资源配置进行调节，如对各类资源使用者征收资源费（土地税、水资源费）、水价改革、补偿金、保证金等。此外，浙江省还逐步加大对生态文明建设重大意义的宣传，道德手段与技术手段也逐渐发挥其应有作用。

（4）系统完善阶段（2011—）。2011 年作为“水利年”，国务院明确实行最严格的水资源管理制度，提出了生态红线的概念。得益于“自上而下”的制度推广经验，浙江省资源总量管理和全面节约制度进入了系统完善的阶段。这一阶段浙江省制度建设有三个突出特点：一是树立了“山水林田湖”是一个生命共同体的理念，开始按照生态系统的整体性、系统性及其内在规律，统筹考虑各类资源的保护与开发利用，更加注重制度体系的系统性与联动性。二是建立了资源环境生态“红线”标准。树立底线思维，设定并严守资源消耗上限、环境质量底线、生态保护红线，将各类开发活动限制在资源环境承载能力之内，合理设定资源消耗“天花板”。三是生态文明建设的指导思想已经基本明确，如“绿水青山就是金山银山”、“山水林田湖是一个生命共同体”、“ 尊重自然、顺应自然、保护自然”、“两美浙江”等。这一阶段浙江省制度建设的重点在于系统梳理和优化调整现行资源政策，重点强化资源节约利用和优化配置。

5. 浙江省资源有偿使用和生态补偿制度的发展沿革

浙江省资源有偿使用和生态补偿制度可以分为四个阶段。

（1）无偿划拨使用阶段（1978—1981）。新中国成立初期，实行计划经济体制，自然资源属于国家所有，自然资源的使用采取无偿划拨的形式。这也导致了很长一段时间内的资源滥用现象。即使是在改革开放后的一段时期内，由于自然资源环境的价格及其税费制度改革滞后于商品价格改革，该阶段自然资源的价格及其税费制度还是延续了计划经济时代的无偿使用制度。

（2）探索发展阶段（1982—2004）。1982 年出台的《浙江省征收排污费暂行规定》开始对排污行为进行收费，体现了环境资源有偿使用的原则，同时排污费的收入纳入环境保护专项资金用于污染治理，体现了“污染者付费”的原则。这一阶段的制度实践主要包括两个方面。一是在资源有偿使用上。矿产资源开发开始征收资源税和资源补偿费，开启了矿产资源的有偿使用；并且各地区开始自主探索通过拍卖、招标、挂牌形式出让探矿权和采矿权以实现矿权有偿使用。土地资源上各地区结合自身实际探索了各种类型的土地流转方式，如返租倒包、转包、股份合作制、土地信托等。二是在生态补偿上。台州、杭州、绍兴等地区积极尝试多种生态补偿方式，如异地开发、财政转移支付、专项基金等。此阶段上浙江省资源有偿使用和生态补偿制度的特征主要表现为：各类常见自然资源有偿使用制度建设从无到有逐渐起步，主要涉及矿产、水、森林、林地、土地、海域等；同一制度之内和不同制度之间由省政府牵头的制度建设和地区自发探索实践的制度创新并存。

（3）深化发展阶段（2005—2012）。2005 年，浙江省在总结生态补偿地区试点经验的基础上，出台了《关于进一步完善生态补偿机制的若干意见》，成为第一个在省级层面提出完善生态补偿机制的省份，也是第一个全面系统推进生态补偿实践的省份。这一阶段的主要特征有：第一，在生态补偿上加大了补偿力度，扩大了补偿范围，探索了跨省补偿；第二，在资源有偿使用上，提高了水资源费和排污费征收标准、细化和扩大了征收范围，规范了矿业权交易行为，开征了海域使用金。

（4）市场化导向的改革阶段（2013—）。随着各级政府更加注重综合运用市场、行政和法律手段来保护环境，近年来发挥市场在自然资源和环境资源领域配置的基础性作用越来越受到重视。2013 年党的十八届三中全会指出要完善反映市场供求、资源稀缺程度、生态环境损害成本和修复效益的自然资源价格形成机制。在这一阶段上，浙江省完善了矿业权网上交易系统，加快了农村土地经营权的规范流转，环境资源税的计征方式逐步由从量计征改为从价计征、调整速度加快，更是在全国首推海域使用权基准价。

6. 浙江省环境治理体系的发展沿革

浙江省环境治理体系发展包括三个阶段。

（1）环境治理体系萌芽阶段（1978—1980）。1974 年成立环境保护领导小组及其办事机构，将环保工作纳入政府管理事务，1977 年成立浙江省环境保护领导小组办公室。在 1977 年到 1980 年间，省领导小组组织开展形式各异的污染源调查和治理，协调处理一批环境污染事故与纠纷，制定环境保护规划与计划，酝酿起草环境地方性法规；陆续建立起全省各级环境管理机构和环境保护科研和检测机构。一批管理干部和技术人员从机关、工交、农业、科研等部门调到环境保护战线上，在极为困难的条件下艰苦创业，打下了环境保护工作的初步基础[①]。在这一阶段上，浙江省环境治理体系体现出三个特点：一是积极传达国家的环境治理精神，依照国家型环保法规安排环境治理工作；二是积极建设各环保组织机构，为环境治理体系的探索和发展拉开了序幕；三是制度强度还比较低，具体环境治理体系的法规多处于酝酿起草阶段。

（2）环境治理体系探索发展阶段（1981—2000）。1981 年，浙江省环境保护局正式成立，浙江省开始积极探索建立环境治理体系相关制度，正式的法规条例也相继形成。同年颁布实施了《浙江省征收排污费暂行规定》和《浙江省防治环境污染暂行条例》。在这一阶段，浙江省环境治理体系呈现出三个特点。一是环境治理体系不断完善。浙江省积极探索更加有利于环境治理的制度。例如：1982 年《浙江省征收排污费和罚款暂行规定》的出台标志着生态环境损害赔偿制度开始得到重视，2000 年《杭州市污染物排放许可管理办法》出台标志浙江省污染物排放许可制开始建立。二是环境治理体系制度强度逐步加大。省政府、省环保厅以及杭州和宁波等地政府先后制定一系列有利于环境治理工作开展的行政法规，其中省级层面有《浙江省取水许可制度实施细则》、《浙江省鉴湖水域保护条例》、《浙江省环境监理办法》等；市级层面有《宁波市余姚江水污染防治条例》、《杭州市有害固体废物管理暂行办法》、《杭州市噪声管理暂行条例》等。三是城市环境综合整治初见成效。据统计，浙江省县及县以上工业企业 1986 年到 2000 年工业废水排放量控制在 13 亿立方米左右，工业废水处理率从 30.3% 提高到 79.3% 。

① 两型社会建设网. 浙江环境保护的发展历程. 2012 - 04 - 03，http：//www. lxshjs. com/Infor/default. asp.

（3）环境治理体系全面得到重视阶段（2001—）。2000年以后，浙江省环境治理体系建设全面铺开，充分体现“绿色浙江”、“生态浙江”、“美丽浙江”的战略目标。全面重视阶段的特点包括以下三个方面：一是环境治理体系更加丰富。在这一阶段上，《生态文明体制改革总体方案》关于环境治理体系的六项具体制度在浙江均有实践。浙江省各市县初步建立了污染源“一证式”管理模式，并形成各具特色的推进路径。农村环境治理体制机制与全省目前重点推进的“美丽乡村”建设、“五水共治”、“四边三化”等工作得到有机结合。二是各项具体制度都得到具体政策法规的支持。较之于探索发展阶段，环境治理体系的六项具体实施制度不仅仅停留在理念层面，而是全都有具体的政策制度与之对应。三是制度强度加强。浙江省有关环境治理体系的法规、条例、标准和通知等文件数量逐步在增多。仅仅从发布数量来看，环境治理体系省市级层面具有代表性的政策法规便接近160多条。

7. 浙江省环境治理和生态保护市场体系的发展沿革

浙江省环境治理和生态保护市场体系的发展经历了三个阶段。

（1）环境治理和生态保护市场体系的理论萌芽阶段（1978—2001）。改革开放以来，浙江省市场经济体制建设取得了丰硕成果，然而，在环境治理方面浙江省的政策文件体系主要还是秉持以行政力量为主导，由政府制定政策来治理环境和生态问题，鲜有市场机制的运用。以行政力量为主导的体制机制在治理环境和生态保护的过程中出现一系列的效率低下、监管不到位和环境问题依然突出等。为解决这些问题，浙江省积极探索环境“第三方治理”。理论萌芽阶段上浙江省环境治理与生态保护市场体系的建设体现出三个特点：一是市场机制在社会经济建设中的优势作用突出，在环境治理与生态保护领域的运用尚未被认同；二是单一的政府主体与“命令—服从”式治理模式体现出一定的弊端，市场体系和第三方治理的引入呼之欲出；三是关于市场机制和第三方治理的政策文件暂未出台。

（2）环境治理和生态保护市场体系的探索发展阶段（2002—2009）。

在注重行政管理手段践行生态文明建设的同时，浙江开始重视依靠市场机制推动污染治理和促进环境保护（周树勋，任艳红，2015）。在这一阶段上，通过市场机制解决环境治理与生态保护的政策文件相继出台，相关文件的精神也得到了落实，部分市县对市场体系的建设也展开了积极的探索。2002 年嘉兴市《秀洲区水污染排放总量控制和排污权有偿使用管理试行办法》出台并付诸实施。2003 年，浙江省嘉兴市试水排污权交易。2007 年嘉兴市人民政府正式颁布实施《嘉兴市主要污染物排污权交易办法（试行）》；同年 11 月，嘉兴市排污权储备交易中心正式挂牌运行。2009 年，浙江省按照环境保护部、财政部批准的《浙江省主要污染物排污权有偿使用和交易试点工作方案》，正式启动全省排污权有偿使用和交易试点工作。同年 3 月，浙江省排污权交易中心正式挂牌。探索发展阶段本制度的最大特征是突破了政府包办环境治理的局限，开始尝试引入市场和社会机制。

（3）环境治理和生态保护市场体系的全面重视阶段（2010—）。在这一阶段上，环境治理和市场体系的特征主要表现为以下几个方面。一是环境治理与生态保护市场体系政策文件数量增长快。2010 年之后，环境治理和生态保护市场体系各个子制度在浙江省均有一定数量政策文件的支撑。二是环境治理和生态保护治理效果显著。例如，截至 2015 年 5 月浙江企业获国家发改委批准碳减排项目 121 个，获联合国 CDM 执行理事会注册项目 65 个，签发项目 29 个，签发核证减排量 3300 万吨。全省人均碳排放量从 6.15 吨提高至 6.39 吨，年均增长 1.29%；碳排放强度从 10528 吨降低到 8207 吨，年均下降 7.97%，强度减排初见成效（李炯，陈宇光，2015）。三是市场机制运用在全省全面铺开，社会治理机制初步显现。以排污权为例，2010 年浙江全面实施二氧化硫排污权有偿使用和交易试点；除宁波、舟山和丽水外，太湖流域、钱塘江流域和温州、绍兴、台州等均有化学需氧量有偿使用和交易制度实践。

8. 浙江省生态文明绩效评价考核和责任追究制度的发展沿革

（1）生态文明绩效评价考核和责任追究制度建设的萌芽阶段（1978—

2003）。改革开放以来至2003年，浙江省关于生态文明绩效评价考核和责任追究制度的政策文件暂未出台，制度种类少和制度强度低是这一阶段的主要特征。但在这一阶段，生态文明绩效评价考核和责任追究制度还是存在少量的理论和实践萌芽。一是理论萌芽方面。在全国范围内首次使用生态文明概念的是生态学家叶谦吉。1987年，他在全国生态农业问题讨论会上指出应该大力建设生态文明，并且对生态文明的含义作了阐释（梁兴印等，2016）。在生态文明理念的指引下，历届浙江省委、省政府高度重视，“一年接着一年抓，一任接着一任干”、注重“抓好当前，更着眼长远”、“既要金山银山，又要绿水青山”、强调“生态兴则文明兴，生态衰则文明衰”。二是实践萌芽方面。浙江以生态理论为基础在全国较早地开展生态省建设，致力于探索生态文明的科学发展之路，推进浙江省生态文明绩效评价考核和责任追究制度实践：1985年全省加强了水、大气、海洋、酸雨监测网络建设；对全省八大水系第一次作出评价；首次建立了全省酸雨数据库；1989年浙江开始推行各级政府任期环境保护目标责任制和城市环境综合整治定量考核制度（中共浙江省委党史研究室，2010）。

（2）生态文明绩效评价考核和责任追究制度建设探索发展阶段（2004—2009）。自2004年起，浙江省开始在生态文明绩效评价考核和责任追究制度建设上逐年出台相关政策文件，制度种类数增多、制度强度也在逐年增强。探索发展阶段的生态文明绩效评价考核和责任追究制度主要依托生态省建设的基础性、标志性工程，在建设生态省决定的基础上，通过印发《浙江省环境违法行为责任追究办法》和《浙江省环境污染监督管理办法》等，落实生态环境保护的各项政策措施。一方面，加强生态环境监测管理。2004年“811”环境污染整治行动在浙江打响。“8”指的是浙江省八大水系；“11”既是指全省11个设区市，也指当年省政府划定的区域性、结构性污染特别突出的11个省级环保重点监管区。另一方面，明确生态环境保护责任。浙江省委、省政府在这一探索发展阶段上建立了严格的考核机制，积极制定生态文明建设评价体系，对县（市、区）生态文明建设情况进行了全面量化评价并将年度考核结果作为评价党政领导班子和领导干部个人实绩的重要依据。

(3) 生态文明绩效评价考核和责任追究制度建设全面重视阶段(2010—)。这一阶段呈现的主要特征为制度的种类进一步增加，相关文件出台更为频繁，制度强度全面加强。一是省委、省政府高度重视并作出生态文明建设重要战略决定。2010 年浙江省委、省政府作出了推进生态文明建设的决定，并于同年 6 月决定再度开展“811”生态文明建设五年推进行动；2012 年浙江提出坚持生态立省方略、加快建设生态浙江。通过前期的积极探索和大胆实践，浙江开始全面实施生态文明建设考核评价制度，把环境保护作为约束性指标纳入考核体系，改变了长期以来 GDP 至上的政绩观。二是浙江开始开展编制自然资源资产负债表改革试点工作。三是浙江各县市全面实施生态文明绩效评价考核和责任追究制度。如永康市等四个县市因为年度跨行政区域河流交接断面水质考核不合格被通报、罚款、区域限批，考核结果与生态补偿挂钩，这将生态环境保护的责任真正落实到地方政府①。2013 年前后，湖州建立健全考核问责机制，将“绿色 GDP”纳入对县区和市级部门考核指标体系，推行三级绿色生态考核办法和乡镇分类考核办法。该办法创新了干部考核评价机制，坚持把考核重点从经济领域向社会、民生、尤其是生态领域延伸，形成了比较科学的绿色生态考核评价体系②。在生态文明绩效评价考核和责任追究制度建设的全面重视阶段，省委、省政府先后出台了多个意见和办法，以保障该制度的全面落实。

二、浙江省生态文明制度建设的政策清单

浙江省生态文明制度发展沿革的梳理只是从时间维度分阶段地讨论了自然资源资产产权制度、国土空间开发保护制度、空间规划体系、资

---

① 绿色浙江在路上——浙江省生态文明建设综述. 中国政府网，2013 - 05 - 18，http://politics.people.com.cn/n/2013/0518/c70731 - 21528168.html.

② 湖州实行绿色 GDP 考核 以生态考核树优干部政绩导向. 浙江在线，2013 - 06 - 13，http://zzgz.zjol.com.cn/zzgz/system/2013/06/09/019397215.shtml.

源总量管理和全面节约制度、资源有偿使用和生态补偿制度、环境治理体系、环境治理和生态保护市场体系、生态文明绩效评价考核和责任追究制度等的演变情况，时间和空间维度综合的建设成果可以从政策清单的梳理中进一步得到明确①。

1. 浙江省自然资源资产产权制度的政策清单

自然资源不仅包括土地、森林、矿藏、草原等构成生态环境且进入经济活动中的资源，还包括大气、水、湿地等生态系统和聚居环境的资源（杨海龙等，2015）。浙江省的各类自然资源丰裕程度不一，山岭地区占比较大，草原和湿地资源稀少，矿藏资源以普通建筑用石、砂、土为主，拥有一定的海域面积。因此，浙江省自然资源资产产权制度的政策清单着重从土地、矿藏、海域三方面进行梳理，如表 0 - 1。土地自然资源资产产权制度的改革始于农村家庭联产承包责任制。浙江省农村土地承包经营权流转走在全国前列，经过改革开放以来 30 多年的探索实践，形成了农村土地承包经营权流转的“浙江模式”——农村土地股份合作社模式。矿藏资源资产产权制度主要关注 1996 年以来的矿业权市场化变革，包括采矿权和探矿权。浙江省矿业权市场化建设起步于采矿权的有偿出让，最早的采矿权有偿出让实践可以追溯到 1998 年武义县以招标方式出让 2 个萤石矿的采矿权（胡杰等，2005）。总体上，浙江省矿业权的市场化建设呈现出稳扎稳打、循序渐进的特色。浙江省海洋资源产权制度建设侧重在海域使用权的规范与完善。海域使用权由无偿取得向有偿取得转变，使用权登记管理体系逐渐完备，海域有偿使用价格逐步市场化，海域使用权管理法制化。总之，浙江省在分级所有权体制方面尚未出台相关政策规定；自然资源确权登记制度的建设较为健全的是土地登记；产权体系建设的规定散见于各类政府规范性文件中，尚无系统

① 在搜索过程中，虽然由于网络基础设施存在差异，有一些地方的环保局或水利局的主页在搜索的特定阶段总是无法显示；由于搜索引擎存在差异，在有些地方部门主页能搜索到相关关键词而在有些地方部门主页就搜索不到相关关键词；然而，总体上来说，网络信息还是能够反映不同阶段、不同区域和不同部门的政策体系及其演变，主要搜索的是浙江省省市两级政府各个部门的官网和相关信息发布渠道。

性的政策文件出台；管理体制上，政府既充当了监督管理的角色，又行使了国家自然资源所有者的职能；水流产权确权试点上，杭州市东苕溪流域已经开始了水权确权的分配、登记和交易试点。

表 0－1　　　　浙江省自然资源资产产权制度清单

子制度名称	文件名称	文件号
综合性制度	《浙江省乡镇集体矿山企业和个体采矿管理条例》	浙江省第六届人民代表大会常务委员会第二十一次会议通过（1986）
	《浙江省土地管理实施办法》	浙江省第六届人民代表大会常务委员会第二十三次会议通过（1987）
	《浙江省渔业管理实施办法》	浙江省第七届人民代表大会常务委员会第七次会议通过（1989）
	《浙江省森林管理条例》	浙江省第八届人民代表大会常务委员会第六次会议通过（1993）
	《浙江省林地管理办法》	1994 年省政府令第 43 号
登记制度	《浙江省土地登记办法实施细则》	浙土资办〔2003〕38 号
	《浙江省海域使用权登记备案管理办法》	浙海渔发〔2006〕11 号
	《关于进一步规范许可证件管理有关问题的通知》	浙林办资〔2008〕22 号
	《浙江省土地登记实施细则》	浙土资办〔2009〕143 号
	《关于做好省发证矿业权出让价格确定有关工作的通知》	浙土资办〔2011〕64 号
	《浙江省农村集体土地所有权确权登记发证工作规则》	浙土资发〔2012〕4 号
	《关于印发〈浙江省海域使用权登记管理暂行办法〉的通知》	浙海渔发〔2013〕7 号

续表

子制度名称	文件名称	文件号
产权体系	《浙江省取水许可制度实施细则》	1995 年省政府令第 62 号
	《浙江省确定土地所有权和使用权若干规定》	浙土发〔1997〕95 号
	《关于积极有序地推进农村土地经营权流转的通知》	浙委办〔2001〕53 号
	《关于深化探矿权采矿权有偿取得制度改革和以折股方式缴纳探矿权采矿权价款管理办法的通知》	浙财建字〔2006〕231 号
	《关于探矿权有偿出让若干规定的通知》	浙土资发〔2008〕18 号
	《浙江省人民政府办公厅关于开展海域使用权抵押贷款工作的意见》	浙政办发〔2010〕134 号
	《关于印发〈浙江省矿业权交易管理暂行办法〉的通知》	浙土资发〔2011〕18 号
	《关于组织开展矿业权网上交易试点工作的通知》	浙土资厅函（2011）1076 号
	《浙江省林权流转和抵押管理办法》	2011 年省政府令第 292 号
	《浙江省国土资源厅关于推进净采矿权出让工作的指导意见》	浙土资发〔2013〕28 号
	《浙江省矿业权网上拍卖挂牌交易规则（试行）》	浙土资发〔2013〕75 号
	《关于加快推进全省农村宅基地确权登记发证工作的意见》	浙政办发〔2014〕73 号
	《浙江省国土资源厅办公室关于做好采矿权设置及出让等相关工作的通知》	浙土资〔2014〕113 号
	《浙江省农业厅等 7 部门关于深化农村土地承包经营权确权登记颁证工作的意见》	浙农经发〔2015〕4 号
	《关于印发〈浙江省农村流转土地经营权登记管理办法（试行）〉的通知》	浙农经发〔2015〕6 号

续表

子制度名称	文件名称	文件号
产权体系	《关于引导农村土地经营权有序流转促进农业现代化建设的若干意见》	浙委办发〔2015〕31 号
	《浙江省国土资源厅转发国土资源部关于严格控制和规范矿业权协议出让管理有关问题的通知》	浙土资发〔2015〕42 号
	《关于印发〈浙江省林地经营权流转证发证管理办法（试行）〉的通知》	浙林策〔2015〕56 号
	《关于印发〈浙江省农村土地承包经营权确权登记颁证档案管理办法〉的通知》	浙农经法〔2016〕4 号
	《关于印发〈浙江省招标拍卖挂牌出让海域使用权管理暂行办法〉的通知》	浙海渔发〔2013〕6 号
	《关于印发〈浙江省农村土地承包经营权确权登记颁证补助资金管理办法〉的通知》	浙财基〔2016〕7 号
	《关于印发〈浙江省海域基准价核定规程（试行）〉和〈浙江省海域价格评估规范（试行）〉的通知》	浙海渔管〔2016〕12 号
管理体制	《浙江省海域使用金征收管理暂行办法》	浙政发〔2001〕1 号
	《浙江省海域使用金征收管理暂行办法实施细则》	浙海渔管〔2002〕9 号
	《关于印发〈浙江省探矿权审批工作制度〉的通知》	浙土资发（2002）69
	《浙江省海域使用权申请审批管理办法》	浙海渔发〔2006〕10 号
	《浙江省国土资源厅关于进一步规范采矿权协议出让工作的通知》	浙土资发〔2006〕57 号
	《浙江省海域使用金征收管理办法》	浙政发〔2006〕71 号
	《关于进一步加强矿业权评估监督管理的通知》	浙土资发〔2007〕28 号
	《浙江省国土资源厅关于进一步做好探矿权审批管理工作的通知》	浙土资发〔2008〕24 号

续表

子制度名称	文件名称	文件号
管理体制	《浙江省国土资源厅关于进一步规范采矿权管理若干问题的通知》	浙土资发〔2010〕21号
	《关于印发〈浙江省地质调查院省级发证采矿权实地核查工作规章制度〉等管理办法的通知》	浙地调发〔2011〕23号
	《关于进一步规范采矿权协议出让管理有关问题的通知》	浙土资办〔2011〕28号
	《关于印发〈浙江省海域使用权申请审批暂行办法〉的通知》	浙海渔发〔2013〕8号
	《转发国土资源部办公厅关于贯彻落实采矿权转让审批权限下放有关问题的通知》	浙土资办〔2013〕13号
	《转发〈国家林业局关于进一步改革和完善集体林采伐管理的意见〉的通知》	浙林资〔2014〕36号
	《关于印发〈矿产资源勘查开采监督管理联系点实施方案〉的通知》	浙土资办〔2015〕53号
	《浙江省国土资源厅办公室关于印发〈浙江省探矿权人信用监督管理暂行办法〉的通知》	浙土资办〔2015〕130号
水流产权确权试点	《市政府办公厅关于印发〈杭州市东苕溪流域水权制度改革试点方案〉的通知》	杭政办发电〔2014〕28号

2. 浙江省国土空间开发保护制度的政策清单

自1981年以来，浙江省人大常委会和省人民政府制定和修订了《浙江省自然保护区条例》、《浙江省农业自然资源综合管理条例》、《浙江省风景名胜区管理条例》、《浙江省人民政府关于印发浙江省生态环境建设规划的通知》、《浙江省海洋功能区划》、《浙江省主体功能区规划》、《浙江省限制用地项目目录（2014年）》和《浙江省禁止用地项目目录

(2014 年)》等，初步建立了主体功能区制度、国土空间使用管制制度、国家公园体制和自然资源监管体制。从表 0-2 可以看出，2000 年之前，浙江省国土空间开发保护制度寥寥无几，而在 2006 年浙江省共出台了三部全省层面的政策。2013 年浙江省出台了《浙江省主体功能区规划》，把浙江省国土划分为优先开发区域、重点开发区域、限制开发区域和禁止开发区域。由此可以说，国土空间开发保护制度萌芽于 20 世纪 90 年代，于 2005 年开始发展，从 2013 年全面深化。

表 0-2　　浙江省建立国土空间开发保护制度的政策清单

子制度名称	文件名称	文件号
完善主体功能区制度	《浙江省人民政府关于印发〈浙江省生态环境建设规划〉的通知》	浙政发〔2000〕6 号
	《浙江省人民政府关于印发〈浙江生态省建设规划纲要〉的通知》	浙政发〔2003〕23 号
	《浙江省国土资源厅关于支持社会主义新农村建设的若干意见》	浙土资发〔2006〕40 号
	《关于印发〈浙江省基本农田保护示范区建设方案〉的通知》	浙土资办〔2006〕126 号
	《浙江省海洋功能区划》	国函〔2006〕115 号
	《关于生态环境功能区规划试行工作的通知》	浙环发〔2007〕94 号
	《浙江省产业集聚区发展总体规划（2011—2020)》	浙政发〔2010〕45 号
	《浙江省海洋功能区划（2011—2020)》	国函〔2012〕163 号
	《浙江海洋经济发展示范区规划》	国函〔2011〕19 号
	《浙江省人民政府办公厅关于加强粮食生产功能区建设与保护工作的意见》	浙政办发〔2010〕7 号
	《浙江省国民经济和社会发展第十二个五年规划纲要》	浙江省省第十一届人民代表大会第四次会议通过

续表

子制度名称	文件名称	文件号
完善主体功能区制度	《中共浙江省委办公厅浙江省人民政府办公厅关于加快推进产业集聚区建设的若干意见》	浙委办〔2010〕74号
	《浙江省人民政府关于印发〈浙江省重要海岛开发利用与保护规划〉的通知》	浙政发〔2011〕48号
	《关于切实做好全省产业集聚区用地保障工作的通知》	浙委办〔2010〕74号
	《浙江省人民政府办公厅关于切实做好省级产业集聚区产业引导和项目准入工作的意见》	浙政办发〔2012〕3号
	《浙江省人民政府关于进一步提升全省开发区发展水平的指导意见》	浙政发〔2012〕83号
	《浙江省主体功能区规划》	浙政发〔2013〕43号
	《关于市县环境功能区划编制工作有关问题的意见》	浙环发〔2014〕48号
	《浙江省人民政府办公厅印发〈关于各类开发区整合优化提升意见〉的通知》	浙政办发〔2014〕143号
	《浙江省人民政府办公厅关于印发〈浙江省产业集聚区提升发展方案〉的通知》	浙政办发〔2014〕133号
	《浙江省人民政府办公厅关于在开化县开展重点生态功能区示范区建设试点的通知》	浙政办发〔2014〕7号
	《浙江省人民政府办公厅关于在淳安县开展重点生态功能区示范区建设试点的通知》	浙政办发〔2014〕19号
	《浙江省人民政府办公厅关于全面编制实施环境功能区划加强生态环境空间管制的若干意见》	浙政办发〔2014〕126号

续表

子制度名称	文件名称	文件号
完善主体功能区制度	《浙江省人民政府办公厅关于印发〈农业“两区”绿色发展三年行动计划（2015—2017 年）〉的通知》	浙政办发〔2015〕87 号
	《浙江省人民政府办公厅关于推进国家主体功能区建设试点示范工作的指导意见》	浙政办发〔2015〕39 号
健全国土空间用途管制制度	《浙江省实施〈中华人民共和国土地管理法〉办法》	浙江省第九届人民代表大会常务委员会第 24 号公告
健全国土空间用途管制制度	《浙江省人民代表大会常务委员会关于修改〈浙江省实施〈中华人民共和国土地管理法〉办法〉的决定》	浙江省第十一届人民代表大会常务委员会第 46 号公告
	《浙江省土地利用总体规划条例》	浙江省第十一届人民代表大会常务委员会第 66 号公告
	《浙江省国土资源厅、浙江省发展和改革委员会、浙江省经济和信息化委员会关于印发〈浙江省工业等项目建设用地控制指标（2014）〉的通知》	浙土资发〔2014〕4 号
	《浙江省土地整治条例》	浙江省第十二届人民代表大会常务委员会第 21 号公告
	《浙江省国土资源厅、浙江省发展和改革委员会、浙江省经济和信息化委员会关于发布实施〈浙江省限制用地项目目录（2014 年）〉和〈浙江省禁止用地项目目录（2014 年）〉的通知》	浙土资发〔2014〕16 号

续表

子制度名称	文件名称	文件号
建立国家公园体制	《浙江省自然保护区条例》	浙江省第五届人民代表大会常务委员会第十二次会议通过
	《浙江省风景名胜区管理条例》	浙江省第八届人民代表大会常务委员会第二十八次会议通过
	《浙江省南麂列岛国家级海洋自然保护区管理条例》	浙江省第八届人民代表大会常务委员会第五十一号公告
	《浙江省鉴湖水域保护条例》	浙江省第七届人民代表大会常务委员会第四次会议通过
	《关于修改〈浙江省鉴湖水域保护条例〉的决定》	浙江省第八届人民代表大会常务委员会第四十一次会议通过
	《关于修改〈浙江省鉴湖水域保护条例〉的决定》第三次修正	浙江省第九届人民代表大会常务委员会第三十四次会议通过
	《浙江省生态省建设规划纲要》	浙政发〔2003〕23 号
	《关于修改〈浙江省鉴湖水域保护条例〉的决定》第四次修正）	浙江省第十届人民代表大会常务委员会第十一次会议通过
	《浙江省林地管理办法》	浙政令〔2005〕204 号
	《浙江省自然保护区管理办法》	浙政令〔2006〕215 号
	《浙江省温州生态园保护管理条例》	浙江省第十届人民代表大会常务委员会第二十八次会议通过

续表

子制度名称	文件名称	文件号
建立国家公园体制	《浙江省人民代表大会常务委员会关于修改〈浙江省南麂列岛国家级海洋自然保护区管理条例〉的决定》	浙江省第十一届人民代表大会常务委员会第十四次会议通过
	《浙江省人民代表大会常务委员会关于修改〈浙江省鉴湖水域保护条例〉的决定》	浙江省第十一届人民代表大会常务委员会第十次会议通过
	《关于推进生态文明建设的决定》	中共浙江省第十二届委员会第七次全体会议通过
	《浙江省风景名胜区条例》	浙江省第十一届人民代表大会常务委员会第二十六次会议通过
	《浙江省人民政府办公厅关于做好自然保护区管理有关工作的通知》	浙政办发〔2011〕144号
	《浙江省绿色创建行动方案》	浙政办发〔2011〕112号
	《浙江省湿地保护条例》	浙江省第十一届人民代表大会常务委员会第三十三次会议通过
	《浙江省人民政府关于修改〈浙江省林地管理办法〉等9件规章的决定》	浙政令〔2014〕321号
完善自然资源监管体制	《浙江省农业自然资源综合管理条例》	浙江省第九届人民代表大会常务委员会第十六次会议通过
	《关于加强国土资源调控监测工作的通知》	浙土资发〔2011〕29号
	《关于印发〈关于加快推进全省国土资源信息化建设的意见〉的通知》	浙土资发〔2012〕52号

3. 浙江省空间规划体系的政策清单

自1992年以来，浙江省人大常委会和省人民政府先后制定和修订了《浙江省实施〈中华人民共和国城市规划办法〉》、《浙江省土地利用总体规划1997—2010》、《浙江省城镇体系规划1996—2010》、《关于加快推进县市域总体规划编制工作的若干意见》、《浙江省土地利用总体规划（2006—2020年）》、《浙江省城镇体系规划（2011—2020）》、《土地利用规划“阳光工程”建设实施方案》、《关于在德清县开展城乡体制改革试点的通知》，初步建立了空间规划体系，该体系的政策清单如表0－3所示。

表0－3　　浙江省建立国土空间开发保护制度的政策清单

子制度名称	文件名称	文件号
编制空间规划	《浙江省实施〈中华人民共和国城市规划法〉办法》	浙江省第七届人民代表大会常务委员会公告第33号
	《浙江省城市绿化管理办法》	浙政令〔1994〕64号
	《浙江省土地利用总体规划1997—2010》	1997年浙江省人民政府编制
	《浙江省城镇体系规划1996—2010》	浙政发〔1998〕5号
	《浙江省人民代表大会常务委员会关于建设生态省的决定》	浙江省第十届人民代表大会常务委员会第四次会议通过
	《关于加强我省区域规划工作的若干意见》	浙政办发〔2004〕49号
	《浙江省人民政府办公厅转发〈省建设厅等部门关于加快推进县市域总体规划编制工作若干意见〉的通知》	浙政发〔2006〕40号
	《浙江省人民政府关于加强和改进规划工作的意见》	浙政发〔2005〕54号
	《浙江省人民政府关于进一步加强城乡规划工作的意见》	浙政发〔2006〕40号

续表

子制度名称	文件名称	文件号
编制空间规划	《关于印发〈浙江省市、县级土地利用总体规划大纲审查办法〉和〈浙江省县级土地利用总体规划大纲编制内容要求〉的通知》	浙土资发〔2008〕19 号
	《关于印发〈浙江省乡（镇）土地利用总体规划基数审定办法（试行）〉的通知》	浙土资办〔2008〕180 号
	《浙江省土地利用总体规划（2006—2020 年）》	2009 年浙江省政府编制
	《浙江省城镇体系规划（2011—2020）》	2009 年浙江省政府编制
	《关于改进土地利用总体规划修改申报工作的通知》	浙土资办〔2009〕31 号
	《关于加快推进新一轮土地利用总体规划编制工作的意见》	浙土资办〔2010〕39 号
	《浙江省人民政府关于做好乡镇土地利用总体规划编制和审批工作的通知》	浙政发〔2010〕29 号
	《浙江省城乡规划条例》	浙江省第十一届人民代表大会常务委员会公告第 51 号
	《浙江省土地利用总体规划条例》	浙江省第十一届人民代表大会常务委员会公告第 66 号
	《浙江省人民政府关于加快城市地下空间开发利用的若干意见》	浙政发〔2011〕17 号
	《关于进一步规范土地利用总体规划修改审查报批工作的通知》	浙土资办〔2011〕118 号
	《浙江省人民政府关于印发浙江省山区经济发展规划（2012—2017 年）的通知》	浙政发〔2012〕59 号

续表

子制度名称	文件名称	文件号
编制空间规划	《中共浙江省委办公厅浙江省人民政府办公厅关于进一步加快中心镇发展和改革的若干意见》	浙委办〔2010〕115号
	《浙江省人民政府办公厅关于印发〈2011年全省小城市培育试点和中心镇发展改革工作要点〉的通知》	浙政办发〔2011〕52号
	《浙江省人民政府办公厅关于印发〈2012年全省小城市培育试点和中心镇发展改革工作要点〉的通知》	浙政办发〔2012〕33号
	《浙江省人民政府办公厅关于印发〈2013年全省小城市培育试点和中心镇发展改革工作要点〉的通知》	浙政办发〔2013〕47号
	《浙江省人民政府办公厅关于印发〈全省"812"土地整治工程实施方案〉的通知》	浙政办发〔2013〕60号
	《浙江省人民政府关于在全省开展"三改一拆"三年行动的通知》	浙政发〔2013〕12号
	《浙江省国土资源厅关于印发〈浙江省土地利用计划管理办法（试行）〉的通知》	浙土资发〔2013〕58号
	《浙江省国土资源厅关于开展县级土地利用总体规划定期评估工作的通知》	浙土资厅函〔2013〕243号
	《浙江省人民政府办公厅关于加快推进现代化美丽县城建设的意见》	浙政办发〔2014〕105号
	《关于市县环境功能区划编制工作有关问题的意见》	浙环发〔2014〕48号

续表

子制度名称	文件名称	文件号
编制空间规划	《浙江省国土资源厅关于进一步做好稳增长国土资源服务保障工作的通知》	浙土资发〔2014〕26 号
	《浙江省人民政府办公厅印发〈关于各类开发区整合优化提升意见〉的通知》	浙政办发〔2014〕143 号
推进市县“多规合一”	《关于加快推进县市域总体规划编制工作的若干意见》	浙政发〔2006〕40 号
	《关于在德清县开展城乡体制改革试点的通知》	浙政办发〔2014〕37 号
创新市县空间规划编制方法	《关于在全省城乡规划领域推行“阳光规划”的意见》	浙政办发〔2004〕99 号
	《关于印发〈浙江省农业资源区划研究课题与经费管理办法〉（试行）的通知》	浙财农字〔2008〕217 号
	《浙江省国土资源厅办公室关于印发〈土地利用规划“阳光工程”建设实施方案〉的通知》	浙土资办〔2013〕56 号

4. 浙江省资源总量管理和全面节约制度的政策清单

浙江省最早进行总量管理的资源为矿产资源。1986 年发布并实施的《浙江省乡镇集体矿山企业和个体采矿管理条例》开始对矿产资源进行管理与保护，而这一条例也开启了浙江省对资源总量控制与节约的探索。1991 年颁布的《浙江省实施〈中华人民共和国水法〉办法》、1993 年颁布的《浙江省土地复垦办法》、1993 年颁布的《浙江省森林管理条例》则标志着浙江省开始对水资源、土地资源与天然林资源进行管控。这四类资源是浙江省最早实施总量管理与全面节约制度的资源种类，而湿地资源、海洋资源则较晚，分别在 1998 年与 2005 年。

资源循环利用制度虽一直在运行，但被相应法律法规明确提出却是2008年前后。从表0-4还可以看出，尽管浙江省对各类资源的使用都有着较为明确的法规约束，但各类资源管理制度的强度是不同的。浙江省资源总量控制较早的资源主要是土地资源、水资源与林业资源，而湿地、海洋与循环利用方面的管理起步较晚且比较薄弱。譬如，早在2005年浙江省就开始重视湿地资源的管理工作，但到2012年才正式出台真正意义的法律规定。从各类资源出台的文件数量也可以判断出，浙江省土地资源与水资源的管理强度要远远高于其他资源，加强海洋资源与湿地资源建设是浙江省今后的努力方向。

表0-4　浙江省资源总量管理和全面节约制度政策清单

子制度类型	文件名称	文件号
土地制度	《浙江省土地复垦办法》	浙江省人民政府令〔1993〕第33号
	《浙江省蔬菜基地建设保护条例》	浙江省第八届人大常委会公告〔1994〕17号
	《浙江省基本农田保护条例》	浙江省人大常委会公告〔1994〕18号
	《浙江省土地监察条例》	浙江省第八届人大常委会公告〔1996〕57号
	《浙江省滩涂围垦管理条例》	浙江省第八届人大常委会公告〔1996〕56号
	《浙江省基本农田保护条例》	浙江省人大常委会公告〔2002〕76号
	《浙江省土地利用总体规划条例》	浙江省人大常委会公告第66号〔2011〕
	《浙江省耕地质量管理办法》	浙江省人民政府令第285号
	《浙江省土地整治条例》	浙江省第十二届人大常委会第十三次会议通过
	《浙江省土地节约集约利用办法》	浙江省人民政府第61次常务会议通过〔2016〕

续表

子制度类型	文件名称	文件号
水制度	《浙江省实施〈中华人民共和国水法〉办法》	浙江省人大常委会公告第 27 号〔1991〕
	《浙江省城市节约用水管理实施办法》	浙江省人民政府令第 35 号〔2007〕
	《浙江省取水许可制度实施细则》	浙江省人民政府令第 62 号〔1995〕
	《浙江省城市供水管理办法》	浙江省人民政府令第 109 号〔1999〕
	《浙江省水资源管理条例》	浙江省人大常委会公告第 77 号〔2002〕
	《浙江省水资源费征收管理办法》	浙江省人民政府令第 236 号〔2007〕
天然林制度	《浙江省森林管理条例》	浙江省第八届人大常委会公告〔1993〕10 号
	《浙江省林地管理办法》	浙江省人民政府令第 43 号〔1994〕
	《浙江省重点公益林建设和管理考核实施细则》	浙林造〔2008〕82 号
	《浙江省公益林管理办法》	浙江省人民政府令第 260 号〔2009〕
	《浙江省公益林变更调整管理办法》	浙林造〔2015〕67 号
	《浙江省森林生态效益补偿基金管理办法》	浙财农〔2011〕552 号
	《浙江省林地经营权流转证发证管理办法》	浙林策〔2015〕56 号
矿产制度	《浙江省乡镇集体矿山企业和个体采矿管理条例》	浙江省第六届人大常委会第二十一次会议通过〔1986〕
	《浙江省矿产资源管理条例》	浙江省第九届人大常委会公告〔2000〕22 号
	《关于进一步推进矿业权实地核查工作的通知》	浙土资办〔2009〕65 号

续表

子制度类型	文件名称	文件号
矿产制度	《关于矿产资源补偿费征收有关问题的复函》	浙土资厅函〔2011〕573 号
	《关于印发〈浙江省矿业权交易管理暂行办法〉的通知》	浙土资发〔2011〕18 号
	《关于印发〈浙江省绿色矿山建设管理办法（试行）〉的通知》	浙土资发〔2012〕44 号
	《浙江省国土资源厅关于印发〈浙江省找矿成果奖励暂行办法〉的通知》	浙土资发〔2012〕51 号
	《浙江省国土资源厅关于推进净采矿权出让工作的指导意见》	浙土资发〔2013〕28 号
湿地制度	《浙江省湿地保护条例》	浙江省第十一届人大常委会公告〔2012〕第 79 号
	《浙江省湿地保护规划（2006—2020）》	浙江省林业厅
	《浙江省人民政府关于加强湿地保护管理工作通知》	浙政办发〔2005〕44 号
	《浙江省人民政府关于加强湿地保护管理工作意见》	浙政办发〔2014〕23 号
海洋制度	《浙江省海洋环境保护条例》	浙江省人大常委会公告〔2004〕第 5 号
	《浙江省海域使用管理条例》	浙江省第十一届人民代表大会第三十六次会议通过
	《浙江省渔业管理条例》	浙江省人大常委会公告〔2005〕第 49 号
	《浙江省无居民海岛开发利用管理办法》	浙江省人民政府第 3 次常务会议通过

续表

子制度类型	文件名称	文件号
海洋制度	《宁波市象山港海洋环境和渔业资源保护条例》	浙江省人大常委会第十七次会议审查批准〔2005〕
循环利用制度	《杭州市畜禽养殖污染防治管理办法》	杭州市人民政府令第 225 号〔2006〕
	《杭州市强制性清洁生产实施办法》	杭州市人民政府令第 239 号〔2007〕
	《浙江省人民政府关于进一步推进工业循环经济发展的意见》	浙政办发〔2009〕61 号
	《资源节约和环境保护行动计划》	浙政发〔2008〕52 号
	《浙江省节能降耗实施方案(2009 年)》	浙政办发〔2009〕30 号

5. 浙江省资源有偿使用和生态补偿制度的政策清单

我国长期以来自然资源和环境都处于无价和无偿的状态，排污收费制度的出现打破了这一状态。浙江省资源有偿使用和生态补偿制度的政策清单如表 0－5 所示。1982 年浙江省颁布了《浙江省征收排污费暂行规定》。资源环境税则最早在矿产资源领域实施，《浙江省人民政府办公厅关于征收资源税有关问题的通知》制定了几类主要矿石的税额，至此自然资源有偿使用进入了税费并存的阶段。从改革开放到 21 世纪初的这段时期内，各类自然资源价格从无到有逐渐形成，自然资源定价由政府管制到政府与市场相结合的方向演进，但仍以政府定价居多，市场化程度低。浙江省在 2000 年前后开始对环境资源领域中的排污权制度进行探索创新并逐渐形成了排污权市场价格。浙江土地有偿使用制度的创新主要是指积极深化创新农村土地经营权的流转，1998 年浙江省出现了全国第一宗采矿权的有偿出让——浙江省武义县大塘口矿区采矿权招标出让。1998 年出台的《浙江省海域使用管理办法》规定“取得海域使用权证的单位和个人须缴纳海域使用金”，标志着浙江省海域有偿使用制度正式确立；2011 年无居民海岛也进入有偿使用阶段；2012 年制定了首个海域使用权基准价，为实施海域使用权的招标、拍卖和挂牌奠定了基础。1982—2005 年间，浙江省各地区基层自发探索生态补偿制度，2005年浙江省出台《关于进一步完善生态补偿机制的若干意见》。耕地草原河流休养生息制度是在2013年出台的《生态文明体制改革总体方案》中才被提出来，但关于耕地、草原、河流的休养生息则早有涉及，最早的浙江实践要数1984年在全省推广的“三定”封山育林政策，2012年开始探索湿地的保护休养。

表0－5　　浙江省资源有偿使用和生态补偿制度政策清单

子制度名称	文件名称	文件号
自然资源环境价格和税费制度	《浙江省征收排污费暂行规定》	浙江省第五届人大常委会第十五次会议通过（1982）
	《浙江省人民政府办公厅关于征收资源税有关问题的通知》	浙政办〔1994〕6号
	《浙江省矿产资源补偿费征收管理实施办法》	浙江省人民政府令第59号（1995）
	《关于修改〈浙江省征收排污费和罚款暂行规定〉的决定》	浙江省第八届人大常委会第四十次会议通过（1997）
	《关于整顿城镇供水价格中的收费规范供水价格构成有关问题的通知》	浙价工〔1999〕325号
	《关于印发〈浙江省普通建筑用石矿产资源采矿权拍卖及拍卖所得管理暂行办法〉的通知》	浙财综字〔2001〕64号
	《浙江省人民政府关于矿山自然生态环境治理备用金收取管理办法》	浙政发〔2001〕81号
	《浙江省物价局、建设厅关于建立城市供水价格成本定期监审制度的通知》	浙价调〔2003〕320号
	《浙江省地方税务局关于开征建筑用石资源税的通知》	浙地税发〔2004〕110号
	《浙江省地方税务局关于征收建筑用砂资源税问题的通知》	浙地税发〔2005〕36号

续表

子制度名称	文件名称	文件号
自然资源环境价格和税费制度	《浙江省排污费征收使用管理办法》	2005 年省政府令第 195 号
	《浙江省物价局关于改革城市供水价格和污水处理费分类规范执行范围等问题的通知》	浙价商〔2005〕146 号
	《浙江省水资源费征收管理办法》	浙江省政府令第 236 号（2007）
	《关于进一步规范全省水资源费征收工作的通知》	浙水政〔2008〕49 号
	《浙江省物价局、浙江省财政厅关于水力发电水资源费征收标准及有关问题的通知》	浙价费〔2010〕127 号
	《关于印发〈浙江省超计划用水累进加价水费征收管理暂行办法〉的通知》	浙财综〔2012〕27 号
	《浙江省物价局关于完善居民生活用电阶梯电价有关事项的通知》	浙价资〔2012〕169 号
	《关于印发〈浙江省城镇污水处理费征收使用管理暂行办法〉的通知》	浙财建〔2012〕220 号
	《关于进一步加强和规范水资源费征收工作的通知》	浙水保〔2014〕76 号
	《浙江省人民政府办公厅关于调整资源税征收政策有关问题的通知》	浙政办发〔2014〕96 号
	《关于认真做好水土保持补偿费征收工作的通知》	浙水保〔2014〕98 号
	《关于调整我省水资源费分类和征收标准的通知》	浙价资〔2014〕207 号
	《浙江省物价局关于电价调整有关事项的通知》	浙价资〔2014〕210 号
	《浙江省物价局、浙江省财政厅、浙江省水利厅关于水土保持补偿费收费标准的通知》	浙价费〔2014〕224 号
	《浙江省污水处理费征收使用管理办法》	浙财综〔2015〕39 号

续表

子制度名称	文件名称	文件号
自然资源环境价格和税费制度	《浙江省环境保护厅关于浙江省实行差别化排污收费政策有关具体问题的通知》	浙环发〔2015〕41号
	《浙江省物价局关于电价调整有关事项的通知》	浙价资〔2015〕94号
	《浙江省物价局关于电价调整有关事项的通知》	浙价资〔2016〕2号
土地有偿使用制度	《浙江省土地管理实施办法》	1987年地方性法规
	《浙江省城镇国有土地使用权出让和转让实施办法》	1992年省政府公告第19号
	《浙江省人民政府关于进一步加强全省国有土地使用权出让转让收入管理的通知》	浙政发〔1993〕300号
	《浙江省确定土地所有权和使用权若干规定》	浙土发〔1997〕95号
	《浙江省土地管理局转发国土资源部关于进一步推行招标拍卖出让国有土地使用权的通知》	浙土发〔1999〕81号
	《关于积极有序地推进农村土地经营权流转的通知》	浙委办〔2001〕53号
	《关于划拨土地使用权转让中补缴土地出让金评估方法的批复》	浙土资函（2005〕25号
	《关于印发〈浙江省用于农业土地开发的土地出让金使用管理办法〉的通知》	浙财农字〔2005〕45号
	《关于印发〈国有土地使用权和矿业权招标拍卖挂牌出让工作廉洁从政实施办法〉的通知》	浙土资发〔2006〕55号
	《浙江省国土资源厅关于做好新增建设用地土地有偿使用费征收工作的通知》	浙土资发〔2007〕8号
	《浙江省财政厅关于招标拍卖挂牌出让国有土地使用权过程中有关契税政策的通知》	浙财农税字〔2007〕18号

续表

子制度名称	文件名称	文件号
土地有偿使用制度	《浙江省人民政府关于切实规范国有土地使用权出让收支管理的通知》	浙政发〔2007〕49 号
	《浙江省高级人民法院关于为推进农村土地流转和集体林权制度改革提供司法保障的意见》	浙高法〔2009〕250 号
	《关于印发〈浙江省用于农业土地开发的土地出让金使用管理办法〉的通知》	浙财农〔2010〕30 号
	《浙江省人民政府关于进一步加强国有土地使用权出让收支管理的通知》	浙政发〔2011〕34 号
	《关于印发〈省分成新增建设用地土地有偿使用费分配使用管理办法〉的通知》	浙财农〔2012〕610 号
	《关于开展〈浙江省城镇国有土地使用权出让和转让实施办法〉修订调研工作的通知》	浙土资厅函〔2012〕837 号
	《关于加快推进全省农村宅基地确权登记发证工作的意见》	浙政办发〔2014〕73 号
	《浙江省农业厅等 7 部门关于深化农村土地承包经营权确权登记颁证工作的意见》	浙农经发〔2015〕4 号
	《关于印发〈浙江省农村流转土地经营权登记管理办法（试行）〉的通知》	浙农经发〔2015〕6 号
	《关于引导农村土地经营权有序流转促进农业现代化建设的若干意见》	浙委办发〔2015〕31 号
	《关于印发〈浙江省农村土地承包经营权确权登记颁证档案管理办法〉的通知》	浙农经法〔2016〕4 号
	《关于印发〈浙江省农村土地承包经营权确权登记颁证补助资金管理办法〉的通知》	浙财基〔2016〕7 号

续表

子制度名称	文件名称	文件号
矿产资源有偿使用制度	《浙江省矿产资源补偿费征收管理实施办法》	浙江省人民政府令第59号〔1995〕
	《浙江省矿产资源管理条例》	浙江省第九届人民代表大会常务委员会第二十次会议通过（2000）
	《浙江省普通建筑用石矿产资源采矿权拍卖及拍卖所得管理暂行办法》	浙土资厅〔2001〕223号
	《探矿权采矿权招标拍卖挂牌管理办法（试行）》	国土资发〔2003〕197号
	《关于进一步规范矿业权出让管理的通知》	国土资发〔2006〕12号
	《关于深化探矿权采矿权有偿取得制度改革和以折股方式缴纳探矿权采矿权价款管理办法的通知》	浙财建字〔2006〕231号
	《关于探矿权有偿出让若干规定的通知》	浙土资发〔2008〕18号
	《浙江省国土资源厅关于进一步做好探矿权审批管理工作的通知》	浙土资发〔2008〕24号
	《浙江省国土资源厅关于进一步规范采矿权管理若干问题的通知》	浙土资发〔2010〕21号
	《关于印发〈浙江省矿业权交易管理暂行办法〉的通知》	浙土资发〔2011〕18号
	《关于进一步规范采矿权协议出让管理有关问题的通知》	浙土资办〔2011〕28号
	《关于做好省发证矿业权出让价格确定有关工作的通知》	浙土资办〔2011〕64号
	《关于组织开展矿业权网上交易试点工作的通知》	浙土资厅函〔2011〕1076号
	《转发国土资源部关于印发〈矿业权交易规则（试行）〉的通知》	浙土资发〔2012〕14号

续表

子制度名称	文件名称	文件号
矿产资源有偿使用制度	《转发国土资源部关于印发〈矿业权交易规则〉的通知》	浙土资发〔2012〕14号
	《浙江省国土资源厅关于印发〈浙江省矿业权网上拍卖挂牌交易规则（试行）〉的通知》	浙土资发〔2013〕75号
	《转发〈国土资源部关于进一步规范矿产资源补偿费征收管理〉的通知》	浙土资办〔2013〕114号
	《浙江省国土资源厅关于推进净采矿权出让工作的指导意见》	浙土资发〔2013〕28号
	《关于进一步做好矿业权价款评估监管工作的通知》	浙土资办〔2013〕1号
	《关于要求明确没收的矿业权出让交易保证金处置方式的函》	浙土资厅函〔2014〕189号
	《浙江省国土资源厅办公室关于做好采矿权设置及出让等相关工作的通知》	浙土资办〔2014〕113号
	《关于印发〈浙江省国土地矿专项资金使用管理暂行办法〉的通知》	浙财建〔2015〕33号
	《转发〈国土资源部关于严格控制和规范矿业权协议出让管理有关问题〉的通知》	浙土资发〔2015〕42号
	《关于印发〈浙江省探矿权人信用监督管理暂行办法〉的通知》	浙土资办〔2015〕130号
海域海岛有偿使用制度	《浙江省海域使用管理办法》	浙江省人民政府令第98号〔1998〕
	《浙江省海域使用金征收管理暂行办法》	浙政发〔2001〕31号
	《浙江省海域使用金征收管理暂行办法实施细则》	浙海渔管〔2002〕9号
	《浙江省海域使用管理办法》	浙江省人民政府令第221号〔2006〕
	《浙江省人民政府关于印发〈浙江省海域使用金征收管理办法〉的通知》	浙政发〔2006〕71号

续表

子制度名称	文件名称	文件号
海域海岛有偿使用制度	《浙江省海洋与渔业局关于印发〈浙江省海域使用权申请审批管理办法〉的通知》	浙海渔发〔2006〕10号
	《浙江省人民政府关于印发〈浙江省海域使用金征收管理办法〉的通知》	浙政发〔2009〕8号
	《浙江省人民政府办公厅关于开展海域使用权抵押贷款工作的意见》	浙政办发〔2010〕134号
	《关于印发〈浙江省海域海岛管理利用项目与资金管理办法〉的通知》	浙财农〔2010〕225号
	《浙江省无居民海岛使用金征收使用管理办法》	浙政办发〔2011〕123号
	《浙江省海域使用管理条例》	2012年地方性法规
	《浙江省海域使用权基准价格》	2012①
	《关于印发〈浙江省海域使用权申请审批暂行办法〉的通知》	浙海渔发〔2013〕8号
	《关于印发〈浙江省招标拍卖挂牌出让海域使用权管理暂行办法〉的通知》	浙海渔发〔2013〕6号
	《浙江省无居民海岛使用权招标拍卖挂牌出让管理暂行办法》	浙海渔发〔2013〕19号
	《浙江省无居民海岛开发利用管理办法》	2013年省政府令第312号
	《关于印发〈浙江省海域基准价核定规程（试行）〉和〈浙江省海域价格评估规范（试行）〉的通知》	浙海渔管〔2016〕12号

① 《浙江省海域有偿使用权基准价》与《浙江省海域使用管理条例》一同发布，但基于网络信息的调查未找到其发文号。http：//www. zjoaf. gov. cn/dtxx/zyxw/2013/03/11/2013031100001. shtml.

续表

子制度名称	文件名称	文件号
生态补偿制度	《浙江省生态环境保护专项资金管理暂行办法》	浙财建字〔2002〕134 号
	《浙江省森林生态效益补偿基金管理办法（试行）》	浙财农字〔2005〕6 号
	《浙江省人民政府关于进一步完善生态补偿机制的若干意见》	浙政发〔2005〕44 号
	《关于印发〈浙江省生态环境保护专项资金管理暂行办法〉的通知》	浙财建字〔2005〕158 号
	《钱塘江源头地区生态环境保护省级财政专项补助暂行办法》	浙政办函〔2006〕31 号
	《钱塘江源头地区生态环境保护省级财政专项补助办法实施细则》	浙财建字〔2006〕260 号
	《浙江省生态环保财力转移支付试行办法》	浙政办发〔2008〕12 号
	《浙江省省级环境保护专项资金管理办法》	浙财建字〔2009〕191 号
	《浙江省自然保护区专项资金管理办法》	浙财建字〔2009〕192 号
	《浙江省重点流域水污染防治专项规划实施情况考核办法（试行）》	浙政办发〔2010〕62 号
	《浙江省"811"生态文明建设推进行动（环保部分）专项资金管理暂行办法》	浙财建〔2011〕233 号
	《浙江省森林生态效益补偿基金管理办法》	浙财农〔2011〕552 号
	《关于印发〈浙江省湿地保护补助资金管理办法〉的通知》	浙财农〔2012〕286 号
	《浙江省跨行政区域河流交接断面水质保护管理考核办法》	浙政办发〔2013〕134 号

续表

子制度名称	文件名称	文件号
生态补偿制度	《关于印发〈浙江省林业发展和资源保护专项资金管理办法（试行）〉的通知》	浙财农〔2015〕35号
	《浙江省海洋与渔业综合管理和产业发展专项资金管理办法（试行）》的通知	浙财农〔2015〕47号
	《关于建立完善耕地保护共同责任机制扎实做好耕地保护工作的通知》	浙委办〔2012〕55号
	《关于进一步做好永久基本农田划定和保护工作的通知》	浙政办发〔2015〕54号
	《关于印发〈浙江省环境保护专项资金管理办法〉的通知》	浙财建〔2015〕129号
	《关于全面建立耕地保护补偿机制的通知》	浙土资发〔2016〕5号
耕地、草原、河湖休养生息制度	《关于印发〈浙江省阔叶林发展和退耕还林工程项目实施办法（试行）〉的通知》	浙林造〔2004〕169号
	《关于印发〈退耕还林、阔叶林发展专项资金管理办法〉的通知》	浙财农2004年135号字
	《浙江省林地管理办法》	2005年省政府令第204号
	《浙江省重点生态公益林管理办法（试行）》	浙政办发〔2005〕3号
	《浙江省封山育林实施办法（试行）》	苍南阳光工程①
	《浙江省人民政府办公厅关于进一步加强钱塘江流域污染整治工作的通知》	浙政办发〔2005〕60号
	《浙江省生态公益林建设项目管理办法（试行）》	浙江浦江②

① 苍南阳光工程：http：//www.cnly.gov.cn/gongyi/news/view.asp？760.

② 浙江浦江：http：//www.pj.gov.cn/yggc/xjbm/lyj/stgyl/zcwj_25129/201407/t20140704_57165.html.

6. 浙江省环境治理体系的政策清单

浙江省的环境保护工作起步较早，1981 年就颁布了《浙江省防治环境污染暂行条例》。2000 年以后，浙江省环境治理体系各个具体的法规增多，针对具体的环境保护对象（水、大气、噪声等）的规章办法更充实，而且还推出了环境信息公开制度。环境治理体系的政策清单梳理如表 0－6 所示。从文件数量来看，浙江省环境保护管理制度的政策强度要远远高于其他，污染物排放许可制度与农村环境治理体系相对完善。

表 0－6　浙江省环境治理体系政策清单

子制度名称	政策法规	文件号
污染物排放许可制	《杭州市污染物排放许可管理办法》	杭州市人民政府令〔2000〕161 号
	《浙江省排污许可证管理暂行办法》	浙江省人民政府令〔2010〕272 号
	《浙江省排污许可证管理暂行办法实施细则（试行）》	浙环发〔2010〕65 号
	《台州市排污许可证管理暂行办法》	台环保〔2011〕118 号
	《绍兴市区排污许可证及排污权有偿使用和交易管理规程（试行）》	绍市环发〔2012〕45 号
	《浙江省建设项目主要污染物总量准入审核办法（试行）》	浙环发〔2012〕10 号
	《宁波市排污许可证核发工作方案》	甬环发〔2013〕57 号
	《关于开展浙江省排污许可证制度改革试点工作的通知》	浙环函〔2015〕100 号
	《海宁市排污许可证管理办法实施细则（试行）》	海政办发〔2015〕153 号
	《温州市刷卡排污自动控制系统运行管理办法（试行）》	温环发〔2015〕38 号

续表

子制度名称	政策法规	文件号
污染物排放许可制	《舟山市排污许可证“一证式”改革试点工作实施方案》	舟政办法〔2015〕114号
污染防治区域联动机制	《杭州都市经济圈环境共保规划》	杭环〔2012〕12号
	《浙江省企业事业单位突发环境事件应急预案备案管理实施办法（试行）》	浙环函〔2015〕195号
	《浙江省突发环境事件调查处理办法（试行）》	浙环函〔2015〕193号
农村环境治理体制机制	《浙江省人民政府办公厅关于进一步加强农村环境保护工作意见》	浙政办发〔2009〕111号
	《丽水市人民政府办公室关于进一步加强农村环境保护工作的实施意见》	丽政办发〔2010〕73号
	《关于建立和推进农村环境监督员制度建设的意见》	浙环发〔2013〕48号
	《温州市控制农村废气污染专项实施方案（2014—2017年）》	温政发〔2014〕41号
	《关于印发2015年全省自然生态和农村环境保护工作要点的通知》	浙环发〔2015〕9号
	《农业“两区”绿色发展三年行动计划（2015—2017年）》	浙政办发〔2015〕87号
	《温州市人民政府办公室关于做好农村生活污水治理设施长效运维管理的通知》	温政办〔2015〕117号
	《温州市2016年农村水利工作要点》	温水政发〔2016〕52号
环境信息公开制度	《杭州市环境保护局新闻宣传管理办法（试行）》	杭环发〔2014〕35号
	《关于印发2015年全省自然生态和农村环境保护工作要点的通知》	浙环发〔2015〕9号

续表

子制度名称	政策法规	文件号
环境信息公开制度	《农业“两区”绿色发展三年行动计划（2015—2017年）》	浙政办发〔2015〕87 号
	《温州市人民政府办公室关于做好农村生活污水治理设施长效运维管理的通知》	温政办〔2015〕117 号
	《浙江省环境行政处罚结果信息网上公开暂行规定》	浙江省人民政府令〔2015〕332 号
	《浙江省环境保护厅关于推进企业事业单位环境信息公开工作的通知》	浙环发〔2015〕24 号
	《温州市 2016 年农村水利工作要点》	温水政发〔2016〕52 号
生态环境损害赔偿制度	《宁波市排污费征收使用管理办法》	甬政发〔2003〕138 号
	《浙江省温瑞塘河保护管理条例》	浙江省第十一届人民代表大会常务委员会第十三次会议通过（2009）
	《绍兴市生态环境损害赔偿金管理暂行办法》	绍市环发〔2015〕52 号
	《浙江省环境保护行政处罚实施规范》	浙环发〔2010〕37 号
	《浙江省环境保护厅主要环境违法行为行政处罚裁量基准》	浙环函〔2015〕393 号
环境保护管理制度	《浙江省防治环境污染暂行条例》	浙江省第五届人大常委会第七次会议通过（1981）
	《浙江省征收排污费暂行规定》	浙江省第五届人民代表大会常务委员会第十五次会议通过（1982）
	《杭州市环境噪声管理条例》	杭州市第六届人民代表大会常务委员会第三十三次会议通过（1987）

续表

子制度名称	政策法规	文件号
环境保护管理制度	《浙江省取水许可制度实施细则》	省政令〔1995〕62 号
	《杭州市苕溪水域水污染防治管理条例》	杭州市第八届人民代表大会常务委员会第三十次会议通过（1996）
	《杭州市有害固体废物管理暂行办法》	市政令〔1999〕148 号
	《宁波市饮用水源保护和污染防治办法》	甬政令〔2001〕91 号
	《浙江省大气污染防治条例》	浙江省第十届人民代表大会常务委员会第四次会议通过（2003）
	《浙江省海洋环境保护条例》	浙江省第十届人民代表大会常务委员会第七次会议通过（2004）
	《浙江省固体废物污染环境防治条例》	浙江省十届人民代表大会常务委员会第二十四次会议通过（2006）
	《浙江省环境污染监督管理办法》	浙江省人民政府令第 216 号（2006）
	《浙江省海域使用管理办法》	浙江省人民政府令第 221 号（2006）
	《宁波市环境污染防治规定》	浙江省第十届人民代表大会常务委员会第三十二次会议通过（2007）
	《浙江省水污染防治条例》	浙江省第十一届人民代表大会常务委员会第 6 次会议通过（2008）
	《关于印发〈浙江省省级绿色矿山创建管理暂行办法〉的通知》	浙土资发〔2008〕20 号
	《杭州市城市河道保护管理办法》	市政令〔2009〕249 号

续表

子制度名称	政策法规	文件号
环境保护管理制度	《浙江省人民政府关于印发〈浙江省清洁空气行动方案〉的通知》	浙政发〔2010〕27 号
	《杭州市机动车排气污染防治条例》	杭州市第十一届人大常委会第二十二次会议通过（2010）
	《浙江省饮用水水源保护条例》	浙江省第十一届人大常委会第三十次会议通过（2011）
	《中共浙江省委办公厅浙江省人民政府办公厅关于〈印发“811”生态文明建设推进行动方案〉的通知》	浙委办〔2011〕42 号
	《温州市污染源在线监测企业管理考核办法（试行）》	温环发〔2011〕72 号
	《温州市扬尘污染防治管理办法》	温政令〔2011〕130 号
	《杭州市建筑节能示范工程管理暂行办法》	杭政办函〔2011〕123 号
	《浙江省大气复合污染防治实施方案》	浙政办发〔2012〕80 号
	《浙江省人民政府关于印发浙江省大气污染防治行动计划（2013—2017 年）的通知》	浙政发〔2013〕59 号
	《杭州湾区域污染综合整治方案》	浙环函〔2013〕485 号
	《关于实施企业刷卡排污总量控制制度的通知》	浙环发〔2013〕26 号
	《关于加强工业企业污染场地开发利用监督管理的通知》	浙环函〔2013〕28 号
	《关于进一步加强机动车排气污染防治工作的意见》	浙环发〔2013〕22 号
	《关于加强环境资源配置量化管理推动产业转型升级的意见》	浙政办发〔2013〕8 号
	《温州市实行最严格水资源管理制度考核暂行办法》	温政发〔2013〕88 号

续表

子制度名称	政策法规	文件号
环境保护管理制度	《杭州市节能减排工作奖励办法》	杭政办函〔2013〕122号
	《宁波市环境保护局废物进口环境保护管理暂行规定》	甬环发〔2013〕85号
	《关于钱塘江流域执行国家排放标准水污染物特别排放限值的通知》	浙环函〔2014〕159号
	《关于印发〈温州市工业垃圾管理办法（试行）〉的通知》	温政发〔2014〕24号
	《德清县2014年大气污染防治实施方案》	德政办发〔2014〕99号
	《浙江省涂装行业挥发性有机物污染整治规范》	浙环函〔2015〕402号
	《浙江省印刷和包装行业挥发性有机物污染整治规范》	浙环函〔2015〕402号
	《关于印发〈浙江省餐饮油烟管理暂行办法〉的通知》	浙环发〔2015〕8号
	《杭州市生活垃圾管理条例》	杭州市第十二届人大常委会第二十九次会议通过（2015）
	《2015年度衢州市大气污染防治实施计划》	衢治气办〔2015〕20号
	《杭州市生态文明建设促进条例》	杭州市第十二届人大常委会公告第68号（2016）
	《浙江省海洋环境污染专项整治工作方案》	浙海渔发〔2016〕4号
	《杭州市人民政府办公厅关于印发〈杭州市大气重污染应急预案（修订）〉的通知》	杭政办函〔2016〕7号

7. 浙江省环境治理和生态保护市场体系的政策清单

浙江省在环境治理与生态保护市场体系的构建上进行了较为全面的

实践，各个子制度的建设均有相关政策法规的支持，尤其在排污权、用能权与碳排放权交易制度建设上成果丰硕。出台的相应政策对各项资源的交易机制、交易规则、交易主体等均给出了较为全面的规定。环境治理和生态保护市场体系的政策清单如表 0－7 所示。

表 0－7　浙江省环境治理和生态保护市场体系政策清单

子制度名称	政策名称	文件号
排污权交易制度	《浙江省人民政府关于开展排污权有偿使用和交易试点工作的指导意见》	浙政发〔2009〕47 号
	《浙江省排污权有偿使用和交易试点工作暂行办法》	浙政办发〔2010〕132 号
	《关于印发〈浙江省排污权有偿使用收入和排污权储备资金管理暂行办法〉的通知》	浙财综〔2010〕143 号
	《浙江省排污权抵押贷款暂行规定》	杭银发〔2010〕266 号
	《浙江省主要初始污染物排放权核定和分配技术方法（试行）》	浙环发〔2013〕42 号
	《浙江省排污权有偿使用和交易试点工作暂行办法》	浙政办发〔2010〕132 号
	《浙江省排污权有偿使用和交易试点工作暂行办法实施细则》	浙环函〔2011〕247 号
	《浙江省初始排污权有偿使用费征收标准管理办法（试行）》	浙价资〔2011〕176 号
	《浙江省环境保护厅排污权交易报批程序规定（试行）》	浙环函〔2011〕246 号
	《浙江省排污权交易中心排污权有偿使用和交易程序规定（试行）》	浙环函〔2011〕246 号
	《浙江省环境保护厅排污权交易内部审查程序规定（试行）》	浙环办函〔2011〕215 号

续表

子制度名称	政策名称	文件号
排污权交易制度	《绍兴县排污权有偿使用交易实施办法（试行）》	绍县政办发〔2012〕63号
	《绍兴市区排污权有偿使用和交易试点工作实施办法》	绍政办发〔2012〕5号
	《衢州市排污权有偿使用和交易暂行办法》	衢政办发〔2012〕49号
	《浙江省排污权储备和出让管理暂行办法》	浙环发〔2013〕45号
	《关于建立排污权指标基本账户实施量化管理的通知》	浙环发〔2013〕62号
	《绍兴市发展和改革委员会、绍兴市环境保护局关于绍兴县初始排污权有偿使用费征收标准的批复》	绍市发改价〔2013〕50号
	《丽水市排污权有偿使用和交易管理办法（试行）》	丽政发〔2013〕74号
	《丽水市排污权有偿使用和交易规则（试行）》	丽环发〔2014〕40号
	《丽水市排污权有偿使用和交易管理办法实施细则（试行）》	丽环发〔2014〕30号
	《浙江省环境保护厅关于浙江省实行差别化排污收费政策有关具体问题的通知》	浙环发〔2015〕41号
	《浙江省储备排污权出让电子竞价程序规定（试行）》	浙环发〔2015〕21号
	《浙江省环境保护厅排污费征收管理暂行规定》	浙环函〔2014〕488号
培育环境治理和生态保护市场主体	《关于推进环境检测市场化工作的意见》	浙环发〔2013〕44号
	《关于规范环境检测市场化管理的实施细则（试行）》	浙环便函〔2015〕658号
用能权和碳排放权交易制度	《浙江省大气污染防治条例》	浙江省第十届人大常委会第四次会议通过（2003）
	《浙江生态省建设规划纲要》	浙政发〔2003〕23号

续表

子制度名称	政策名称	文件号
用能权和碳排放权交易制度	《浙江省循环经济试点实施方案》	浙政发〔2009〕68 号
	《浙江省清洁空气行动方案》	浙政发〔2010〕27 号
	《杭州市能源消费过程碳排放权交易管理暂行办法》	杭政办函〔2013〕118 号
	《海盐县用能总量指标有偿使用和交易实施办法（试行）》	盐政办发〔2014〕139 号
	《南湖区用能总量指标有偿使用和交易实施意见（试行）》	南政办发〔2014〕138 号
	《南湖区用能总量指标有偿使用和交易办法（试行）》	南政办发〔2014〕138 号
	《秀洲区用能总量指标有偿使用和交易实施意见（试行）》	秀洲政发〔2014〕30 号
	《平湖市用能总量指标有偿使用和交易操作办法（试行）》	平政办发〔2014〕72 号
	《浙江省应对气候变化方案》	浙政发〔2010〕50 号
	《关于推进我省用能权有偿使用和交易试点工作的指导意见》	浙经信资源〔2015〕237 号
水权交易制度	《杭州市东苕溪流域水权制度改革试点实施方案》	杭政办发电〔2014〕28 号
	《浙江省水资源保护和开发利用总体规划》	浙政函〔2005〕16 号
	《临安市山塘水库确权登记管理办法》	临安市政府
绿色金融体系	《关于严格信贷要求促进污染减排的实施意见（试行）》	余环发〔2008〕24 号
	《关于推进绿色信贷工作的实施意见》	浙环发〔2011〕34 号

续表

子制度名称	政策名称	文件号
绿色金融体系	《浙江银行业金融机构绿色信贷工作指导意见》	浙银监发〔2012〕204号
	《浙江省湖州市绿色金融改革创新综合试验区总体方案》	湖州市政府
统一的绿色产品体系	浙江省人民政府《关于积极推进绿色建筑发展的若干意见》	浙政发〔2011〕56号
	《浙江省绿色建筑发展三年行动计划（2015—2017）》（征求意见稿）	浙江省住房和城乡建设厅制订
	《浙江省节能环保产业发展规划（2015—2020年）》	浙发改规划〔2015〕831号

8. 浙江省生态文明绩效评价考核和责任追究制度的政策清单

自2004年以来，浙江省先后出台了《浙江省环境违法行为责任追究办法（试行）》（2004年）、《中共浙江省委关于推进生态文明建设的决定》（2010年）、《2011年全省环境监测工作要点的通知》（2011年）、《浙江生态文明建设评价体系（试行）》（2012年）、《关于进一步加强全省重点污染源监督性监测工作的通知》（2015年）、《浙江省开展编制自然资源资产负债表改革试点工作方案》（2016年）等多部地方性政策和规章，如表0-8政策清单所示，初步形成了与国家政策方针和生态环保法规相适应的地方性生态文明绩效评价考核和责任追究制度。由表0-8可知，浙江省生态文明绩效评价考核和责任追究制度的相关落地政策始于2004年，并从2010年开始全面深化。出台的政策文件不仅有涵盖浙江省生态文明建设整体的目标体系、工作要点及绩效评价考核和责任追究，而且部分文件还单独对生态文明绩效评价考核和责任追究制度所涵盖的建立生态文明目标体系、建立资源环境承载能力监测预警机制、探索编制自然资源资产负债表、对领导干部实行自然资源资产离任审计、建立生态环境损害责任终身追究制五个方面的内容提出了相应的意见和办法。

表 0-8　　浙江省生态文明绩效评价考核和责任追究制度政策清单

子制度名称	文件名称	文件号
生态文明目标体系建立制	《浙江省环境污染监督管理办法》	浙江省人民政府令第 216 号〔2006〕
	《中共浙江省委关于推进生态文明建设的决定》	浙委〔2010〕64 号
	《关于印发〈浙江省环境保护厅财政支出项目绩效评价实施办法〉的通知》	浙环发〔2011〕2 号
	《关于印发〈2011 年全省环保工作要点〉的通知》	浙环发〔2011〕1 号
	《中共浙江省委办公厅浙江省人民政府办公厅关于印发〈"811"生态文明建设推进行动方案〉的通知》	浙委办〔2011〕42 号
	《关于印发〈浙江省农村环境连片整治工作考核验收办法〉的通知》	浙环发〔2011〕41 号
	《浙江省人民政府办公厅关于印发浙江省绿色创建行动方案的通知》	浙政办发〔2011〕112 号
	《关于印发 2012 年全省环保工作要点的通知》	浙环发〔2012〕1 号
	《关于配合做好浙江省生态环境十年变化遥感调查与评估工作的函》	浙环发〔2012〕57 号
	《浙江生态文明建设评价体系（试行）》	浙委办〔2012〕102 号
	《关于印发 2013 年全省环保工作要点的通知》	浙环发〔2013〕1 号
	《关于印发 2014 年全省环保工作要点的通知》	浙环发〔2014〕1 号
	《中共浙江省委关于建设美丽浙江创造美好生活的决定》	浙委发〔2014〕14 号
	《关于优化调整上市环保核查有关规定的通知》	浙环发〔2014〕40 号

续表

子制度名称	文件名称	文件号
生态文明目标体系建立制	《关于印发〈浙江省环境影响评价机构信用等级管理试行办法（试行）〉的通知》	浙环发〔2014〕56号
	《浙江省旅游产业发展规划（2014—2017）》	浙发改规划〔2014〕1130号
	《关于印发〈2015年全省环保工作要点〉的通知》	浙环发〔2015〕1号
	《关于开展2010—2013年中央农村环保专项资金检查和绩效评价工作的通知》	浙环发〔2015〕27号
	《关于印发〈2016年全省环保工作要点〉的通知》	浙环发〔2016〕1号
资源环境承载能力监测预警机制	《关于印发〈浙江省环境监测专网安全管理办法（试行）〉和〈浙江省环境保护厅网络升级改造项目建设方案〉的通知》	浙环发〔2011〕16号
	《关于印发2011年全省环境监测工作要点的通知》	浙环发〔2011〕20号
	《关于印发〈浙江省污染源自动监测数据有效性审核实施细则（修订）〉的通知》	浙环发〔2011〕28号
	《关于进一步落实县级城市空气质量自动监测站点建设工作的通知》	浙环发〔2013〕15号
	《关于印发〈浙江省地表水环境自动监测系统运行管理实施细则（试行）〉等文件的通知》	浙环发〔2013〕58号
	《关于印发〈2014年全省环境监测工作任务〉的通知》	浙环发〔2014〕9号
	《关于印发〈浙江省环境质量监测点位（断面）调整管理办法〉的通知》	浙环发〔2014〕12号
	《关于加强浙江省环境监察移动执法系统建设和使用管理的通知》	浙环发〔2014〕33号

续表

子制度名称	文件名称	文件号
资源环境承载能力监测预警机制	《关于印发〈浙江省环境空气质量自动监测系统运行管理实施细则（试行）〉和〈浙江省环境空气质量自动监测系统技术规范（试行）〉的通知》	浙环发〔2014〕52 号
	《关于印发〈2015 年全省环境监测工作任务〉的通知》	浙环发〔2015〕7 号
	《关于进一步加强全省重点污染源监督性监测工作的通知》	浙环发〔2015〕16 号
	《浙江省辐射环境监测人员持证上岗考核实施细则》	浙环发〔2015〕44 号
自然资源资产负债表编制	《浙江省开展编制自然资源资产负债表改革试点工作方案》	暂未发文
	《湖州市生态文明先行示范区建设条例（草案）》	湖州市第七届人大常委会第二十八次会议审议通过
自然资源资产离任审计制	《中共浙江省委关于推进生态文明建设的决定》	浙委〔2010〕64 号
	《湖州市生态文明先行示范区建设条例（草案）》	湖州市七届人大常委会第二十八次会议审议
生态环境损害责任终身追究制	《中共浙江省委办公厅、浙江省人民政府办公厅关于印发〈浙江省环境违法行为责任追究办法（试行）〉的通知》	浙委办〔2004〕12 号
	《关于印发〈浙江省环境保护局 浙江省人民政府纠正行业不正之风办公室关于开展民主评议环保行风的工作方案〉的通知》	浙环发〔2004〕46 号
	《关于印发〈2005—2006 年浙江省环保系统行政效能监察工作方案〉的通知》	浙环发〔2005〕51 号
	《关于开展环境污染责任保险试点工作的意见》	浙环发〔2010〕35 号

续表

子制度名称	文件名称	文件号
生态环境损害责任终身追究制	《关于印发〈浙江省建设项目环境影响评价机构监督管理办法（试行）〉的通知》	浙环发〔2011〕17 号
	《关于印发〈浙江省建设项目环境监理试点工作实施方案〉的通知》	浙环发〔2012〕41 号
	《关于印发〈浙江省环境监察稽查暂行规定〉的通知》	浙环发〔2012〕53 号
	《关于加强环境监察文化建设的意见》	浙环发〔2012〕54 号
	《关于报送〈浙江省环境保护厅行政执法责任制实施方案（2012 修订版）〉的函》	浙环办函〔2012〕247 号
	《关于加强工业企业污染场地开发利用监督管理的通知》	浙环发〔2013〕28 号
	《关于建立和推进农村环境监督员制度建设的意见》	浙环发〔2013〕48 号
	《关于切实加强建设项目环保“三同时”监督管理工作的通知》	浙环发〔2014〕26 号
	《关于全面深化环评审批制度改革的指导意见》	浙环发〔2014〕47 号
	《浙江省环境保护行政处罚结果信息网上公开暂行规定》	浙环发〔2014〕61 号
	《关于印发〈2015 年全省环境监察工作要点〉的通知》	浙环发〔2015〕12 号
	《关于进一步加强污染源自动监控系统监督管理工作的通知》	浙环发〔2015〕15 号
	《关于加强环境监管执法的实施意见》	浙政办发〔2015〕46 号
	《关于贯彻实施环境民事公益诉讼制度的通知》	浙环发〔2015〕20 号
	《浙江省环境监察机构现场检查工作规则》	浙环发〔2015〕40 号

三、浙江省生态文明制度建设的绩效评价

浙江省生态文明制度建设取得了显著成效。虽然不同的制度会在不同方面产生具体影响，但是生态、经济和社会等某方面的变化却又是各个制度综合作用的结果。鉴于此，生态效益将基于化学需氧量（COD）和二氧化硫（SO_2）排放量、森林覆盖率、突发环境事件次数、单位GDP耗能等指标进行综合考察，经济效益将基于人均GDP、人均地方财政收入、土地使用税收入、耕地占用税收入等指标进行综合考察，社会效益将基于死亡率、人口自然增长率、绿色执政理念、企业的环境责任意识、公众的生态文明参与度等指标进行综合考察。

1. 生态效益

第一，污染减排是浙江省生态文明制度建设生态效益最直接的表现。COD和SO_2是政府密切关注的两类污染物减排指标。图0-1给出了浙江省2000—2014年COD和SO_2排放量走势图。从图0-1可以看出，COD和SO_2排放量都出现了明显转折：二氧化硫排放量在2005—2006年由上升趋势转为下降趋势；化学需氧量排放量在2011年出现了突发性的增加，2011年之前的化学需氧量排放量的削减幅度不大，此后呈现下降趋势。具体来说，2006—2013年间，二氧化硫排放量由89.5万吨下降到了59.34万吨，削减率为33.7%；与此同时，化学需氧量排放量在2011年开始由原本的递减趋势突然改变为递增趋势，但2006—2010年间的化学需氧量排放量依旧呈现递减趋势。

第二，提高资源使用效率是浙江省生态文明制度建设生态效益的内在要求。资源使用效率的指标设定可以千差万别，以最简单的指标——单位GDP资源使用量为例，浙江省资源使用效率在不断提高。以水资源使用效率为例，图0-2比较了浙江省2000—2014年间万元GDP用水量与化学需氧量的变化趋势。从图0-2中可以看出，相对于COD排放量的波动性，浙江万元GDP用水量一直呈下降趋势。由此可见，减排指标相对来说存在一定的波动性，而效率指标则更加

平稳与连续，两条曲线变动趋势的差异揭示出效率指标是一个更能够反映制度建设生态成效的指标，浙江省水资源使用效率在不断提高。

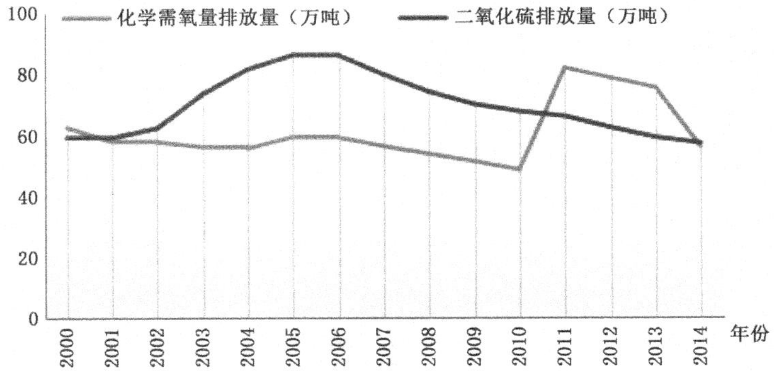

图 0-1　2000—2014 年浙江省 COD 和 SO_2 两重要污染减排指标变化情况

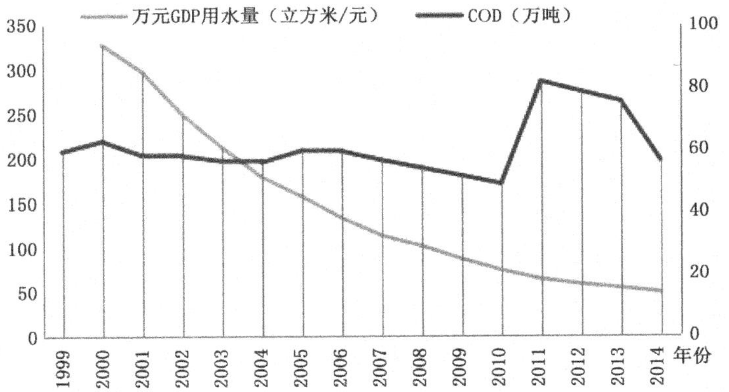

图 0-2　1999—2014 年间浙江省万元 GDP 用水量与化学需氧量

第三，突发环境事件次数从案例层面给出了浙江省生态文明制度建设的生态效益。由于 2008 年前浙江省突发环境事件次数数据缺失，故仅选取 2008 年至 2014 年的相关数据。图 0-3 反映了浙江省 2008 年至 2014 年突发环境事件次数的变化。该图表明，2008 年以来浙江省突发环境事件次数不断减少，2008 年至 2010 年下降速度最快，后逐步放缓。在

2010 年这个时间节点，突发环境事件次数降到一定值，之后由于到达突发环境事件次数发生的瓶颈，很难再有大幅度的减少。这表明浙江省通过生态文明制度建设减少了突发环境事件次数，取得了阶段性的成果，但同时也明确突发环境事件次数与外生环境风险有密切相关，突发环境事件次数存在下限，不可能降低至零。

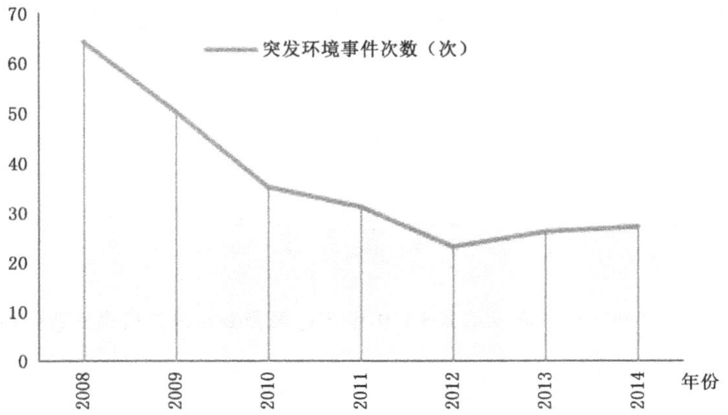

图 0－3　2008—2014 年浙江省突发环境事件次数

第四，生态效益很难通过某一种污染物指标的变化来综合评价，资源禀赋又是另一方面。譬如，森林覆盖率可以反映一个国家或地区森林面积占有情况或森林资源丰富程度及绿化程度，也能够从某一特定角度衡量生态文明制度的生态效益。图 0－4 显示，从 1983 年以后，浙江省森林覆盖率不断提升。1983 年浙江省森林覆盖率为 33.7%，到 2013 年森林覆盖率达到了 59.07%，增长了近 26 个百分点。浙江省森林覆盖率历年全国排名都在前 3 名之内。

2. 经济效益

第一，人均地区生产总值是体现浙江省生态文明制度建设经济效益的重要指标。1979 年，浙江省人均 GDP 只有 417 元，2015 年浙江省人均 GDP 达到 77644 元。1981—1995 年，人均 GDP 曲线较为平缓。1995 年到 2005 年，人均 GDP 曲线斜率有所增长，曲线中度陡峭。

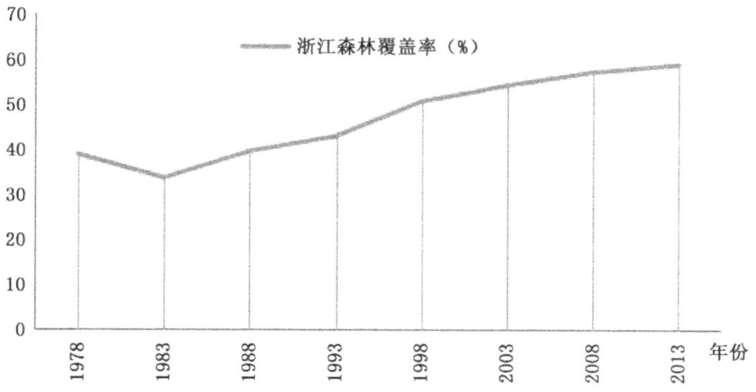

图 0－4 1978—2013 年浙江省森林覆盖率变动情况

2005 年到 2015 年，人均 GDP 曲线最陡，如图 0－5 所示。当不同的制度阶段投影到浙江省人均 GDP 变化曲线上时，不同制度在不同阶段上的经济效益差异显著。譬如，考虑到国土空间开发保护制度的四个阶段，1995 年从萌芽阶段到探索阶段的转型正好对应着人均 GDP 曲线从较为平缓向中度陡峭的过渡，2005 年从探索阶段过渡到发展阶段又恰好对应着曲线从中度陡峭变为最为陡峭。这意味着浙江省国土空间开发保护制度产生了一定的经济效益。对资源总量管理和全面节约制度的分析显示，在 1986—1997 年浙江省资源总量管理和全面节约制度萌芽期，经济增长呈现出较为快速的增长，但总体来看仍然较为平滑；在 1998—2010 年浙江省资源总量管理和全面节约制度快速发展时期，经济开始出现腾飞，增长曲线较为陡峭；2011 年以后，浙江省经济增长的趋势仍然保持着比较迅猛的势头。虽然生态文明制度不一定是经济增长的原因，但它却可以是内生性制度，人均 GDP 的增长能够刻画生态文明制度与经济增长的联动关系。

第二，浙江省生态文明制度促经济转型升级是经济效应的重要内容，关键性指标如产业结构。资源有偿使用和生态补偿制度在增加居民收入和调整经济结构、转变粗放型发展方式方面发挥着显著作用。生态补偿能够增加受偿地区居民的收入，土地、矿产、海域海岛等资

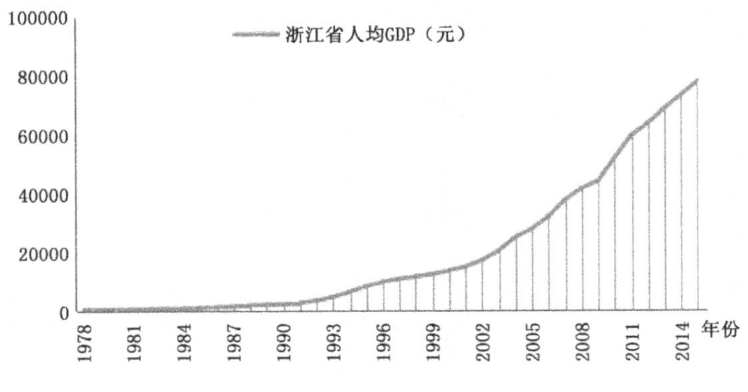

图 0－5　1978—2014 年浙江省人均地区生产总值

源的有偿使用制度能够通过资源使用权的流转增加产权主体的收入水平。以土地有偿使用制度为例，浙江省在农村土地承包经营权的流转上形成了多样化的流转方式，使得农民因地增收。截至 2008 年 9 月，浙江省 276.6 万户农民共流出土地所获租金达 535.76 万元，全省平均每亩年租金达 298 元①。浙江省在 1978—2014 年间三次产业比重调整如图 0－6 所示。浙江省第一产业比重从 1980 年的 36% 下降到了 2005 年的 6.6%，第三产业比重则由 1980 年的 17.2% 上升到了 40%，第二产业比重则略微增加。2006 年以后，第一产业比重均较为稳定，变化幅度不大，第二产业比重开始呈现出下降趋势，而第三产业比重则继续上升。总之，浙江省产业结构的调整符合政策预期，也是生态文明制度建设的意义所在。

第三，财政收入、地方财政罚没收入和特定税收收入从政府视角给出了浙江省生态文明制度建设的部门经济效应。生态文明建设可以增加政府财政收入、吸纳劳动力就业和提高从业人员的收入水平。《浙江省国土资源公报》的统计数据显示，2014 年浙江省以招标、拍卖、挂牌方式出让的国有建设用地共 14.9 万亩，出让合同价款达 22240.7

① 新华社：浙江省引导土地经营权有序流转保障粮食规模生产，2009 年 1 月 30 日，http://www.gov.cn/jrzg/2009－01/30/content_1217439.htm.

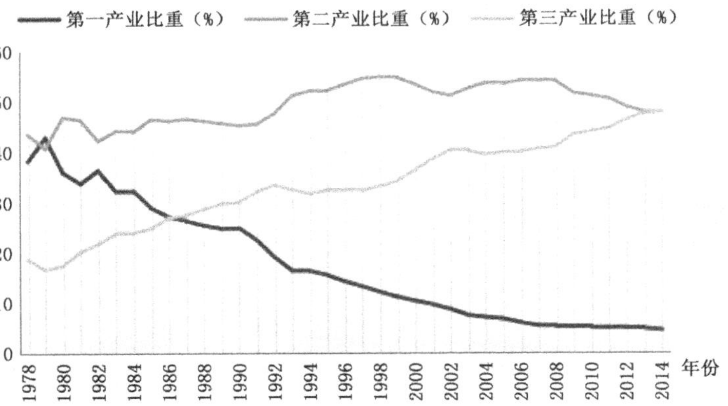

图 0－6　浙江省 1978—2014 年间三次产业比重

亿元；2014 年出让探矿权 3 宗，出让价款 8.1 亿元，出让采矿权 90 宗，成交额 35.4 亿元。浙江省历年财政收入走势如图 0－7 所示，1995—2013 年间浙江省财政收入的年平均增长率达到 20.14%，高于人均 GDP 的增幅。地方财政罚没收入是指地方行政执法机关依据国家法律、法规及规章规定，对当事人的违法行为进行罚款、没收非法所得、没收非法财物所形成的收入。图 0－8 反映了浙江省 1999—2014 年地方财政罚没收入的情况。该图表明，1999 年以来，浙江省地方财政罚没收入呈现快速增长的总体趋势。城镇土地使用税收入和耕地占用税收入也逐步呈现上升趋势，如图 0－9 所示。1999—2005 年间二者的年平均增长率分别为 40% 和 35%；在浙江省生态文明制度的深化发展阶段，城镇土地使用税收入和耕地占用税收入分别从 2006 年的 105653 万元和 121797 万元，跃升到了 2012 年的 1054000 万元和 647300 万元，年平均增长率分别为 48% 和 32%。

3. 社会效益

第一，浙江省生态文明制度建设创新了政府的绿色执政理念。在"干在实处永无止境、走在前列要谋新篇"的新使命中，浙江省生态文明制度建设发展了政府绿色执政理念，具体体现为"绿色浙江"、"生态浙江"、"美丽浙江"和"两美浙江"等。自改革开放以来，浙江经济发

图 0-7　1978—2014 年浙江省财政收入走势图

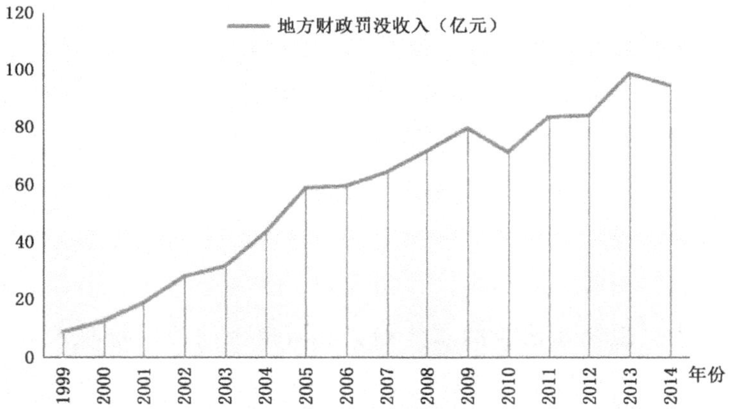

图 0-8　1999—2014 年浙江省地方财政罚没收入

展取得了辉煌的成绩，但也率先碰到了“成长的烦恼”——环境污染严重、环境事件多发、生态系统风险加剧等。省第十一次党代会以来，浙江完成了从单一的生态环境建设到绿色浙江建设的转型。2003 年 7 月，时任省委书记习近平在浙江省委第十一届四次全会报告中提出“进一步发挥浙江的生态优势，创建生态省，打造‘绿色浙江’”。2005 年 8 月 15 日，习近平同志在安吉县余村考察时，明确提出了“绿水青山就是金山银山”的科学论断。省第十二次党代会以来，浙江进一步完成了从综合

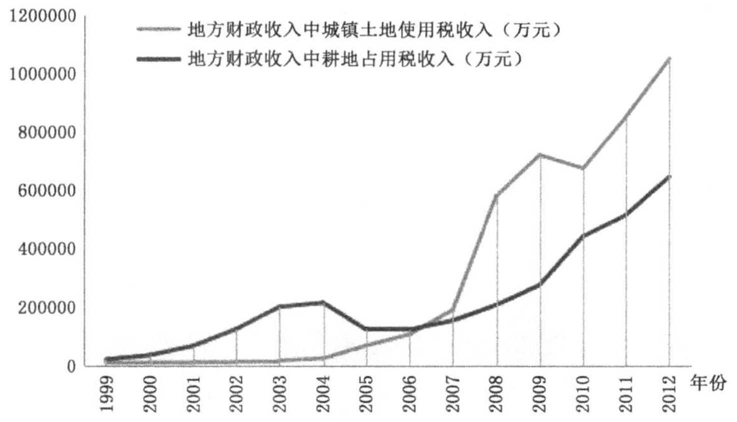

图 0－9　1999—2012 年浙江省城镇土地使用税收入和耕地占用税收入

的绿色浙江建设到文明高度的生态浙江建设的转型，尤其是省委十二届七次全会通过的《中共浙江省委关于推进生态文明建设的决定》，为全省生态文明建设提供了行动纲领和强大动力。2010 年，省委提出努力把浙江省建设成为全国生态文明示范区，2012 年，省委提出深化生态省建设，推进物质富裕、精神富有现代化浙江建设。步入 2013 年，浙江尝试把生态省建设继续推进到一个新的高度，把浙江的金山银山做得更大，把浙江的绿水青山护得更美。2014 年 5 月 23 日，省委十三届五次全会通过的《中共浙江省委关于建设美丽浙江创造美好生活的决定》指出，建设美丽浙江、创造美好生活是建设美丽中国在浙江的具体实践，也是对历届省委提出的建设绿色浙江、生态省、全国生态文明示范区等战略目标的继承和提升。

第二，浙江省生态文明制度建设强化了企业的环境责任意识。浙江省生态文明建设注重政府、企业和社会的多方参与。相对于政府执政理念的变化，企业环境责任意识的提高是浙江省生态文明制度建设社会效应在企业层面的集中体现。中国企业社会责任仍处于启动阶段，2007 年 7 月中国推出了第一部企业社会责任标准体系——《HM3000 中国企业社会责任标准体系》。同年，国务院国有资产监督管理委员会印发了《关于中央企业履行社会责任的指导意见》。2008 年，《中国企业社会责任标准原则》正式发布。浙江省于 2006 年开始就企业环境社会责任制度作出了诸多尝试，如先后在电力行业、造纸行业和部分重点污染区域推行了“企业环境监督员制度”，先后下发了《浙江省企业环境行为信用等级评价实施方案（试行）》（浙环发〔2007〕64 号）和《关于进一步加强企业环境行为信用等级评价工作的通知》（浙环发〔2008〕52 号）。在各市（县、区），义乌于 2008 年 10 月开始推行企业社会责任评证工作（黄苇等，2011）。临安市委、市政府通过“彰显系统化，整体推进生态文明；坚持科学化，精准治理环境污染；推进法治化，提升环保执法威力；突出精细化，确保环境监管到边到角；实现信息化，提升治理及管理效能”等方式打造山川秀美、城靓村美、生活和美的“三美”临安①。其中，精细化要求细化落实企业的主体责任和属地政府的监管责任，包括做好宣传、引导工作，集中精力对镇街的监管责任和企业的主体责任进行宣传，提高镇街、村和企业的责任意识。在富阳，实施了生态环保责任清单制度，这种将生态环保责任由政府大包大揽变成政府、企业、居民三方各负其责的制度安排，是推进乡镇生态文明建设的有益尝试。通过厘清政府、企业和居民责任，一方面改善了浙江生态环境质量，另一方面也极大地提高了企业参与生态文明建设的积极性，强化了企业的环境责任意识。

第三，浙江省生态文明制度建设提高了公众的生态文明参与度。在政府主导、企业和公众参与的环境治理结构中，提高公众参与度是浙江省生态文明制度建设的应有之意。民间环保组织是公众参与生态文明建设的重要载体。浙江省民间组织整体上机构较为健全、市场化和专业化程度高、社会参与度高、社会舆论影响力大。浙江民间环保组织已达 75 家，最具代表性的民间环保组织如“绿色浙江”组织、温州瑞安市塘下镇环保协会、温州绿眼睛环保组织、浙江绿联公益网络、

---

① 省委省人民政府美丽浙江建设领导小组办公室编. 临安市“五化”并举推进生态文明示范建设. 美丽浙江建设工作简报，2016（40）.

海达绿色发展联盟等。“钱塘江水地图公众互动型网络平台”的建设，“同一条钱塘江”系列宣传活动的开展，杭州市的北塘河、瑞安市的温瑞塘河、奉化市的方门江、温岭市的山下金河等浙江省内的多条河流“吾水共治”圆桌会的举行充分体现了公众参与生态文明建设的意识在不断加强，公众的生态文明建设参与度在不断提高。通过多年的生态文明实践，浙江省生态文化观点业已深入人心、大型公众参与的行动计划成为常态、绿色方式渐成居民生活新风尚、环境污染治理的公众监督机制正在逐渐完善。

第四，浙江省生态文明制度建设的社会效益也可以体现为人口死亡率和人口自然增长率等具体量化指标的变动之中。出生率和死亡率被环境发展经济学认为能够用来较好地显示环境政策的健康效应。从图0－10中可以看出，浙江省人口死亡率总体上保持下降趋势。这一方面与社会保障和医疗服务水平密切相关，但也受到生态环境质量改善的影响。相对于人口死亡率，人口自然增长率（‰）可以从另一侧面反映生态文明制度建设的社会效益。图0－11反映了浙江省1993年至2015年人口自然增长率的情况。整体来看，人口自然增长率在2003年之前呈现下降趋势，并于2003年降至最低点，这是由计划生育政策决定的。但是，浙江省的人口自然增长率也在2003年之后开始出现拐点并逐步回升，呈现反弹式增长的趋势，之后基本保持平稳。

四、浙江省生态文明制度建设的基本经验

1. 浙江省生态文明制度建设强调“自下而上”制度创新与“自上而下”制度推广相结合，制度建设遵循平稳过渡、蛙跳推进、地区跟随或全面统筹等地区战略

生态文明制度的“浙江实践”强调“自下而上”的制度创新与“自上而下”的制度推广相结合。以生态文明绩效评价考核和责任追究制度为例，1979年中共中央组织部制定并下发《关于实行干部考核制度的意见》，在之后的二十多年间，干部考核内容不断完善、考核机制不断健

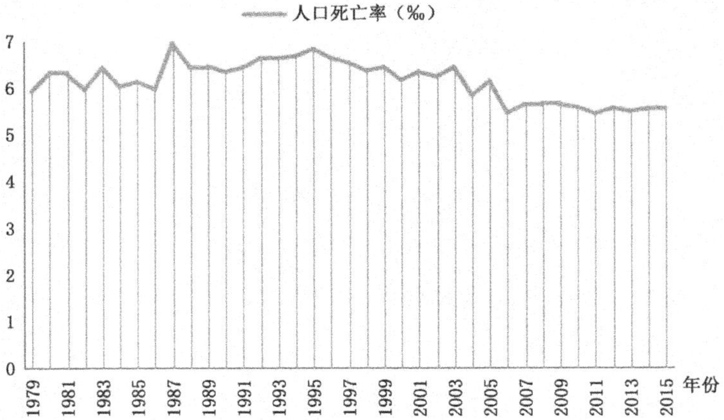

图0-10　1979—2015年浙江省人口死亡率变动情况

图0-11　1993—2015年浙江省人口自然增长率变动情况

全。2004年起，浙江省作为三个试点省之一开始实行地方党政领导班子和领导干部综合考核评价办法，并在生态文明绩效评价考核和责任追究制度建设推广过程中不断明确考核评价的标准和内容、严格考核程序步骤、注重职能部门责任追究，形成"自上而下"的制度推广经验。特别是制度本身涵盖的自然资源资产负债表编制制度又是落实生态文明绩效评价的重要基础。从国家层面看，该制度由中组部制定，采取的是"自上而下"的推广模式。但是，从省级层面看，采取的是"自下而上"的制度创新模式。浙江省湖州市作为其中的试点城市，积极编制湖州市自然资源资产负债表，不断探索建立可复制、可推广的自然资源资产管理"湖州模式"。作为全省首个编制自然资源资产负债表的地级市，湖州市不断创新"自下而上"的制度推广模式。

从方向上来看，制度创新和推广的模式有"自下而上"和"自上而下"两种。但从规制强度来看，制度建设战略主要包括四大类：平稳过渡、蛙跳推进、地区跟随或全面统筹。平稳过渡战略是指在整个研究周期中一项制度的规制强度没有发生明显波动，如生态补偿制度；蛙跳推进战略是指各地区在研究期限内实施某一制度时所出台的政策远远多于其他任何一个阶段，规制强度也远远高于其他任何一阶段，如污染问责制度。地区跟随战略是指地方政府通过学习地方经验或执行中央决策来实施相应的制度，总量控制制度。全面统筹战略是指中央决策业已在各个地区推进水制度中产生了实质影响，如有偿使用制度和污染权交易制度。

2. 浙江省生态文明制度建设突出多种调控手段有机结合，在政府、企业和公众"三位一体"的治理结构中善于平衡政府与市场的关系、制度与技术的关系和各子制度之间的关系

以资源总量管理和全面节约制度为例，虽然该制度强调政府干预而被纳入强制性制度之中，但是浙江省在推进资源总量控制与全面节约制度过程中还是综合采用了法律手段、行政手段、经济手段与技术手段，有力保障了制度建设成效。第一，在法律层面浙江省出台了一系列地方性法规和政策，如《浙江省基本农田保护条例》、《浙江省水资源管理条例》、《浙江省湿地保护条例》、《浙江省矿产资源管理条例》等。这些法律法规从整体上对资源总量控制与全面节约进行规划，明确了基本思路与基本方向，为制度的实施提供了基础与保障。第二，浙江省采用行政手段确保了制度实施的落地，如对土地资源制定了"补充耕地量"、"基本农田保护面积"、"占补均衡"、"新增建设用地规模"等一系列约束性与预期性指标。第三，为发挥市场机制调节资源的重要作用，浙江省更

是采取了一系列的经济手段，如对土地资源使用者征收土地税，对水资源使用者征收水资源费等。经济手段大大优化了资源的配置效率，弥补了行政手段刚性有余、弹性不足的缺点。第四，为更好地建设资源总量管理和全面节约制度，浙江省还采用了一系列的技术手段，如“空间换地”、“三拆一改”、“节水器具推广”、“海水淡化”、“用水监测计量”等。多个调控手段的有机结合确保和实现了浙江省生态文明建设的制度红利。

与此同时，生态文明制度单看是一个制度，但从体系的角度看它是几个互相联系的子制度从不同的方面对环境进行整体管理、保护、监督和治理。第一，浙江省坚持最严格的耕地保护制度，确保了全省耕地数量不减少、质量基本稳定；其他资源如水和湿地资源也都实现了很好的控制与保护；另外对有些资源的保护则采用了禁令式的行政手段，如为保护渔业资源设置了禁捕期；保持各资源制度的规制强度相对一致。第二，浙江省在污染物防治区域联动机制上的实践，破除了环境治理各自为政的模式，使得浙江省流动污染物的治理有章可循。第三，生态文明视角下的奖励惩戒机制是一种扬善抑恶的机制。浙江省在法律制度、评估方法和实施机制上开展了一系列工作。第四，环境信息公开制度是一种为公众了解和监督环保工作提供必要条件的机制，再好的制度如果没有监管而放任自流，也难以真正落在实处。总之，浙江省生态文明制度建设善于把握问题的各个方面，进而推动各项子制度的耦合优化。

3. 浙江省生态文明制度建设主张省市整体规划与市县个体规划相结合、城市整体规划与产业个体规划相结合、系统整体规划与个体功能规划相结合，规划制定遵循“多规合一”与“耦合优化”思路

浙江省国土空间开发保护制度建设是整体规划和个体规划的有机结合。以主体功能区开发保护制度为例，2013 年，浙江省编制了《浙江省主体功能区规划》，并把浙江省国土划分为优先开发区域、重点开发区域、限制开发区域和禁止开发区域。之后，浙江省人民政府把《浙江省主体功能区规划》作为总体规划，各县市根据《规划》确定的主体功能

定位，坚持开发导向，加强空间管制，全面推进主体功能区建设。各部门根据《规划》明确的任务分工和要求，调整完善财政、投资、产业、土地、农业、人口、环境等相关规划和政策，开展主体功能区建设试点，建立健全绩效考核评价体系，加强组织协调和监督检查，落实《规划》的各项工作。再以国家公园开发保护制度为例，浙江省于2014年正式开始进行国家公园试点工作。在此之前已经制定并发布了一系列生态功能区的保护制度。2011年出台的《浙江省风景名胜区条例》把风景名胜区规划分为总体规划和详细规划。风景名胜区总体规划应当根据风景名胜资源的保护和利用要求，明确风景名胜区详细规划的编制范围。风景名胜区详细规划应当科学确定基础设施、旅游设施、文化设施等建设项目的选址、布局与规模，并明确建设用地的范围和规划设计条件，作为建设项目规划许可的依据。

实施整体规划和个体规划的浙江实践善于区分大空间规划与小空间规划的总分关系，空间规划与产业规划的总分关系，系统性规划与功能性规划的总分关系。为了进一步把握不同空间范畴不同类型规划之间的关系，浙江省在规划制定时遵循“多规合一”与“耦合优化”思路。以水制度为例，水资源制度、水环境制度和水生态制度在一定程度上可以实现“多规合一”或“耦合优化”。具体来说，区域水资源制度可以实现“取水总量控制制度──→水资源费制度──→水权交易制度”的“多规合一”，区域水环境制度可以实现“水污染权总量控制制度──→水污染权交易制度”的“多规合一”，而区域水生态制度可以实现“水生态补偿制度←──→水环境损害赔偿制度/水环境污染问责制度”的耦合优化（谢慧明、沈满洪，2016）。

五、浙江省生态文明制度建设的突出问题

1. 自然资源资产产权制度管理体制混乱，产权主体不明晰，自然资源确权登记制度不健全，自然资源资产产权交易制度安排缺失

第一，由于政府的多重性角色引起的管理体制混乱。具体来说，法

律规定全民所有的自然资源由中央政府代理所有权，中央政府又委托给各级地方政府代理行使所有权，同时地方政府又是自然资源利用开发的监管者，从而形成了地方政府集“运动员”和“裁判员”于一身的现状。第二，各个自然资源分属不同政府部门管理产生了条块化的部门分割管理体制。这种部门分割管理体制十分不利于自然资源的统一协调，以水资源领域的九龙治水最为突出。与此同时，从所有权看，自然资源所有权二元化结构是当前我国自然资源所有权的主要安排，法律法规规定了我国大部分自然资源属于国家所有，如矿产、水流、湿地、海域等；少部分资源属于集体所有，如草原。因此，仅从法律规定上看我国的自然源所有权是明晰的，以公有产权占主体；但实践中，作为自然资源的所有者，国家并没有获得相应的收益，所有权和收益权相偏离，国家所有权存在虚置现象。而且，现行的法律条文中缺乏对行使自然资源产权主体具体代表的规定，中央政府、地方政府、各部门和当地居民间的权利义务无明确规定（姜仁良，2010）。第三，自然资源确权登记制度不健全。《生态文明体制改革方案》要求到2020年建立统一的确权登记制度，其中最重要的是自然资源使用权的确权登记。一方面，浙江省各类自然资源的确权登记制度建设进度不一，林业、矿业和土地的确权登记制度较为完备，而水流、大气、湿地、海域等处于试点启动或尚未开始的状态。另一方面，在确权登记部门的设置上没有统一规定，各类自然资源的权属登记也是分部门进行，登记信息不统一，导致了多部门登记和重复确权的现象。第四，自然资源资产产权交易制度安排的缺失。产权交易制度的安排是建设自然资源资产产权制度的应有之意，是实现自然资源经济价值和生态价值的保障。浙江省对各类自然资源资产产权交易制度的安排存在明显不平衡现象（马永欢等，2015）。

2. 国土空间开发保护制度的实施机制尚不健全

主体功能区规划是浙江省国土空间开发的战略性、基础性和约束性规划。浙江国土空间科学有序开发格局尚未形成。浙江国土空间开发现状离主体功能区规划要求差距很大，突出表现为：一是禁止开发区域尚未建立有效的保护模式，各类保护区类型仍存在管理多头、经费人员保障不足、旅游过度开发等问题；二是限制开发区域仍存在追求高强度开发，省级重点生态功能区所在10个县（市）仍将发展工业作为重点，将导致“既没金山银山也没绿水青山”的双输局面；三是重点开发区域高效开发不够，以全省各类开发区为例，总体建设水平和开发效率不高，支撑引领全省经济发展作用未充分体现；四是优化开发区域产业转型缓慢，“城市病”突出，人居环境日趋恶化，表现为高新技术产业园区的规模和质量远远落后于兄弟省份，环杭州湾地区也是全省雾霾等污染最为严重的区域之一等（浙江省咨询委城镇化发展部，2015）。

3. 空间规划体系“多规合一”改革进程过慢，空间规划缺乏协调性

自2003年起，浙江省“多规合一”探索已经长达十年，但仍然处于试点阶段。尽管“多规合一”试点工作已经取得初步成果，但是“多规合一”制度完善与推广在短期内仍然难以实现。浙江省空间规划混乱的现状仍然没有改观。浙江省城乡总体规划与国民经济发展规划、土地利用规划、生态环境功能区规划仍由四个部门单独编制。此外，各部门编制空间规划时，编制标准和口径不同，形成了衔接各部门空间规划的技术性障碍。“多规合一”在改革过程中也出现了制度扭曲的问题，“多规合一”重心在于重构空间管理体系，但现有体制机制“路径依赖严重”，部门协调难度大。此外，国家各有关部委对“多规合一”工作要求各不相同，管理空间交叉、实施分割、沟通不畅等“失衡”或“打架”现象已造成改革思想难以统一，内容难以确定，措施难以实施等问题（周世锋等，2016）。

4. 资源总量管理和全面节约制度体系散乱、系统性不强

虽然浙江省在实施资源总量管理和全面节约制度方面积累了大量经验，但制度体系系统性不足是实施制度过程中的突出问题。首先，资源总量管理与全面节约制度的客体较为复杂，涉及土地资源、水资源、天然林资源、矿产资源、湿地资源、海洋资源六类。由于不同资源总量控制的前后有所差别，陆与海的矛盾、水与地的矛盾突出，不同资源对经

济发展的重要程度也有很大差异，浙江省的重视程度也就不一样。相对而言，湿地资源在这几类资源中的重要程度远远不及土地资源与水资源。这导致浙江省第一部关于湿地保护的法规条文在2012年才颁布，全面发展与平衡各类资源制度的建设是浙江省今后的一大努力方向。其次，各类资源制度之间既有共性也有特性，不同资源的制度建设应该有其独有的部分，也应该有与其他资源制度交叉的部分，而浙江省在制度建设时较少考虑到不同资源制度之间的联动。比如，湿地资源的保护对水资源、土地资源、野生动物资源等都有着较为重要的作用。同样，水资源也对林业、土地、湿地有着较为重要的影响。制度建设应该将各类资源当做一个体系建设。最后，各类资源制度之间缺少基本经验的借鉴。虽然各类资源存在的问题不同，解决措施也不同，但还是有着一些共同点，不同资源制度建设的良好经验仍然可以相互借鉴，比如水资源管理中运用的经济手段同样可以运用到海洋资源、林业资源管理等。按照“山水林田湖”是一个生命共同体的治理理念，各类资源实际上是互相影响的。不同资源管理的有效做法同时也可以互相借鉴，将各类资源总量控制作为一个主题来考虑可能更有利于制度效果的发挥。

5. 有偿使用和生态补偿的自然资源种类与浙江省资源禀赋不相契合，市场机制薄弱，资源环境价税偏低

浙江省有偿使用和生态补偿制度涉及的自然资源包括水资源、森林资源（包括林地）、土地资源、矿产资源、海域资源，但各类资源有偿使用和生态补偿工作实施时间有前有后、实施强度有强有弱、实施范围有宽有窄。浙江省是我国湿地资源最丰富的省份之一，拥有湿地面积110万余公顷，湿地分布的高等植物有181科1482种，分布的脊椎动物有69目268科1107种[①]。与浙江省丰富的湿地资源相比，湿地资源生态补偿工作虽有所涉及，但多是隐匿于湿地保护的相关政策条例之中，如《浙江省湿地保护条例》(2012)、《浙江省湿地保护规划（2006—2020)》、

---

① 浙江省林业厅. 中国湿地资源·浙江卷. 2016-06-01，http://www.zjly.gov.cn/sndt/108431.jhtml.

《浙江省人民政府办公厅关于加强湿地保护管理工作的意见》（浙政办发〔2014〕23号）等。截至2015年底，关于湿地的有偿使用和生态补偿制度建设工作最为缓慢和薄弱。浙江省在湿地方面尚处于保护阶段，湿地生态补偿工作有待加强，湿地资源的有偿使用方面更是尚未涉足。在资源税方面，浙江省目前的课税对象仅包括7大类：原油、天然气、煤炭、其他非金属矿原矿、黑色金属矿原矿、有色金属矿原矿和盐，其他资源如水资源、森林资源、海域资源等都未在征收之列。市场机制薄弱的主要表现是一些自然资源和环境资源依旧实行政府定价或政府指导价，如水价、电价、排污权价格等。这些价格仅仅体现了资源环境的生产和获取成本，环境成本、市场供求和资源稀缺性并没有包含在内。此外，浙江省生态补偿由政府主导，政府财政资金是补偿资金的主要来源。省级生态环保转移支付资金从2006年的2亿元提升到了2013年的18亿元，然而，政府财政资金毕竟有限且能否持久有待商榷[①]。

6. 县乡级环境治理体系亟待完善，污染防治区域联动体制建设落后，环境治理制度体系构建主体单一

第一，城市的环境治理问题被较早关注且已有较大改善，而县乡级的环境治理体系却没能紧跟经济发展的步伐，环境问题日益突出。在农村治理体制机制上，浙江省开展了一系列如“千村示范、万村整治”、以“生产、生活、生态”三生统筹理念为指导的农村环境治理，但浙江省农村治理体制机制依然薄弱。第二，治污是环境治理中的另一项重要任务，很多污染一旦形成影响的不只是单个地区而是呈现出区域性，单靠一个地区采取措施达不到治污应有的效果，所以需要打破行政区划推进各个污染区域联合治理。就浙江省而言，污染物防治区域联动机制并没有得到很好地构建，如何形成污染防治的制度联动、主体联动、保障机制联动等并没有正式法律法规的保障。第三，环境治理体系的核心在于“共治”，即政府、企业、社会共同参与到环境治理体系之中。从浙

① 浙江创新生态环保机制 生态环保转移支付一年花18亿元，中国新闻网，2014-07-24，http：//www.chinanews.com/df/2014/07-24/6423432.shtml.

江省改革开放以来的制度建设来看，环境治理体系的制度构建主体还是政府，政府通过一系列的法律法规、行政调控来治理环境问题，而企业与社会公众的参与度不够，治理体系建设的意识不足。

7. 环境治理与生态保护市场体系改革过慢，制度建设协调性有待加强

虽然浙江省环境治理与生态保护市场体系的改革已有三十多年，但就总体改革的进度来看还是偏慢。以碳排放权交易为例，2003 年省第十届人大常委会第四次会议通过了《浙江省大气污染防治条例》，以期控制削减主要大气污染物的排放总量，鼓励清洁生产。同年，省政府又颁发了《浙江生态省建设规划纲要》并推出生态省建设目标，打造“绿色浙江”。但直至 2010 年，中共浙江省委才在通过的《关于推进生态文明建设的决定》中明确提出“加强清洁发展机制项目建设，探索省内碳排放权交易制度”；同年 11 月，浙江在《关于制定浙江省国民经济和社会发展第十二个五年规划的建议》中明确提出：“加快建立排污权有偿使用和交易制度，积极开展省内碳排放权交易试点，探索单位生产总值能耗市场化配置机制。”此时，中国区域碳排放权交易市场正式起步。与此同时，在制度建设与实践的过程中，某项具体制度短板对于整体制度体系的形成不利。只有协调好个体与整体的关系，整个制度体系的建设才能落在实处。从浙江省环境治理与生态保护市场体系的制度构建来看，环境治理与生态保护市场主体以及绿色产品体系的构建相对滞后。

8. 生态文明绩效评价考核体系模糊，自然资源资产负债表编制仍处于起步阶段，责任追究机制部门职责交叉严重

浙江省生态文明绩效评价考核还未形成完整的体系，绩效评价考核指标或多或少存在着指标欠缺、模糊和片面的问题。同时，部分指标在实际应用于考核体系的过程中会碰到数据统计难度大、无法计算等问题。这导致生态文明绩效评价考核体系的建立在实际操作过程中碰到较多可操作性上的困难。省环保部门存在较多生态文明绩效评价考核体系，如城市环境综合整治定量考核、年度污染减排评估考核、环境保护目标责

任制考核等等，各类绩效评价考核体系导致考核指标模糊、考核方式繁杂，各部门考核工作分散、考核内容重叠。这会导致浙江省生态文明制度建设效率低下。缺乏完善的生态文明绩效评价指标体系使得浙江省政府的生态责任制很难得到实质上的落实。与此同时，由于自然资源资产负债表编制制度是由国务院办公厅于2015年印发的，采取的是“自上而下”的推广模式，浙江湖州作为五大试点城市之一，仍在积极开展编制自然资源资产负债表试点工作，积极推动该制度的发展和推广，但该制度仍处于起步阶段，相关政策文件数量较少，建立可复制、可推广的自然资源资产管理“湖州模式”仍需要做出进一步的探索发展，同时也需要有配套的政策文件出台。此外，从国家层面看，由于我国的生态管理体制是从各部门分工管理逐步变为统一监督管理和分工负责相结合的管理体制，因此环保部门与政府其他各部门都有或多或少工作上交叉项及联系点。从省级层面看，这种现象极为普遍，政府部门在改革发展的过程中存在对新的职能部门授权却未撤销或未完全撤销原部门的相关职能。这就导致了相关职能部门的重复设置和职能方面的交叉重叠。

六、浙江省生态文明制度建设的改革思路

鉴于浙江省生态文明制度建设中的突出问题，相应的重点改革思路包括构建生态型“有为政府”、培育绿色化“有效市场”、实现体制性“多规合一”、实施制度化“考核办法”。

1. 构建生态型“有为政府”

有为政府在不同的国家和不同的发展阶段有不同的定义。狭义地来看，“有为政府”意味着政府可以基于比较优势理论通过产业政策的调整来实现地区经济的发展和赶超。广义地看，“有为政府”不仅仅是新结构经济学意义上的“有为政府”，它也可以是生态型“有为政府”。生态型“有为政府”是指那些可以通过生态文明制度建设实现地区经济绿色转型或绿色赶超的政府。改革开放以来，早期的浙江政府体现了传统意义上狭义的“有为政府”理念，21世纪的浙江政府更体现了生态型

“有为政府”的理念。虽在工业化、城镇化、信息化、农业现代化的道路上浙江持续秉持绿色化发展理念，但生态型“有为政府”却有待进一步构建和完善。

一是要将所有资源纳入一个统一的体系，使各类资源管理能够相互联动和借鉴，为“山水林田湖”这一生命共同体寻找合适的管理者。浙江省在土地资源、水资源、矿产资源与林业资源等方面的制度建设成果相对丰硕，下一步应在进一步完善土地资源、水资源、矿产资源制度建设的同时重点关注湿地资源与海洋资源的制度建设，综合提高生态文明制度强度，使各资源的政府管理更加全面、更为到位、更有效果。

二是不同资源的生态文明制度既有共性也有特性，不同制度的重点与难点也不相同，在系统完善各项制度后，政府应着力关注具体制度的重点领域和薄弱环节。基于系统性生态文明制度的构建，浙江省府应采取“抓大放小”、“避轻就重”、“先急后缓”等方式进一步完善生态文明制度。不论是“自下而上”地方政府的自主创新制度，还是“自上而下”省级政府的全面推广制度，各级政府都应该在制度实践的过程中“取长补短”或“扬长避短”，充分体现和调整“有为政府”的绿色发展理念与思路。

三是浙江应该积极推广制度建设的优秀经验，包括制度创立之初的创造性和创新性，政策调控过程中的市场化与多元化，从而为兄弟省份摆脱单一行政手段刚性有余而弹性不足局面提供有效方法。浙江政府十分注重运用市场手段和经济政策，善于综合运用财政、税收、价格、生态补偿、环境保护税、环境污染责任保险等手段来促进资源的高效配置。

四是政府应该加强对公众生态文明建设的教育、宣传，采用信息公开赋予公民环境知情权、参与权和监督权，强化道德手段对资源配置的调控。在政府、企业和社会“三位一体”的治理框架中，浙江政府清晰地掌握公众参与是生态和环境治理的短板。因此，浙江应始终坚持问题导向，着力补齐生态文明制度建设中公众参与这一短板。坚持问题导向永远是建设制度的重要法宝。

2. 培育绿色化“有效市场”

有效市场理论认为市场价格已经包含了所有可以得到的信息。坚持“有效市场”和“有为政府”的有机统一是党的十八届三中全会经济体制改革的核心。“有效市场”是指使市场在资源配置中起决定性作用。如何使市场机制在生态环境资源配置中起决定性作用是市场化生态文明制度建设的重中之重，是绿色化“有效市场”培育的核心。市场参与主体一方面需要遵循市场规律办事，另一方面则需要体现绿色发展诉求，它涵盖了从资源产权界定到资源产权交易达成的全过程。浙江省的自然资源资产产权一直处于离散状态，并未形成统一的体系。虽具有法律上明晰的所有权规定，但所有权主体不明，实践中国家所有权虚置。虽具有清晰的使用权主体，但以国有企业为主的单一使用权主体情形下的自然资源利用效率低下。因此，浙江省绿色产权市场离“有效市场”还很远，亟待培育与发展。

第一，对于所有权而言，浙江省应在明确各项自然资源所有权的基础上，进一步将其分解到地级市并指定具体的代理部门或机构以及明确如何代理、向谁负责。就使用权而言，在明晰自然资源资产使用权、划清使用权界线的基础上，进一步细化使用权，如细化出让权、经营权、转让权、承包权、租赁权、抵押权、处分权等各项权益。水流、海域和矿产资源领域的使用权有待细化。与此同时，政府应按照“山水林田湖是一个生命共同体”的思想构建统一行使自然资源所有权的机构，形成相互独立的管理体制和监督体制。

第二，浙江省生态文明产权制度改革应遵循从“不控总量”到“总量控制”、从“开放产权”到“封闭产权”、从“无偿使用”到“有偿使用”、从“不可交易”到“鼓励交易”的转变规律（沈满洪，2015）。从“不控总量”到“总量控制”是指资源总量和环境容量的开发和利用总量从不控制到控制；从“开放产权”到“封闭产权”是指资源产权从原先谁都可以获得到相应明确的产权主体；从“无偿使用”到“有偿使用”是指“生态经济化”，即生态资源经济价值的实现；从“不可交易”到“鼓励交易”则体现了政府对绿色化“有效市场”的高度认可。

第三，绿色化“有效市场”的构建离不开生态型“有为政府”的支持。地区绿色发展往往面临市场失灵，因此在推进产权制度改革的必须同时推进绿色财税制度建设。一方面，应以环境税、资源税和碳税等绿色财政收入制度遏制黑色发展；另一方面应以生态补偿、循环补贴、低碳补助等绿色财政支出制度激励绿色发展。促进绿色发展的财税制度改革要把握“由无到有”、“由弱到强”、“由下而上”的三个改革方向（沈满洪，2016）。

3. 实现体制性“多规合一”

“多规合一”旨在协调各部门并减少各部门各自为政和相互冲突所带来的效率损失。“多规合一”可以是指经济发展规划、土地利用规划和主体功能区规划等不同规划之间的统一，也可以是指不同生态文明制度之间根据“互补性”、“替代性”、“前置性”等关系实现统一。为实现“多规合一”的目标，浙江省生态文明制度建设应注意层级性“多规合一”、结构性“多规合一”和体制性“多规合一”。

一是层级性“多规合一”。生态文明制度具有层级性。简单来讲，层级性生态文明制度包括中央与地方两大类。就省级生态文明制度建设而言，可以分为省、地级市、县、镇、村等级别。不同层级的生态文明制度在不同的制度沿革过程中会产生不同的规制强度，不同的规制强度会产生政策空间的正外部性或负外部性。浙江省生态文明制度建设应基于空间视角上规制强度的测度并注意空间规制强度的一致性。

二是结构性“多规合一”。生态文明制度往往具有自然的两分属性，如水质和水量，由此水权交易制度与水污染权交易制度两者往往具有互补关系。又如，资源交易制度、污染权交易制度两者与生态补偿制度之间具有一定的替代关系，因为两者均可通过生态补偿的方式实现，生态补偿也可以体现为资源产权交易或污染权交易。生态补偿制度与污染损害赔偿制度是互补关系，它们是一个事情的两个方面——保护与污染。

诸如此类，深入探究浙江省生态文明制度各子制度的关系结构，实现可以“多规合一”制度的“多规合一”是结构性“多规合一”的必然要求。

三是体制性“多规合一”。层级性和结构性“多规合一”在浙江或多或少已有实践，而体制性“多规合一”依然处于探索阶段。体制性“多规合一”是指需要通过完善各部门职能衔接机制来健全生态文明制度。具体来说，包括统一各部门规划口径和规划标准、统一基础数据的来源和分析方法，从而实现“多规”在技术层面上的融合；建立多部门联合工作机制，联合编制“多规合一”规划，实现“多规”在编制和实施过程中的融合；将“多规合一”改革重心放在制度体系重构上，减少对已有路径的依赖，并同步推进法律法规的完善，明确“多规合一”的法律效力。

4. 实施制度化“考核办法”

第一，推动绩效考核制度内容体系的改革。积极探索科学的方法将资源消耗、环境损害、生态效益等指标纳入经济社会发展综合评价体系；将万元 GDP 能耗、万元 GDP 水耗、万元 GDP 排污强度、环境质量达标率等生态环境指标纳入党政领导干部政绩考核考核指标体系；逐步增加生态指标在整个考核体系中的权重，强化指标约束，以此作为考核评价政府生态文明建设工作绩效和衡量区域生态经济发展水平和质量的重要指标；明确省级综合管理部门来统一协调负责生态文明建设绩效考核评价，并制定统一规范和部分差异化的生态文明绩效评价考核体系和责任追究机制。

第二，推动绩效考核制度技术方法的改革。通过引进国内外相关领域高端技术型人才，对资源环境监测技术进行深入的开发研究，形成自身在资源环境监测技术方面的核心竞争力；通过直接引进国内外高端资源环境监测技术或仪器，提高监测结果的准确性，进而更精确地评价生态文明制度建设的绩效，为政府绩效及领导干部评价考核、责任追究提供基础性依据。

第三，推动绩效考核制度问责标准的改革。以浙江湖州自然资源资产管理"湖州模式"的探索发展为基础，通过全面调查浙江省级层面现有的自然资源，编制浙江省自然资源资产负债表，制定完善的自然资源资产评估管理办法，实行自然资源年度考核评估。对于领导干部在任期间的权力行使，需要通过离任审计来考察其是否完成了任期责任目标，进而落实领导干部的相关责任，建立健全领导干部离任生态审计制度。

第四，推动绩效考核制度责任追究的改革。针对部门职责交叉严重的问题，政府应明确各职能部门的生态职能，并要求领导干部对管辖范围内的生态文明建设负责。在明确部门职能的基础上，政府各部门的生态责任要切实做到"领导到位、责任到位、措施到位、投入到位"，对推动生态文明制度建设工作不力的、资源和生态环境方面盲目决策造成严重后果的以及履职不力、监管不严、失职渎职的，要依纪依法追究相关人员的监管责任，以推动浙江省生态文明制度建设工作的顺利展开，实现政治、经济、文化、社会、生态全面协调可持续发展。

【参考文献】

[1] 杨海龙，杨艳昭，封志明. 自然资源资产产权制度与自然资源资产负债表编制 [J]. 资源科学，2015 (9).

[2] 谷树忠，曹小奇，张亮等. 中国自然资源政策演进历程与发展方向 [J]. 中国人口·资源与环境，2011 (10).

[3] 梁兴印，陈正良. 论我国生态文明制度建设的历史演进 [J]. 中共宁波市委党校学报，2016 (3).

[4] 中共浙江省委党史研究室. 为了浙江的明天更加美好——浙江推进生态文明建设的历史回顾 [J]. 今日浙江，2010 (12).

[5] 王万山，廖卫东. 中国自然资源产权市场应如何"转轨" [J].

改革，2002（6）.

［6］周树勋，任艳红. 环境资源市场配置在浙江省的实践与探索［J］. 环境污治与防治，2015（2）.

［7］李炯，陈宇光. 浙江碳排放权交易市场制度创建条件与设想［J］. 中共宁波市委党校学报，2015（6）.

［8］胡杰，李淑杰. 借鉴浙江省采矿经验发展中国矿权市场［J］. 资源与产业，2005（5）.

［9］浙江省咨询委城镇化发展部. 推进浙江省主体功能区规划实施的思路与建议［J］. 决策咨询，2015（5）.

［10］周世锋，秦诗立，王琳等. 开化"多规合一"试点经验总结与深化建议［J］. 浙江经济，2016（8）.

［11］姜仁良. 我国自然资源产权制度的改革路径［J］. 开放导报，2010（4）.

［12］马永欢，刘清春. 对我国自然资源产权制度建设的战略思考［J］. 中国科学院院刊，2015（4）.

［13］黄苇、刘瑜、季婷婷等. 浙江省企业环境保护社会责任制度建设探索［J］. 环境科学与管理，2011（2）.

［14］谢慧明，沈满洪. 中国水制度的总体框架、结构演变与规制强度［J］. 浙江大学学报（人文社科版），2016（4）.

［15］沈满洪. 推进生态文明产权制度改革［J］. 中共杭州市委党校学报，2015（6）.

［16］沈满洪. 促进绿色发展的财税制度改革［J］. 中共杭州市委党校学报，2016（3）.

（**作者：**谢慧明、沈玲佳、俞梦绮、强朦朦、吴应龙、赵容丽，浙江理工大学浙江省生态文明研究中心）

分　　论

分论之一：生态管制制度建设的浙江实践

生态管制制度属于政府监管性制度，通过带有强制性的法律法规和规章制度，从全社会的视角对涉及资源、环境、生态等领域的行为进行规范。通过生态管制制度建设，一方面严格约束了“黑色经济”、“线性经济”和“高碳经济”；另一方面，极大激励了“绿色经济”、“循环经济”和“低碳经济”。浙江省生态经济发展的重要特征是依靠生态制度建设推动生态经济发展。其中，生态管制制度建设在促进生态经济发展方面发挥了极其重要的作用。

一、生态管制制度的内涵与分类

1. 管制与生态管制制度的内涵

管制（regulation）通常在学术界也被称为“规制”或“监管”，在管制经济学中是一个很重要的概念。日本经济学家植草益认为，规制是社会公共机构依据一定规则，对构成特定社会的个人和构成特定经济主体的活动进行限制的行为（植草益，1992）。也有国外学者认为，管制是行政机构制定并执行的直接干预市场机制或间接改变企业和消费者供需决策的一般规制或特殊行为（丹尼尔·F. 史普博，1999）。国内学者王俊豪将管制定义为：具有法律地位的、相对独立的管制者（机构），依照一定的法规对被管制者（主要是企业）所采取的一系列行政管理与监督行为（王俊豪，2007）。现代意义上的管制最早出现在美国，1887

年美国国会成立了国内贸易委员会管理铁路价格和线路，是公认的最早负责管制的机构。政府管制（government alregulation）通常也是政府治理的一种工具和手段，即相关政府机构（更多的是环境管理部门）指政府基于公共利益或者其他目的，通过制定规章及设定行政许可等手段，对市场经济主体的活动进行直接或间接限制、监督和控制的一种行政法律手段或制度，其主要作用对象是企业（曾国安，2004）。

生态管制制度可以理解为别无选择的强制性制度建设，指管理当局通过法律或行政手段对不同经济主体进行“命令—控制”式的刚性约束，从而实现生态文明建设目标的制度和政策，如总量控制制度、空间管制制度和环境保护标准制度等（沈满洪，2012）。生态管制制度的重要特点是通过法律制度的强制性和行政制度的强制性予以实施的。在生态文明管制的要求下，相关制度具有强制性和权威性，实践过程中一般采用传统的“命令—控制”手段，被管制者必须遵守相关法律、法规和标准，若是出现违章违规行为，管制主体将会对其进行法律或经济方面的制裁。

2. 管制与生态管制制度的分类

管制经济学中多数研究将管制分为经济性管制、社会性管制和反垄断管制三个方面，也有国内学者将管制分为经济性管制和社会性管制两个方面（杨建文，2007）。经济性管制是指在自然垄断和存在信息不对称的领域，为了防止发生资源配置低效率和确保公平利用，政府机关利用法律权限，通过许可和认可等手段，对企业的进入和退出，价格、服务的数量和质量，投资、财务会计等有关行为加以管制。社会性管制是以保障劳动者和消费者的安全、健康、卫生、环境保护、防治灾害为目的的，对产品和服务的质量和伴随着提供而产生的各种活动制定一定的标准，并禁止特定行为的管制（植草益，1992）。反垄断管制是一个具有相对独立性的领域，其主要对象是竞争性领域中具有市场垄断力量的垄断企业及其行为，特别是由市场集中形成的经济性垄断行为。生态管制是社会性管制的一项重要内容，是生态经济下政府通过监管、控制以及制定相应政策与措施对社会经济活动进行调节，保护环境，维持生态平衡，以达到生态与经济发展相协调的目标（赵映诚，2009）。因此本章中论述的生态管制属于社会管制的范畴。

生态管制制度可分为自然资源管制制度、环境资源管制制度和气候资源管制制度。（1）自然资源管制制度。自然资源（natural resources）又称天然资源，是指在其原始状态下就有价值的自然物，如土地、矿产、水利、生物、海洋和气候等资源，是生产的原料来源和布局场所。狭义的自然资源只包括实物性资源，如土地、水、矿产、森林等资源。联合国环境规划署将自然资源定义为在一定的时间和技术条件下，能够产生经济价值，提高人类当前和未来福利的自然环境因素的总称。自然资源在地理上具有分布不平衡的特点；在利用上具有发展性的特点，即人类对自然资源的利用范围和途径会随着科学技术的不断进步而不断拓展以及利用率不断提高；在数量上具有有限性的特点，有限性是相对人类无限的需求来说，又因自然资源资产是人类生存和发展的物质基础和社会物质财富的源泉，因此必须进行合理开合利用和保护，才能实现人类的可持续发展。浙江自然资源管制制度涉及总量控制制度、空间管制制度、自然资源资产审计制度等，具体管制对象包括土地资源、水资源、林业资源、渔业资源、矿产资源和海洋资源等自然资源。（2）环境资源管制制度。环境资源管制制度涉及总量控制制度、环境标准制度、生态红线制度、产业准入制度、环境问责制度等，管制对象包括生态平衡资源、环境容量资源等。（3）气候资源管制制度。气候资源因其特殊性，既与自然资源和环境资源存在差异，又与它们存在共同之处。气候资源主要包括碳权资源和碳汇资源。

二、浙江省在生态管制制度建设上的探索

1. 积极探索“多规合一”

“多规合一”是指以国民经济和社会发展规划为依据，强化城乡建设、土地利用、环境保护、文物保护、林地保护、综合交通、水资源、

文化旅游、社会事业等各类规划的衔接，确保“多规”确定的保护性空间、开发边界、城市规模等重要空间参数一致，并在统一的空间信息平台上建立控制线体系，以实现优化空间布局、有效配置土地资源、提高政府空间管控水平和治理能力的目标。“多规合一”并非只搞一个规划，而是以理顺各类规划空间管理职能为主旨，以在有坐标的一张图上叠加融合各类、各专业、各行业规划的空间信息为路径，实现各类规划衔接一致。

“多规合一”的缘由是，经济社会福祉、城乡建设、土地利用、环境保护、文物保护、林地保护、综合交通、水资源、文化旅游、社会事业等各类规划存在严重的相互冲突、相互重复等现象，严重影响到依规行事。仅仅在一个县域范围内，几个不同的部门规划之间存在多达万处的不一致。因此，“多规合一”是一项十分紧迫的任务。

习近平总书记在2013年新型城镇化工作会议上首提推进市县“多规合一”，统筹经济社会发展规划、城乡规划、土地利用规划等。2014年8月，国家发改委、国土部、环保部和住建部四部委联合下发了《关于开展市县“多规合一”试点工作的通知》，决定在全国28个市县开展“多规合一”试点。其中浙江省的嘉兴市、开化县和德清县名列其中。浙江三个试点市县的改革思路，基本可以概括为“1 + X”：即以习近平总书记提出的“一本规划（总规）”、“一张蓝图（总图）”作为“1”，作为政府规划体系的顶层规划；然后在“1”的统领之下，整合既有的规划资源，按精简、效能、统一的原则，编制“X”个分规划，作为“1”的细化和展开。

（1）嘉兴市“多规合一”探索。2014年10月嘉兴列为国家“多规合一”试点城市以来，将“多规合一”作为合理布局城乡空间、有效配置土地资源、促进土地节约集约利用、提高政府行政效能的有效手段。嘉兴市发改、国土、城建、环保等部门开展了专题研究，加强顶层设计，“多规合一”工作正如火如荼地展开。

着眼新时期新背景，积极推进市域总体规划修编，将市域总体规划作为全市域空间结构和用地布局的母本和底图，从区域、市域、平台、城镇、特色五个层面体现市域一体，努力实现“县域经济向城市经济转变，地方功能向区域功能转型，低效规模集聚向高效结构优化转变”。

在“多规合一”技术框架的基础上，着重在摸清家底、乡镇“多规合一”等方面开展了大量研究工作，以增色嘉兴多规模式。迄今已经完成和正在开展的工作具体包括：编制“多规合一”前期研究报告、编制嘉兴市国土面积技术核证报告、编制市本级国土利用与建设用地扩张技术报告、进行嘉兴市乡镇“多规合一”研究、制定乡镇“多规合一”编制导则、市本级现状梳理入库以及嘉兴市主要规划图纸的入库等。

（2）开化县“多规合一”探索。针对“多规合一”中存在的突出问题，开化县着力从“六个统一衔接”上来实现“多规合一”。

第一，建立统一衔接的规划体系。编制开化县发展总体规划，作为统领全县经济社会科学发展和国土空间合理布局的顶层规划、综合规划和空间管制规划。优化编制三大空间规划，其中土地利用规划具体管制土地用途和规模，城乡规划具体管制城乡建设空间、方向和布局，环境规划具体管制生态保护空间和环境准入，从而形成定位清晰、功能互补、统一衔接的空间规划体系。有效缩减专项规划数量，合理精简专项规划内容，将专项规划转化为行动方案、行动计划或专项政策。

第二，推进统一衔接的空间布局。按照“一套规划、一张蓝图”的总体要求，建立县域空间开发与保护统一格局，实施配套综合性空间管制政策，以增强空间管制的约束性和指导性。科学划分城镇建设、农业生产和生态保护三大功能空间。划定生态保护、永久基本农田边界和城镇建设用地扩展边界三条红线，明确重大基础设施布局，加强对开发强度、建设用地总量、基本农田保护规模等指标的控制。

第三，明确统一衔接的基础数据。各类规划要形成一个自然资源、人口、经济、土地、社会等统计口径统一的数据库，所有规划编制必须依托统一的核心数据。其中，空间数据必须统一城镇建设用地规模、耕地保有量面积和生态保护区面积三大数据，基本数据必须统一总人口、地区生产总值、城镇化水平、森林覆盖率、二氧化碳排放量和化学需氧量 6 个数据。

第四，制订统一衔接的技术标准。对经济社会发展规划、城乡规划、土地利用规划、环境保护规划等涉及的功能区分类、划分标准等进行对接。统一衔接的技术标准包括统一规划的划分方法、分区类型、图件比例尺和地图系统坐标系。

第五，建设统一衔接的信息平台。统一的地理信息管理平台是实现规划“一张图”的必要载体，是落实“多规合一”协调机制和管控规定的技术保障。县级中心平台统一管理和维护县域规划的成果数据，为各部门空间管制提供统一的管控数据和检测功能。中心平台通过与各业务部门子平台的数据交换，实现跨部门规划和审批信息共享，向各子平台提供选址查询、规划协调等服务功能。子平台通过各自的工作库及时向中心平台提供本部门的规划数据和审批数据，供其他部门调用。

第六，形成统一衔接的管理机制。完善县规划委员会工作机制，全面规范县域规划计划管理、立项、编制、衔接、评审、发布、实施及评估等环节。形成合理、灵活的规划审批制度，由省政府实施县发展总体规划审批，提高审批层次；城乡、土地、环保等专项规划由省政府授权县政府审批。形成各类规划编制的合理时序，规划修编统一为五年一次。

开化县的多规合一工作基本已经完成，并得到中央领导的充分肯定。

（3）德清县“多规合一”探索。德清县的“多规合一”试点具有下列三大特色：

①消除多规矛盾，编制空间一张蓝图。

第一，以目标体系统一发展战略。德清县通过多规目标和指标体系的统一，实现多规统一发展战略，避免了多规在城乡发展目标、发展规模、产业、民生、基础服务设施等方面的矛盾，有效实现了融入杭州都市区，对接杭州创新走廊，产城融合，特色小镇建设和城乡一体化发展。建立了统一的项目库，涉及续建、新建、预备三类共计 442 项，明确项目建设时序，更好地发挥了“多规合一”的管控和引领作用。

第二，以全域规划优化城乡空间。通过生态空间、农业空间、城镇空间三类空间的划定，实现生态、生产、生活的“三生”空间优化覆盖全域。对生态空间制定了三级管控要求，切实保障了县域生态安全。确定各类农业发展功能区，确保农业生产安全。调整优化城乡空间布局，实现城乡发展从注重“增量”转向“存量”，从注重“外延扩张”转为“内涵提升”。通过对差异图斑进行处理，协调建设用地差异图斑2.9万块；按照“山、水、林、田、湖”的格局，对非建设用地进行全面梳理安排，实现了全县937平方公里“每一寸”土地的规划管控。

第三，以控制线体系实现无缝对接。基于“底线思维”明确保护和开发的边界，建立统一的“多规合一”控制线体系。保护方面，立足保障生态安全和粮食安全，优先划定永久基本农田控制线和生态控制线。开发方面，避让保护边界，限制城乡无序发展，有效引导城乡空间发展和建设项目布局，合理划定建设用地规模控制线。同时，为保障城乡功能的完整性，增强规划弹性，预留满足特定条件形成后可开展城乡建设的空间，在城乡建设用地规模控制线基础上划定城乡建设用地开发边界控制线。

此外，对地下空间利用和竖向景观天际线控制明确规划要求，探索构建规划立体化的控制线体系。

②提高管理效率，实施空间一张蓝图。

第一，通过各类管理系统互通实现信息共享。德清县“多规合一”信息平台建设总体构架为“1+1+N”，即规划协同平台+审批服务平台+部门服务平台。通过各类系统平台的互联互通，实现“多规”信息的集成和运用。

第二，通过规划协同平台构建实现项目生成。新建规划协同平台，运用一张图集成，各类招商引资项目、技改项目和政府性投资项目，通过平台进行项目合规性审查，进行项目预评估，达到项目生成的目的。

第三，通过项目审批流程再造提高行政效率。通过调整审批事项办理阶段、合并部分审批环节、跨部门联合评审等项目审批流程再造机制，改造升级项目审批服务系统平台，统一收发件窗口，申请人进“一家门”办“多家事”，实现从“部门审批”向“综合审批”的转变。

③增强治理能力，保障空间一张蓝图。

第一，以规划委员会统领空间规划工作。完善德清县城市规划管理委员会的人员组织架构和职能。该委员会负责国民经济和社会发展规划、县域总体规划、土地利用总体规划、环境功能区划等规划成果的审查，以及重大项目选址和设计方案审查等工作。

第二，以考核体系强化分区分类管理。根据“多规合一”政策分区对各乡镇进行分类考核。生态空间重点考核环境保护和生态旅游产业，城镇空间重点考核工业及城镇功能配套，农业空间重点考核现代都市农业发展及传统产业转型升级能力。通过对不同区域提出不同的发展要求，在考核指标设置上既有共性指标，又有区域性指标，并赋予不同的权重，有效引导不同区域实现科学发展，实现城乡一体化统筹发展。

第三，以协调机制保障一张蓝图干到底。建立一套部门间协作的管理流程，定期组织多部门的联席会议，建立长效工作机制。保证各部门规划编制、实施、管理及更新过程中的有效衔接；统筹各部门规划立项、规划编制、规划审查及实施管理；研究审议规划编制重点和难点，协商解决方案；协调解决规划实施中涉及相关部门的问题，促进部门间协作配合。

从多规分散、多规矛盾到多规合一、多规衔接，曾遭遇强大的部门利益的障碍。但是，浙江省参与试点的三个市县，总体上坚持以全局利益为重，试点工作取得了了阶段性成果。

2. 完善超标处罚措施

为了保护环境，保障人民健康，促进企业、事业单位加强经营管理，节约和综合利用资源，治理污染，根据《中华人民共和国环境保护法（试行）》以及 2014 年修订后的《中华人民共和国环境保护法》和国务院《征收排污费暂行办法》，结合具体情况，浙江省制定了一系列超标处罚的措施。

在浙江省范围内的一切企业、事业和其他单位排放的污染物，凡超过国家颁发的《工业“三废”排放试行标准》、《工业企业设计卫生标准》、《放射性防护规定》，或者超过省规定排放标准的，均要征收排污费。排污单位缴纳排污费，并不免除其应承担的治理污染、赔偿损害的责任和法律规定的其他责任。排污费的征收，根据各种污染物的危害大小、超过排放标准的倍数或数量分类、分级确定（见表 1－1、表 1－2、表 1－3、表 1－4）。

表 1－1　　水污染违法行为及相应的处罚措施

违法行为	处罚措施
拒绝环保主管部门的监督检查，或者在接受监督检查时弄虚作假的行为	责令改正，并处一万元以上十万元以下的罚款
水污染防治设施未建成，未经验收或者验收不合格，主体工程即投入生产或者使用的行为	责令停止生产或者使用，直至验收合格，处五万元以上五十万元以下的罚款
企事业单位和个体工商户拒报或者谎报国务院环境保护主管部门规定的有关水污染物排放申报登记事项的行为	责令限期改正；逾期不改正的，处一万元以上十万元以下的罚款
重点排污单位未按照规定安装水污染物排放自动监测设备或者未按照规定与环境保护主管部门的监控设备联网，并保证监测设备正常运行的行为	责令限期改正；逾期不改正的，处一万元以上十万元以下的罚款
企事业单位和个体工商户不正常使用水污染处理设施，或者未经环境保护主管部门批准拆除、闲置水污染处理设施的行为	责令限期改正，处应缴纳排污费数额一倍以上三倍以下的罚款
排放水污染物超过国家或者地方规定的水污染物排放标准，或者超过重点水污染物排放总量控制指标的行为	责令限期治理，处应缴纳排污费数额二倍以上五倍以下的罚款；限期治理期间，由环境保护主管部门责令限制生产、限制排放或者停产整治；限期治理的期限最长不超过一年；逾期未完成的，报经有批准权的人民政府批准，责令关闭

续表

违法行为	处罚措施
企事业单位和个体工商户违反法律、行政法规和国务院环保主管部门的规定设置排污口或者私设排污暗管的行为	责令限期拆除，处二万元以上十万元以下的罚款；逾期不拆除的，强制拆除，所需费用由违法者承担，处十万元以上五十万元以下的罚款；私设暗管或者有其他严重情节的，县级以上地方人民政府环保部门可以提请县级以上地方人民政府责令停产整顿
向水体排放油类、酸液、碱液的行为	责令停止违法行为，限期采取治理措施，消除污染，处二万元以上二十万元以下的罚款；逾期不采取治理措施的，环保主管部门可以指定有治理能力的单位代为治理，所需费用由违法者承担
重点排污单位擅自改动自动监控装置的参数和监测数据的行为	责令改正，可以处三万元以上五万元以下的罚款；构成犯罪的，依法追究刑事责任
企事业单位不按照规定制定水污染事故的应急方案的行为	责令改正；情节严重的，处二万元以上十万元以下的罚款
污水处理厂不运行或者不正常运行污水处理设施，导致超标排放污水的行为	责令改正，可以处五万元以上十万元以下的罚款；构成犯罪的，依法追究刑事责任

表 1－2　　　　大气污染违法行为以及处罚措施

违法行为	处罚措施
拒报或者谎报国务院环保行政主管部门规定的有关大气污染物排放申报事项的行为	责令停止违法行为，限期改正，给予警告或者处以五万元以下的罚款

续表

违法行为	处罚措施
向大气排污单位和个人拒绝环保行政主管部门或者其他监督管理部门的现场检查或者在被检查时弄虚作假的行为	责令停止违法行为，限期改正，给予警告或者处以五万元以下的罚款
不正常使用大气污染物处理设施，或者未经环境保护行政主管部门批准，擅自拆除、闲置大气污染物处理设施的行为	责令停止违法行为，限期改正，给予警告或者处以五万元以下的罚款
未采取防燃、防尘措施，在人口集中地区存放煤炭、煤矸石、煤	责令停止违法行为，限期改正，给予警告或者处以五万元以下的罚款
向大气排放污染物超过国家和地方规定的排放标准的行为	应当限期治理，并由所在地县级以上地方人民政府环保行政主管部门处一万元以上十万元以下的罚款
未采取有效污染防治措施，向大气排放粉尘、恶臭气体或者其他含有有毒物质气体的行为	责令停止违法行为，限期改正，可以处五万元以下的罚款
未采取密闭措施或者其他防护措施，运输、装卸或者贮存能够散发有毒有害气体或者粉尘物质的行为	责令停止违法行为，限期改正，可以处五万元以下的罚款
在人口集中地区、机场周围、交通干线附近以及当地人民政府划定的区域内露天焚烧秸秆、落叶等产生烟	责令停止违法行为；情节严重的，可以处二百元以下的罚款

表 1－3　　　　环境噪声污染违法行为以及处罚措施

违法行为	处罚措施
建设项目中需要配套建设的环境噪声污染防治设施没有建成或者没有达到国家规定的要求，擅自投入生产或者使用的行为	责令停止生产或者使用，可以并处罚款
拒报或者谎报规定的环境噪声排放申报事项的行为	给予警告或者处以罚款
未经环保行政主管部门批准，擅自拆除或者闲置环境噪声污染防治设施，致使环境噪声排放超过规定标准的行为	责令改正，并处罚款
不按照国家规定缴纳环境噪声超标准排污费的行为	给予警告或者处以罚款
企事业单位经限期治理逾期未完成治理除依照国家规定加收超标准排污费外，可以任务的行为	根据所造成的危害后果处以罚款，或者责令停业、搬迁、关闭
建筑施工单位在城市市区噪声敏感建筑物集中区域内，夜间进行禁止进行的产生环境噪声污染的建筑施工作业的行为	责令改正、可以并处发罚款
工业生产、建筑施工作业以及其他生产经营活动中产生的噪声或者其边界噪声超过国家规定标准造成环境噪声污染的行为	责令改正，限期治理，可并处五千元以上三万元以下的罚款
违反条例规定的作业时限或者停工治理决定的行为，或者违反作业时限，拒不改正的行为	违反作业时限或者停工治理决定的，由环保行政主管部门责令限期改正，处以三千元以上一万元以下罚款。违反作业时限，拒不改正的，环保部门可以封存产生噪声污染的器材或者设备

表 1－4　　　　固体废物污染违法行为及处罚措施

违法行为	处罚措施
不按照国家规定申报登记工业固体废物，或者在申报登记时弄虚作假的行为	责令停止违法行为，限期改正，处五千元以上五万元以下的罚款
对暂时不利用或者不能利用的工业固体废物未建设贮存的设施、场所安全分类存放，或者未采取无害化处置措施的行为	责令停止违法行为，限期改正，处一万元以上十万元以下的罚款
擅自关闭、闲置或者拆除工业固体废物污染环境防治设施、场所的行为	责令停止违法行为，限期改正，处一万元以上十万元以下的罚款
擅自转移固废出省、自治区、直辖市行政区域贮存、处置的行为	责令停止违法行为，限期改正，处一万元以上十万元以下的罚款
未采取相应防范措施，造成工业固废扬散、流失、渗漏或者造成其他环境污染的行为	责令停止违法行为，限期改正，处一万元以上十万元以下的罚款
建设项目需要配套建设的固体废物污染环境防治设施未建成、未经验收或者验收不合格，主体工程即投入生产或者使用的行为	责令停止生产或者使用，可以并处十万元以下的罚款
固体废物污染环境防治设施不正常运行或者排放指标不符合国家规定的行为	责令限期改正，并可处五万元以下的罚款

3. 建立产业准入制度

（1）严格环境准入。从 2009 年开始，浙江省陆续制定了各主要污染行业的环境准入指导意见，先后颁布了电镀、农药、化学原料药、废纸造纸、印染、生猪养殖、啤酒酿造、染料、热电、化纤、皮革、黄酒酿造等 12 个行业环境准入指导意见，从生产规模、产业政策、产业布局、装备水平和污染控制等多个方面为相关行业的建设项目设立了环境准入门槛。在生产规模方面，浙江省设定准入起始规模，防止低水平重复建设。在产业政策和布局方面，规定项目必须符合城市总体规划、土地利用总体规划等规划要求，禁止在八大流域源头区、饮用水水源保护区新建项目。同时要求在环境质量已不能满足功能区要求区域，尤其是污染物超标区域，原则上不得新扩改建与超标的污染物相关企业。在污染控制方面，环境准入指导意见提高技术要求，规定强制性能耗标准，淘汰高污染、低效率设备，要求使用清洁生产技术，支持开发引进节能、低耗、减污技术，并在采取先进装备工艺基础上，进一步规范污染防治措施。

浙江省已经颁布实施了 12 个行业的环境准入指导意见。随着准入指导意见的实施，相关行业取得了明显环保成效。12 个行业环境准入指导意见中的环境准入主要内容包括：

一是全面实行空间准入、总量准入、项目准入“三位一体”，专家评价和公众评议“两评结合”的环境准入制度，强化建设项目全过程监管。根据区域主体功能定位和资源环境承载能力，推进分区环境管理，实施差别化的环境准入和管理政策。

二是完善规划环境影响评价体系，建立规划环评和项目环评审批联动机制，从决策源头防止环境污染和生态破坏。深入实施项目审批与区域环境质量、产业结构调整、环保基础设施建设、污染减排绩效等挂钩的制度，实行以新代老、增产减污、总量削减替代等措施。严格执行化学原料药、造纸、印染、农药、电镀、生猪养殖、染料、酿造、热电等行业环境准入制度，加强火电、钢铁、水泥、平板玻璃等重污染项目准入管理，限制粗钢、水泥、有色金属等生产行业新增产能。

三是严格涉重金属行业环境准入，实行涉重金属产业准入公告，加强涉重金属建设项目环境风险影响评价。建立重金属污染健康危害监测评估制度，加强重金属排放企业周边区域环境监测，开展环境与健康风险评估。加强重金属污染环境监测能力建设，全省 18 个重点防控区所在县（市、区）加快建设重金属专项实验室，配置相应的仪器设备，305

家重点防控企业加快建设污染源在线监控设施，完善环境应急预案。到2015年，全省范围内建立起较为完善的重金属污染防治体系、事故应急体系、环境与健康风险评估体系。

（2）严格市场准入。根据国家产业结构调整指导目录，研究制订更加注重节能环保、产品质量、技术进步、安全生产、集约利用的地方性产业目录。严格行业准入，鼓励发展低消耗、低污染的先进产能。加强投资项目审核管理，对产能过剩行业坚持新增产能与淘汰产能“减量置换”或“等量置换”的原则，严格环评、土地和安全生产审批，遏制低水平重复建设现象，防止新增落后产能。完善土地利用计划调控措施，严禁向落后产能和产能严重过剩行业建设项目提供土地。

（3）淘汰落后生产能力。紧紧围绕工业强省建设要求，努力实现淘汰落后产能的“三个转变”，即从以行政推动为主向以市场手段为主转变，从企业被动淘汰为主向企业自觉主动淘汰为主转变，从单纯推动淘汰为主向以淘汰促转型发展为主转变，以钢铁、水泥、造纸、化纤、印染、铅蓄电池、电镀、化工、制革、砖瓦等行业为重点，推动省内相对落后产能有序退出。对于列入国家《产业结构调整指导目录》限制类和淘汰类项目、《外商投资产业指导目录》限制类和禁止类项目以及《浙江省淘汰落后生产能力指导目录》项目，也将严格控制或禁止投资。

（4）率先试行负面清单制。2014年浙江省政府发布了《浙江省企业投资项目核准目录（2014年本）》，决定率先试点负面清单制，选择舟山群岛新区、嘉善县、海宁市、绍兴市柯桥区四地进行。在核准目录外的企业投资项目，不必再经审批。省政府要求试点地区，在此前规定的《政府核准的投资项目目录》基础上制订负面清单，负面清单以外、符合准入标准的企业投资，由企业自主决策。试点地区将建立行业准入负面清单制度，结合试点地区实际，研究提出涉及国家安全、公共安全、生态安全、落后产能、过剩产能、高能耗高污染产业等领域的负面清单，向社会公布。禁止企业投资列入负面清单的项目。

积极探索实行负面清单管理方式，企业投资建设《浙江省企业投资项目核准目录》外的项目，将实行备案管理。省级有关部门指导各市县结合实际制订有关行业的能耗、污染物排放、安全和单位面积投入产出等准入标准。各市县建立巡查抽查、信用承诺、事后惩戒和责任追究等制度，对备案项目的土地使用、资源利用、能源消耗、污染排放等实施有效监管。

4. 强化行业监管制度

（1）加强重金属污染综合防治。以重点防控区——重点防控行业——重点防控企业——重点防控污染物为主线，认真实施重金属污染综合防治规划。浙江制定并实施了 18 个重点防控区污染综合防治规划，整治提升了 5 大重点防控行业，完成了 305 家重点防控企业的达标整治。到 2015 年，全省 5 类重金属污染物排放量比 2009 年规划调查数据降低了 5% 以上，其中非重点防控区 5 类重金属污染物排放量比 2009 年规划调查数据降低了 5%，重点防控区 5 类重金属污染物排放量比 2009 年规划调查数据降低了 20%。

（2）加强危险废物监管。强化危险废物产生、转移、利用、处置全过程监管，完善危险废物台账管理制度，严格危险废物利用处置行业环境准入，规范危险废物利用处置行为，健全危险废物区域监管联动和应急保障机制。加快推进城乡一体的危险废物、医疗废物收集处置体系建设。积极推进工业区配套焚烧处置设施规范化改造，限期淘汰企业自建的不符合环保要求的处置设施。加强危害性生物废弃物、实验室危险废物等非工业源危险废物的环境管理与安全处置。到 2015 年，建成较为完善的危险废物回收、利用和处置体系。

加强生活垃圾和工业固废无害化处置。加强生活垃圾处理设施无害化改造，突出抓好填埋场渗滤液、焚烧烟气及飞灰污染治理。加强尾矿、脱硫石膏、粉煤灰等大宗工业固体废物堆存的污染防治，突出抓好尾矿库的环境风险防范。加快建立废弃电器电子产品回收处理体系，规范拆解行为，切实防范拆解过程中的二次污染。到 2015 年，县以上城市生活垃圾无害化处理率达到 95% 以上，工业固体废物综合利用率达到 94% 以上，主要废弃电子产品拆解处理率达到90%以上。

（3）强化核设施和放射源监管，加强核设施污染防控。浙江进一步完善核设施环境本底调查和流出物监测与评价制度，扎实做好三门核电站外围辐射环境监测和运行前两年环境本底调查，适时开展龙游、苍南拟建核电项目建造前环境放射性本底监测调查。强化核与辐射安全审评和监督，重点抓好秦山核电基地扩建工程辐射环境保护。

加强放射源长效监管。完善放射源、射线装置和开放性同位素应用分级监管，全面完成全省辐射安全许可证核发、换发工作和射线装置申报登记工作。严格放射性物品运输安全管理和监督，做好省级城市放射性废物库管理，及时收贮废旧、闲置放射源和放射性废物。“十二五”时期，各设区市放射源监控率达到100%，闲置、废旧放射源和普通放射性废物收贮率保持100%。妥善处置核与辐射历史遗留问题，切实加强对铀矿和伴生矿采冶、废旧金属回收市场、金属冶炼厂、辐射中心的监管。

加强电磁辐射环境监管。加强广播电视、移动通信、高压输变电等伴有电磁辐射基础建设项目的环境影响评价与环保“三同时”竣工验收，严格环境监管。全省开展电磁辐射污染源电磁环境监测申报工作，妥善解决已建成辐射项目的电磁辐射环境污染问题。

（4）加强危险化学品监管。加强危险化学品全过程监管。全面开展重点区域、重点行业危险化学品生产、使用、运输、存储情况及环境风险隐患调查，制订浙江省有毒有害化学品和新化学物质等重点环境管理类危险化学品清单。严格实施重点环境管理类危险化学品使用、转移登记制度，加强对危险化学品存储、运输及销毁过程中的环境风险管理，加强对涉有毒有害化学品企业、实验室的环境监管。加强对危险化学品生态毒理和环境行为的生态效应评估，建立危险化学品环境风险防控管理和应急信息数据库，完善危险化学品污染事故应急预案。

削减有毒有害污染物排放。加强重点环境管理类危险化学品生产和使用企业的清洁生产审核，淘汰技术落后、环境风险高的工艺和产品，鼓励采用无毒或低毒化学原料替代技术。加大有毒有害污染物治理力度，加快改造不符合排放标准的污染治理设施，加强有毒有害污染物处理工艺和技术研究，提高有毒有害污染物处理能力。加强有毒有害化学品废弃物和污染场地的协同管理与处置。

（5）加强持久性有机污染物污染防治和监管。实施《浙江省持久性有机污染物（POPs）“十二五”污染防治规划》，大力推进再生有色金属生产、废弃物焚烧、炼钢、铁矿石烧结等重点行业二噁英减排工程。严格落实涉持久性有机污染物项目环境准入制度，落实污染物削减和控制措施，确保达标排放。加快淘汰再生有色金属生产、废弃物焚烧、炼钢、铁矿石烧结行业落后产能、工艺和设备。加快多氯联苯电容器及污染物清运处置，加强多氯联苯污染场地监督管理。

加强持久性有机污染物监测监控。完善持久性有机污染物污染源动态管理信息系统，建立多部门参与的污染防治协调机制。加快建设主要持久性有机污染物环境监测监控系统，制订重点排放源定期监测制度，开展监督性监测和自主性监测。到 2015 年，初步建立持久性有机污染物环境无害化管理体系。

加强持久性有机污染物基础研究。开展环境、农产品、食品等介质中持久性有机污染物存在水平、健康影响等方面的研究，探索建立持久性有机污染物环境与健康风险管理机制。加强持久性有机污染物削减控制和处置修复技术科研攻关，着力提高持久性有机污染物污染防治水平。深入调查杀虫剂等持久性有机污染物现状，建立持久性有机污染物和污染源优先治理目录。

三、浙江生态管制制度的实施绩效

1. 不断优化空间布局

（1）构建科学合理的国土开发布局。构建科学合理的人口、产业和生态三大战略布局，形成经济、资源、环境相协调的国土空间开发利用格局。

一是调整城镇空间格局。优化省域城镇体系规划，统筹全省人口分布、国土利用和城市化布局，全面推进全省城镇空间结构、功能结构、规模结构优化进程，加快形成与资源环境承载力相适应的全省城乡空间布局和城镇体系结构。

二是优化产业发展格局。按照“宜工则工，宜农则农，宜商则商”的原则，因地制宜地发展优势产业，积极引导区域间产业转移和相互协作。充分发挥14个省级产业集聚区、117个国家级和省级开发区（园区）的产业集聚发展主平台作用，促进产业的转型升级和融合发展。

三是构建生态安全格局。全面实施主体功能区规划和生态环境功能区规划，形成各功能区的区域特色和比较优势。推进“山上浙江”和“海上浙江”建设，构建以浙西南浙西北丘陵山区“绿色屏障”与浙东近海海域“蓝色屏障”为骨架，以浙东北水网平原、浙西北山地丘陵、浙中丘陵盆地、浙西南山地、浙东沿海及近岸和浙东近海及岛屿等六大生态区为主体的生态安全格局。

优化区域空间开发格局。贯彻落实《浙江省主体功能区规划》，打造浙江海洋经济发展示范区，构建现代农业发展格局，构筑产业集聚大平台，完善新型城市化战略格局，建设生态安全体系，逐步形成人口、经济、资源、环境相协调的空间开发总体格局，实施财政、土地、产业、环境等差别化区域政策。严格保护自然资源保护区域、生态环境涵养区域、历史文化保护区域等禁止开发区域的自然资源、生态环境、文化遗迹，严格禁止一切不符合主体功能区定位的开发活动，严格控制区域内符合功能定位的建设活动，严格监管开发、建设、保护和利用等各个环节。制定国土空间差别化准入条件，强化准入管理。

（2）浙江省优化空间布局的典型案例。在土地约束日益趋紧的情况下，浙江省向低丘缓坡要空间以承接工业项目，开展围垦向滩涂要良田。同时，浙江省积极加大投入，采取多种措施提升存量耕地生产能力，力争将更多旱涝保收的“饭碗田”留给子孙后代，实现国土资源利用的代际平衡与可持续发展。

首先，“靠山吃山”——多开发一分低丘缓坡，就少占一分耕地。地处浙江西南山区素有“九山半水半分田”之称的丽水市，有一片令人称奇的平原经济开发区：与其他地方的经济开发区大多建在成片的耕地上不同，丽水南城开发区几乎不占耕地，而是“靠山吃山”，向低丘缓坡要发展空间，把土层薄、肥力差的山地丘陵再造成“平原”承接工业项目。十年前，丽水市放弃开发有 6 万亩优质农田的碧湖平原，向不能耕作的低丘缓坡要空间。始自 2002 年的南城水阁区块工业园区如今已初具规模，这里削平了 100 多个小山头，再造了 10.4 平方公里平整厂区，昔日莽荒的丘壑之上如今厂房林立。低丘缓坡资源丰富的金华、衢州等地，也积极进行低丘缓坡开发试点，力争少占耕地，开发不能耕作的山地丘陵，腾挪发展空间。作为经济发达地区、资源小省，浙江必须探索出一条节约集约用地的新路，不能再单纯向耕地要发展空间。浙江 2000 多万亩待开发的低丘缓坡是重要的后备资源，要在科学规划的基础上，审慎开发利用。

其次，“靠海吃海”——向大海要空间，万亩滩涂变良田。浙江沿海的宁波、台州、温州等地则“靠海吃海”，通过数十年围垦造地，让数百万亩滩涂海塘变成了良田，直接增加了耕地、增加了“生命田”。宁波慈溪市的东边有一条不断向外扩展的海岸线，也是慈溪市围垦土地的后备资源。从 1999 年开始，慈溪市累计投入 15 亿元，实施了 8 个围垦项目，面积达 24.8 万亩。围垦的耕地集中连片易于耕作，且承租有优惠，成为农业企业的“宠儿”。泰国正大集团是一家国际知名的农业企业，2010 年该企业投资数亿元设立正大慈溪现代农业建设有限公司，承包围垦地 4 万亩进行农业生产，其中 2.5 万亩种植水稻，剩余的种植蔬菜、饲养蛋鸡，进行食品加工物流以及产品研发。沿海地区的台州、温州、舟山等地也不断向大海要空间。据不完全统计，十多年来，浙江立足海洋资源保护，科学围垦，将近百万亩滩涂海塘变为良田，这些新增耕地做到了“田成方、路成网、树成行、沟相通、渠相连”，逐步成为具备较强粮食生产能力的基本农田。围垦造地不仅为上更多的项目、获得更多的土地指标，而且在浙江内陆存量耕地已经被分割为细小的“豆腐块”的情况下，通过增量为子孙留下一些集中连片、旱涝保收的良田。

最后，建设“生命田”——提升农田质量，力保耕地生产能力。在“少占耕地、多造良田”的理念指引下，浙江连续16年实现耕地占补平衡。与此同时，浙江加大投入提升现有耕地生产能力，确保“生命田”能最大限度供给粮食。1998年，浙江省就开展了以“田、水、路、林、村”为主要内容的标准农田建设，要求将耕地保护从重视数量向重视数量、质量“双重视”转变，这一工程持续到2007年，全省累计投入资金250多亿元，建成标准农田1500万亩，农田质量得到较大改善，粮食生产能力进一步提升。2007年以后，又启动了标准农田质量提升工程，让标准农田真正成为可以信赖的“生命田”。为提高土地质量，宁波市鄞州区自2011年起，将每亩土地成本提高3万元专门用于表土剥离，待新造地时将表土运输过去覆盖。保护耕地的最终目的是要确保粮食生产安全，因此必须在保证耕地数量的前提下，着力提升耕地的生产能力。浙江要增加新的耕地十分困难，但在提升耕地质量上潜力仍较大。

2. 有效保护自然资源

在森林保护方面，中共浙江省委在《关于推进生态文明建设的决定》中，明确提出了“森林覆盖率、林木蓄积量、平原绿化面积稳步提高，生态安全保障体系基本形成，城乡环境不断优化，宜居水平不断提高”的生态建设目标。根据2012年浙江省森林资源年度检测，全省林地面积661.27万公顷，活立木蓄积2.82亿立方米，毛竹总株数24.41亿株。全省森林覆盖率59.34%，一般灌木林覆盖率1.48%；若按浙江省以往同比计算口径，则森林覆盖率为60.82%，继续位居全国前列。“十二五”期间，浙江省以占全国1%的土地面积，承担占全国9%的林木蓄积增量，这是浙江省在应对气候变化方面为国家作出的一大贡献。

在湿地保护与建设方面，浙江省人民政府在2005年就下发了《关于加强湿地保护管理工作的通知》，并于2012年通过了《浙江省湿地保护条例》，通过湿地自然保护区建设、湿地恢复工程、湿地公园建设以及能力建设工程等，重点保护湿地资源、生态系统的多样性。据 2013 年第二次全国湿地资源调查结果，浙江省湿地面积（水稻田面积未计入）111.01 万公顷，占浙江土地总面积的十分之一以上。

在平原绿化建设方面，2011 年提出了“1818 平原绿化行动”，根据规划，到 2015 年，全省平原要完成新增林木面积 180 万亩以上，平原林木覆盖率达到 18% 以上。2011 年，浙江省共完成造林更新 63.3 万亩，是当年计划的 143.2%，参加义务植树 2354 万人次，完成义务植树 6780 万株；完成平原新造林 44.2 万亩，投资 89 亿元。“十三五”期间，预计森林覆盖率稳定在 61% 以上，林地保有量不低于 66600 平方公里。另外，2011 年发布的《浙江省土地利用总体规划（2006—2020 年）》要求至 2020 年，形成达全省国土面积近 30% 的永久生态保护区域；加强矿山生态环境保护、地质灾害的防治和环境污染的防治，确保国土安全，治理水土流失面积 6.67 万公顷（100 万亩）。

在自然保护区建设方面，浙江省人民政府于 2006 年发布了《浙江省自然保护区管理办法》，浙江省人民政府 2014 年发布《浙江省人民政府关于修改〈浙江省林地管理办法〉等 9 件规章的决定》，对《浙江省自然保护区管理办法》予以修正。省环境保护局等部门于 2008 年印发了《浙江省自然保护区规范化建设考核指标（试行）的通知》，将每年分别对不同类型保护区的规范化建设达标情况进行考核。2013 年，浙江省自然保护区有 33 个，陆地面积占全省国土总面积的 1.28%，较 2011 年基本保持不变。其中，国家级自然保护区 10 个，陆地面积 80811.1 公顷，占全省国土总面积的 0.79%；省级自然保护区 10 个，陆地面积 17105.58 公顷，占全省国土总面积的 0.13%；县级自然保护区 13 个，总面积 34911 公顷，占全省国土总面积的 0.37%。

“十三五”期间，林业部门将大力开展湿地保护工作。根据《浙江省自然保护区规划》，到 2020 年，浙江省自然保护区面积占国土面积比例要达到 2.0%。2014 年，全省共创建国家级生态文明示范区 10 个，占全部创建地区（83 个）的比例为 12%。见表 1-5。

表 1－5　生态保护与建设规划指标及目标推荐值

类型	指标	2013 年	2017 年	2020 年	说　明
生态保护	自然保护区数量（个）	33	36	40	2013 年和 2020 年数据来源于《浙江省自然保护区规划》，2017 年数据根据往年的自然保护区增长情况估算得出
	自然保护区面积及受保护的湿地面积占我省国土面积比率（%）	1.28	1.5	2.0	
	国家重点保护物种保护率（%）	95	96	98 以上	数据来源于浙江省环境监测中心，其中 2017 年和 2020 年数据根据往年增长情况和浙江实际情况估算而得
	典型生态系统类型保护率（%）	80	85	90 以上	数据来源于浙江省环境监测中心，其中 2017 年和 2020 年数据根据往年增长情况和浙江实际情况估算而得
	省级以上生态公益林面积（万亩）	4019	4300	4500 以上	数据均来源于《森林公报》和浙江省林业厅
	省级以上生态文明示范区创建比率（%）	0	20	50	指标选取和数据依据环保厅生态处讨论得出
	水土流失治理面积（平方公里）	780	1820	7300 以上	数据来源于浙江省水利厅
	绿色矿山建成率（%）	44.1	70	90	2013 年数据来源于《2013 年生态省总结报告》，2017 和 2020 年数据由省国土资源厅提供

3. 污染减排成效显著

生态文明建设，要着眼于经济社会和环境相协调，改变高投入、高能耗、高污染的传统发展方式。浙江省从 2004 年开始，连续开展“811”环境污染整治行动和“811”环境保护新三年行动，并把它作为生态省建设的标志性工程，重点解决了一批流域性、区域性、行业性的突出环境问题。

（1）“十一五”减排成效。浙江省各地各部门紧紧围绕省委、省人民政府的决策部署，从经济社会发展全局中定位环境保护，因势利导、蓄谋而动，着力推进生态文明建设和污染减排，全面完成了各项环境保护目标任务。2010 年，全省化学需氧量排放总量为 48.68 万吨，比 2005 年削减 10.79 万吨，削减率为 18.15%，超额完成“十一五”目标任务。其中，太湖流域化学需氧量排放量 16.6 万吨，比 2005 年削减 3.6 万吨，削减率为 17.82%，超额完成“十一五”目标任务。全省二氧化硫排放总量为 67.83 万吨，比 2005 年削减 18.21 万吨，削减率为 21.16%，超额完成“十一五”目标任务。其中，火电行业二氧化硫排放量控制在 35.3 万吨，超额完成“十一五”目标任务。

（2）“十二五”减排成效。

① 2011—2014 年减排成效。2014 年，浙江省化学需氧量、氨氮、二氧化硫和氮氧化物四项指标全部提前 1 年完成“十二五”减排目标任务，其中，化学需氧量累计削减 13.83%，完成目标任务 121.3%；氨氮累计削减 12.86%，完成目标任务 102.9%；二氧化硫累计削减 16.02%，完成目标任务 120.4%；氮氧化物累计削减 19.39%，完成目标任务 107.7%。见表 1－6。

② 2015 年减排成效。2015 年全省化学需氧量（COD）、氨氮（NH_3－N）、二氧化硫（SO_2）和氮氧化物（NOX）排放量比 2014 年分别下降 2%、2%、2% 和 4%。2015 年全省主要污染物减排超额完成任务，环境空气中的 PM2.5 浓度持续下降。11 个设区城市中空气质量（AQI）优良天数比例平均为 78.2%，同比上升 2.7 个百分点；PM2.5 年均浓度为 47

微克每立方米，同比下降11.3%，舟山市环境空气质量达到国家二级标准。全省设区市日空气质量达标天数平均为78.2%，PM2.5平均浓度比2013年下降23%，灰霾发生频率明显下降。除此之外，全省共淘汰燃煤锅炉1.7万余台，淘汰黄标车32万余辆。累计完成26台燃煤机组清洁排放改造，完成企业VOCs污染整治999家。

表1－6　　浙江省“十二五”前4年减排完成情况汇总

		化学需氧量（%）	氨氮（%）	二氧化硫（%）	氮氧化物（%）
2011年	年度目标	2.5	1.8	3.0	增1.0
	完成比例	2.81	2.53	3.15	增0.68
2012年	年度目标	2.5	2.5	2.5	3.0
	完成比例	3.92	2.75	5.48	5.86
2013年	年度目标	2.8	2.8	4.0	4.0
	完成比例	3.95	4.26	5.18	6.90
2014年	年度目标	2.5	2.5	2.5	4.0
	完成比例	3.93	3.97	3.25	8.65
4年累计减排比例		13.83	12.86	16.02	19.39
“十二五”减排目标		11.4	12.5	13.3	18.0
累计完成“十二五”目标任务的比例		121.3	102.9	120.4	107.7

③ 2015浙江各市减排成效。根据《国务院办公厅关于转发〈环境保护部“十二五”主要污染物总量减排考核办法〉的通知》（国办发〔2013〕4号），按照环境保护部对浙江省减排核算结果，结合各市经济运行指标、减排措施落实及现场核查情况，省减排办对各市2015年主要污染物总量减排结果进行了核算。结果见表1－7、表1－8。

表 1－7　　污染物排放量 2015 年分别比 2014 年同期下降数值

	化学需氧量减排比例（%）	氨氮减排比例（%）	二氧化硫减排比例（%）	氮氧化物减排比例（%）
杭州市	6.52	4.01	7.65	10.88
宁波市	8.73	3.25	8.82	12.54
温州市	4.95	4.10	5.22	11.57
湖州市	3.83	2.95	1.73	12.33
嘉兴市	4.73	2.82	8.39	12.72
绍兴市	7.32	7.61	7.94	12.97
金华市	5.39	3.93	3.17	11.63
衢州市	5.92	7.99	4.92	4.58
舟山市	2.62	6.49	8.64	15.81
台州市	5.28	6.25	2.68	13.24
丽水市	6.37	5.49	1.55	4.02

表 1－8　　“十二五”期间累计污染物完成减排成效

	化学需氧量减排比例（%）	氨氮减排比例（%）	二氧化硫减排比例（%）	氮氧化物减排比例（%）
杭州市	21.75	17.16	21.89	26.53
宁波市	24.85	14.75	26.84	38.27
温州市	15.95	17.23	21.21	26.99
湖州市	19.10	12.85	14.51	25.46
嘉兴市	18.49	15.74	21.40	22.83
绍兴市	19.99	26.26	22.33	22.23
金华市	18.19	15.43	19.41	26.32
衢州市	16.78	17.04	15.87	14.83
舟山市	13.36	15.91	22.35	23.95
台州市	17.22	15.94	20.56	25.88
丽水市	17.31	15.21	10.82	7.65

4. 水生环境不断改善

浙江省持续实施“万里清水河道整治工程”和“千万农民饮用水工程”，大力推进生态清洁型小流域建设和经济林地水土流失治理，开展了诸暨陈蔡水库、德清对河口水库等供水水库的水资源保护试点工作。除此之外，还开展了丽水瓯江流域水生态系统修复试点和杭州引水入城等区域生态配水工程建设。加强开发建设项目水土保持监管，推进经济林地水土治理流失、生态清洁型小流域建设，改善了生态环境。

据统计，2015 年全省 221 个地表水省控断面中，Ⅰ至Ⅲ类占 72.9%，比 2010 年上升 11.8 个百分点；劣Ⅴ类断面占 6.8%，比 2010 年下降 9.9 个百分点；县级以上集中式饮用水源地水质达标率为 89.4%，比 2010 年上升 1.2 个百分点。2015 年底前，钱塘江流域和太湖流域全面实施城镇污水处理厂一级 A 提标改造；2016 年 6 月底前，该两大流域城镇污水处理厂出厂水水质全部执行一级 A 标准。按照相关规划，到 2017 年底前，全面完成污水处理厂提标改造，所有城镇污水处理厂出厂水水质执行一级 A 标准。同时，全省新增城镇污水管网 6000 公里以上，基本实现全省城镇截污纳管全覆盖，全省运行 3 年以上的镇级污水处理厂运行负荷率要全部提高至 75% 以上。争取到 2020 年，全省主要水污染物排放总量明显下降，城镇环境基础设施建设和运行水平稳定提升；地表水环境质量明显改善，现状水质优于Ⅲ类断面比例平稳增长，基本消除劣Ⅴ类水体；饮用水源地水质基本达标；近岸海域水质持续改善，海域生态系统逐步恢复。

5. 产业结构优化升级

（1）土地节约集约利用水平提高。“七山一水二分田”的浙江，土地资源弥足珍贵。节约、集约用地是缓解土地供需矛盾的唯一出路，是确保经济社会可持续发展的战略抉择。要继续保持改革开放和经济社会发展走在全国前列，必须千方百计节约集约利用土地，在有限的土地上创造出最大的经济社会价值。

2008 年，浙江省启动了“365”节约集约用地计划，综合经济、法律、行政、技术等手段，逐步完善了以规划与标准控制为前提、政策约束与激励为导向、监管与评价考核为保障、有偿使用与市场配置为基础的土地节约集约利用管理机制，有效推动了土地利用方式和发展方式的转变，从而促进浙江经济又快又好发展。

“十二五”期间，浙江的节约集约用地工作方兴未艾，有关方面鼓励各地探索节约集约用地新途径、新模式、新办法，以亩产论英雄，以集约促转型的作用进一步显现。在大力实施“空间换地”过程中，土地要素市场化配置综合配套改革、城镇土地使用税改革试点、开发利用地下空间……成为全省集约节约利用土地、转变土地利用方式的新亮点。

为充分发挥税收对经济的调节作用，促进土地资源的集约节约利用，拓展发展空间，加快“腾笼换鸟”进程，2012 年 12 月，安吉县成为全省开展调整城镇土地使用税政策，促进土地集约节约利用的第一批试点县。

2013 年，安吉县通过税源信息核查比对，城镇土地使用税征收规模达到 1.5 亿元，比 2011 年的 6700 万元增长 123.89%；减免城镇土地使用税惠及企业 467 户，减免金额达 3273 万元，分别比 2012 年增长 165.7% 和 105.5%；规模以上企业平均亩产税收达 9.92 万元，比 2012 年增长 18.3%。从 2012 年至 2016 年 4 月底，全县共盘活存量土地 3591 亩，近 3 年总供地率为 85.32%，位居湖州市第一。

在城市建设中，向地下要空间、向地下要土地，是实现“空间换地”的重要途径，也是提高城市土地利用效率的必然要求。

根据《浙江省深入推进新型城市化纲要》，到 2020 年，全省城市化率达到 72% 以上，即全省将新增约 500 万城市人口。按城市规划建设用地标准的中间值人均用地 100 平方米计，需要新增城市建设用地近 500 平方公里，大约相当于目前全省县城以上城市建成区总面积（2847 平方公里）的 1/6，用地矛盾将十分突出。开发利用地下空间成为解决城市化发展用地需求的重要途径，按照 11 个地市的地下空间开发利用专项规划预测，到2020年，全省地下空间规划开发量约为121平方公里，约为需新增用地供应的24.2%，如果按专项规划实施，将大大缓解城市土地供需矛盾。

自从2011年召开全省地下空间开发利用工作现场会以来，浙江加快了推进地下空间开发利用的步伐，地下空间开发利用总量快速增长。据统计，到2012年年底，全省地下空间开发总面积达12181万平方米，其中结建面积达98%以上，主要用于停车、防灾、商业、交通、市政、仓储等。仅2011年新开发地下空间面积达2900万平方米，约占开发总量的1/4。

根据浙江省政府2014年3月出台的《关于实施“空间换地”深化节约集约用地的意见》，从2015起到2017年，全省累计开发城市地下空间8000万平方米。从2014年到2017年，全省累计推进城镇低效用地再开发20万亩，累计新建（改扩建）多层标准厂房2500万平方米。到2017年，全省新增工业用地容积率比2012年提高8%，单位建设用地GDP比2012年提高38%。

（2）淘汰落后产能成效显著。浙江省加强印染、造纸、化工、制革、电镀、铅蓄电池等重污染行业整治，大力淘汰落后产能。“十二五”以来，全省重污染企业原地整治2806家，搬迁入园282家，关停淘汰2149家；完成淘汰落后炼钢产能73万吨、水泥产能145万吨、印染产能36.55亿米、造纸产能213万吨、制革产能458万标张、烧结砖产能34.68亿块标砖。调整优化能源结构。2013年，省人民政府出台《浙江省大气污染防治行动计划（2013—2017年）》，将能源和产业结构调整作为改善环境空气质量的重要突破口。大力推进燃煤小锅炉淘汰工作，其中环杭州湾地区淘汰全部10吨/小时以下燃煤锅炉，全省淘汰全部6吨/小时以下燃煤锅炉。积极控制煤炭消费总量，大力推动清洁能源替代工程，全省累计天然气使用量为61.8亿立方米。

（3）传统优势产业升级提速。加快块状经济向现代产业集群转型升级。持续推进杭州装备制造业产业集群等42个块状经济向产业集群转型升级示范区试点。

龙头企业引领作用不断增强。培育了一批规模较大、技术水平较高、竞争力较强的重点优势企业，一大批企业通过并购重组、设立海外生产基地、国外商标注册等手段，实施国际化发展道路。

通过“两化融合”改造提升了一批产业、企业。培育发展了一批“两化”深度融合的优秀解决方案、优秀咨询服务机构和优秀应用电子产业基地；建立一批信息化服务平台，提供产品设计、质量检测、行业数据库共享等服务。在印染、造纸、化工等20个重点行业层面，建设了一批两化融合产业示范基地。在企业层面，积极发展企业电子商务，改变传统的营销模式，推动了传统专业市场向现代商贸物流、现金现货交易向网上交易转变；培育了15家总部型两化融合示范试点企业。

（4）战略性新兴产业快速发展。浙江省战略性新兴产业有九大类，分别是新一代信息技术和物联网产业、生物产业、高端装备制造产业、新能源产业、新材料产业、新能源汽车、节能环保产业、海洋新兴产业、核电关联产业。

一是产业发展保持良好态势。2015年，全省战略性新兴产业发展呈现开局良好、上半年回落明显、下半年基本稳定的态势，全年战略性新兴产业增加值预计3367亿元，同比增长6.9%。与2014年相比低1.7个百分点，增长速度有所回落。产业贡献率继续提升。全省战略性新兴产业增幅比规模以上工业平均水平高2.5个百分点，占规模以上工业增加值比重提升至25.5%，比2014年同期提高0.6个百分点。战略性新兴产业对规上工业经济增长的贡献率提升至38.8%，比2014年提升8.7个百分点，成为带动工业经济增长的关键力量。

二是重点产业快速发展。2015年，九大产业发展呈现出一些新的变化，生产要素向信息技术和新能源产业集聚。新能源产业、新一代信息技术与物联网产业占全省战略性新兴产业份额提升较快，分别比2014年提高2.5个百分点和1.2个百分点；增加值增幅远高于全省平均水平，分别为17.1%和15.1%；面对销售市场的整体下滑，两大产业销售产值不降反增，继续高位增长，分别达到15.5%和9.4%，居全省第一位和第三位。其次，新能源汽车和新材料产业保持中高速增长，增加值增幅分别为10.9%和8.1%，高于全省平均增幅。此外，生物产业和海洋新兴产业略低于全省平均增幅，节能环保产业、高端装备制造业、核电关联产业增长偏缓，三个产业增加值增幅依次为2.2%、3.3%和2.6%，低于全省平均增幅。

三是区域增速差距缩小。2015年，11个设区市战略性新兴产业发展势头均较好，嘉兴、舟山、杭州、湖州、温州等5个设区市战略性新兴产业增加值增速明显高于全省平均水平，其中嘉兴以14.6%、比全省平均水平高出7.7个百分点的增速稳居第一位。绍兴、衢州等2个设区市的增速与全省平均水平基本持平。金华、宁波、丽水、台州等4个设区市的增速略低于全省平均水平，其中最慢的台州为2.1%，增速最快与最慢的地区差距比2014年进一步缩小。

四是创新能力不断提高。2013—2015年，全省战略性新兴产业科技活动经费支出占主营业务收入比重由1.81%提升到1.98%；同时新产品产值率由32.59%提升到38.92%；每万人发明专利拥有量由7.9件提升到12.89件，增势十分明显。“大众创业、万众创新”在浙江蔚然成风，战略性新兴产业创新发展环境得到进一步优化，研发投入继续加大，科技活动日益活跃，创新能力大幅提高。

五是产业集聚进一步强化。舟山国家海洋高技术产业基地试点和杭州国家高端软件和应用系统产业集聚发展试点为浙江产业区域集聚和创新发展提供重要推动作用，杭州市立足软件产业，强化创新、人才和环境优势，推进重大项目，2015年杭州市高技术服务业实现营业收入3031.79亿元，同比增长43.8%，占规上服务业比重提高到63.9%，位居全国19个副省级以上城市前列。舟山以舟山海洋科学城建设为核心，重点围绕海洋工程装备、海洋电子信息等产业，加速集聚科技创新资源，2015年前三季度实现海洋经济总产出1782亿元，增长10.2%，海洋经济加速转型升级。

6. 监管能力不断提升

（1）完善地方环境法规。浙江省加快推进法治政府建设，严格依法保护环境，促进地方环境保护立法，强化生产者的环境保护法律主体责任，大幅度提高违法成本，推动监管执法全覆盖。根据国家立法进程和本省实际，做好地方环境保护有关法规规章的制（修）订工作，浙江省人大常委会完成修订《浙江省大气污染防治条例》和《浙江省水污染防治条例》。除此之外，浙江省重点推进排污许可、土壤环境保护、环境监测等方面法规规章的制（修）订工作。实行"阶梯型"标准引领，加快制订重污染行业、特色行业污染物排放地方标准和环境准入条件，完善环境标准体系。

（2）保持执法高压态势。坚持日常监管和专项整治相结合，开展各类环境执法行动，保持执法高压常态化。重点排查整治大气污染企业、重污染行业企业、涉重金属排放企业、饮用水水源保护地、污水处理厂、永久基本农田等存在的环境问题。每年按不低于5%的比例对国家重点监控企业进行抽查。市县两级环保部门加强日常监管，加大现场检查力度，市级环保部门每年要按一定比例对省重点监控企业进行抽查，抽查情况向社会公布。环保重点区域、流域的相关地政府要强化协同监管，开展联合执法、区域执法和交叉执法。

（3）强化环境行政执法与刑事司法联动。浙江省各级环保部门和公安机关建立联动执法、常设联络员和重大案件会商督办等制度，完善案件移送、联合调查、信息共享和奖惩机制，坚决杜绝有案不移、有案难移、以罚代刑现象，实现行政处罚和刑事处罚无缝衔接。移送和立案工作要接受人民检察院法律监督。发生重大环境污染事件等紧急情况时，迅速启动联合调查程序，防止证据灭失。公安机关加强专业队伍建设，明确机构和人员负责查处环境犯罪，对涉嫌构成环境犯罪的，及时依法立案侦查。人民法院在审理环境资源案件中，需要环保技术协助的，各级环保部门都给予必要支持。

（4）加强执法队伍建设。浙江省按照属地监管、重心下沉的原则，配足配强县（市、区）环境监管执法队伍。加强乡镇（街道）环保监管能力建设，明确环保工作分管领导及配备必要的环境监管人员，推行综合执法。加强环境监管执法队伍业务培训，建立环境监管执法人员实践训练教学基地，每3年进行1次全省环境监管执法技能比武。加强全省环境法制队伍建设，强化行政执法指导和监督。大力提升环境监管执法队伍思想政治素质、业务能力和职业道德水准，2017年底前完成对现有环境监管执法人员的业务培训和职业操守教育，按照《浙江省行政执法证件管理办法》的规定，经考试合格后持证上岗。严格新进人员录用，坚持“凡进必考”，加强上岗培训。推进环境监管执法队伍文化建设，研究建立符合职业特点的环境监管执法队伍管理制度和有利于监管执法的激励机制。

四、浙江生态管制制度的建设经验

1. 突出环境总量控制

（1）实施主要污染物总量指标量化管理制度。2013年11月，浙江省环保厅发布《关于建立排污权指标基本账户实施量化管理的通知》（浙环发〔2013〕62号），要求全省建立排污权指标基本账户，实现对各地排污权指标收入、支出和结余的量化管理。排污权指标基本账户包括省、市、县三级，在“以减量定增量”的基础上，省环保厅确定省本级与市级排污权指标的收入。市级环保部门依据下达的排污权指标收入，核定市本级和县级排污权指标的收入。各级排污权指标账户的支出主要用于工业类新（扩、改）建项目的主要污染物增量指标。年终核算时，排污权指标账户指标收入与支出相抵后的余额原则上不得为负值。当前，排污权指标基本账户管理平台已经建成，并在嘉兴、绍兴、舟山3个市试用，全面推广使用在即。

（2）完善排污权有偿使用和交易制度。浙江省各地持续推进排污权有偿使用和交易试点工作，核发排污许可证，全面实施排污权有偿使用，加快排污权有偿使用和交易能力建设。扩大交易标的，在实行化学需氧量和二氧化硫有偿使用和交易的基础上，增加氨氮和氮氧化物等主要污染物指标。不断完善符合市场规律的排污权交易规则，推进企业间排污权指标的交易，提高二级市场的交易活跃度，鼓励企业在同行业或相关行业之间向排污交易机构申请临时交易、租赁排污权；鼓励开展排污权质押贷款试点，做好对排污权交易的金融服务，逐步形成管理规范、交易顺畅的排污权交易市场，通过市场价格导向，提高环境资源配置效率。“十二五”期间，全省 11 个设区市的 102 个县（市、区）已全部开展了排污权有偿使用和交易试点工作。全省累计开展有偿使用 13271 笔，缴纳有偿使用费 20.46 亿元；开展排污权交易 4925 笔，交易金额 8.89 亿元（其中企业间直接交易 161 笔，交易额 1.37 亿元）。

（3）建立企业刷卡排污总量控制制度。2013 年 8 月，省环保厅发布《关于实施企业刷卡排污总量控制制度的通知》（浙环发〔2013〕26 号），以污染减排为目的，以排污许可证为依据，以刷卡排污为手段，建立“一企一证一卡”的企业排污总量控制新模式，充分利用数字化的自动在线监测实现对企业污染物排放总量的有效控制，强化了污染减排对点源的刚性约束。至 2014 年 9 月，全省已建设完成国控、省控重点污染源刷卡排污系统 1246 套（占比 92.8%），联网率 73.7%；建成市控重点污染源刷卡排污系统 484 套（占比 53.1%）。

（4）建立产业转型升级排污总量控制激励制度。浙江以纳税工业企业吨排污权指标为主要评价标准，综合考虑用地、用电、能耗等因素，对产业转型升级进行量化考核、综合排序和分行业排序，并在媒体上公示，接受公众监督。由各级工业管理部门牵头，会同环保等有关部门负责实行“三三制”分类排序、差异化减排考核政策。行业排名前三分之一的为先进企业，排名中间三分之一的为一般企业，排名后三分之一的为落后企业。先进企业的减排任务可低于当地工业平均削减比例，在排污权指标分配、企业上市环保核查、排污权抵押贷款、用地等方面给予支持；一般企业的减排任务按当地工业平均削减比例确定，鼓励企业进行工艺、设备技术改造提升；落后企业的减排任务应高于当地工业平均削减比例，制订并严格执行差别电价和差别水价政策，充分发挥污染减排推进行业转型升级的倒逼机制。淘汰关停企业的排污权指标，通过有偿方式取得的，由排污权交易机构进行有偿收储或通过排污权交易机构进行交易出让；无偿获得的，由政府有关部门无偿收回，作为政府储备的排污权指标。

（5）建立建设项目主要污染物总量削减替代制度。建立新（扩、改）建项目主要污染物总量指标管理办法，严格落实建设项目总量削减替代制度，新（扩、改）建工业项目新增的主要污染物排放总量，应通过市场交易的方式有偿取得。以 2015 年核定的排污总量为基数，按照“一般项目靠挖潜、有限指标保重点”和“自筹为主、调剂为辅、有偿交易”的原则，在确保完成“十三五”及年度减排任务的基础上，主要污染物新增指标在本区域内平衡，本区域内不能平衡的可逐级调剂。政府储备的排污权指标主要用于支持列入国家和省确定的重大项目，涉及民生、环保等基础设施项目以及产业聚集区发展、战略性新兴产业和现代服务业等重大项目的建设。

2. 注重产业布局优化

坚持区域协同、城乡一体、物质文明和精神文明并重、经济建设和国防建设融合，在协调发展中拓展空间，在补齐短板中增强后劲。

（1）积极推动区域协调发展。按照全省“一张图、一盘棋”要求，编制浙江省域国土空间总体规划，落实主体功能区制度，推进“多规合一”，划定农业空间和生态空间保护红线，塑造以海洋经济区、四大都市区、生态功能区为基本架构的区域协调发展新格局，实现生产空间集约高效、生活空间宜居适度、生态空间山清水秀。

（2）统筹推进海洋经济发展示范区和舟山群岛新区建设。大力推进海港、海湾、海岛“三海联动”，打造覆盖长三角、辐射长江经济带、服务“一带一路”的港口经济圈，推动海洋经济发展上新台阶。以宁波舟山港为龙头，大力整合全省海港资源，促进海港、陆港、空港、信息港一体化发展，加快发展具有国际竞争力的临港产业和现代物流业，打造全球一流的现代化枢纽港和国际港航物流中心。大力发展港湾区经济，统筹推进杭州湾、象山港、三门湾、台州湾、乐清湾、瓯江口等港湾区保护和开发，实施蓝色海湾整治行动，协同推进港湾区基础设施互联、沿港湾产业提升、港湾区新城建设，打造陆海统筹发展的战略支点、港产城融合的战略基地和海洋经济发展新增长极。加强重要海岛开发和无居民海岛保护利用，积极发展非化石能源、港口物流、绿色石化、船舶制造、海洋旅游等产业。着力构建浙江渔业海外平台，不断做强远洋渔业。

（3）实施四大都市区发展战略。编制实施杭州、宁波、温州、金华—义乌四大都市区规划纲要，建立健全都市区协调发展机制，引导都市区内部产业转移和园区合作共建，努力实现空间布局优化、产业协同发展、生态环境共保、公共服务共享。加强都市区内部轨道交通和综合交通枢纽建设，推动各类公共交通“零距离换乘”，加快实现都市区通勤一体化。积极推进电信服务同城化、金融服务同城化。充分发挥四大都市区对全省产业转型升级、创业创新的核心带动作用。

（4）构建科学合理的生态功能区布局。突出重点生态功能区建设，适时扩大重点生态功能区范围，加强自然资源和生态保护，增强生态产品供给能力。以钱塘江、瓯江等主要水系为轴带，加强上下游地区环境综合整治和联合监管，协同发展以生态旅游为重点的生态经济，沿江布局以山水田园城镇为支撑的生态城镇体系，打造连接海洋经济区、都市区的生态廊道和开放合作通道。坚持陆海统筹，实施海洋生态保护区建设计划，加大海洋自然保护区、海洋特别保护区建设与管理力度，打造滨海生态走廊，构筑坚实的海洋蓝色生态屏障。

（5）实施山海协作发展战略。实施山海协作工程，不断丰富协作内涵，完善协作平台，创新协作机制，实施产业平台建设、绿色经济发展、群众增收共享、人才智力合作和浙商助推发展等行动计划。支持革命老区、民族地区发展。

3. 不断推进机制创新

生态文明建设需要政府、企业、公众的共同努力，需要政府机制、市场机制和社会机制的协同推进，做到三方力量有机结合，优势互补，形成合力。为此，浙江省不断推进三大机制创新。

（1）推进政府机制创新。浙江省不断完善生态文明建设的制度体系，形成总量控制等别无选择的强制性政策、排污权交易等权衡利弊的选择性政策、环保教育等道德教化的引导性政策等政策的“组合拳”。浙江省把环境保护作为约束性指标纳入考核体系。按照不同地区的不同的主体功能定位，采取差异化的政绩考核方式，进行同类项的比较，从而有效激励生态环境建设等公共物品的供给。尤其是对一些生态功能区，实施不考核 GDP 指标后，生态建设和环境保护的动力更足了。对中共丽水市委书记、淳安县委书记、开化县委书记、仙居县委书记等生态功能区党的一把手的提拔晋升更是鼓舞了生态建设和环境保护的士气。

（2）推进市场机制创新。市场机制创新是浙江省生态文明建设的一个亮点。让市场机制在自然资源、环境资源和气候资源配置中发挥决定性作用的前提是，政府需要进行制度供给的创新。浙江省在生态保护补偿制度、水权交易制度、排污权交易制度、“休渔期”制度、矿业权有偿使用制度的实施等方面，已经取得成功经验。尤其是在全面推广排污权有偿使用和交易机制、生态保护足额补偿机制、环境损害赔偿与保险机制等方面，积累了丰富的经验，有力推动生态文明建设。

（3）推进社会机制创新。环境民主是环境资源法治的精髓和灵魂。环境民主理念普及的必然结果是环境资源法的民主化，环境民主手段的法律制度化。因此，要以公众参与监督环保为保障，构建最广泛的环保统一战线。发挥科研院所、高等院校和专家学者的智囊作用，为环境保护提供必要的智力支持和技术支撑；发挥环保民间组织和志愿者的作用，推进环保维权、环保宣教、环保创建等工作；发挥环境信访、有奖举报、行风评议等作用，促进公众更好地参与环保、监督环保，把群众的意愿、热情和智慧转化为共建共享生态文明的具体行动。浙江省在推进环境信息公开、环境协商民主、公众环保参与等方面均迈出了坚实的步伐。

五、浙江生态管制制度建设中存在的问题

1. 总量控制有待完善

浙江省污染物排放总量控制和资源消耗总量控制是通过层层分解减排指标、逐级明确责任的模式来实现的。实施中仍出现一些问题：

一是污染物排放已接近或超过环境承载能力上限。COD、SO_2、NO_X、一次 PM2.5 等主要污染物排放量均超过区域环境承载能力。区域性、结构性污染仍十分突出，多数经济发达地区环境超载程度已相当严重。量大面广的低端产业对资源环境的刚性需求仍然具有较大的依赖性，有效提升环境承载空间的难度仍然较大。

二是污染控制对象种类少。在污染物总量控制过程中，污染控制对象种类少、涵盖范围小（没有全部覆盖工业、生活和农业污染）、环境容量难以准确测算、监控数据准确性和时效性差、污染现象易反弹、分配中难以兼顾效率和公平（靳锴，2014）。从 20 世纪 90 年代以来的总量控制制度的实践状况来看，浙江总量控制制度和国内外污染物减排压力与可持续发展要求相比，仍相对滞后，无法满足实际需求，出现了诸如污染物总量减少的同时，环境质量仍在恶化的现象。多数地方政府将重心放在污染物减排上，而忽视了污染物减排的真正目的，因此必须将污染物减排和环境质量挂钩。

2. 空间规划管制有待强化

虽然已经有三个市县参与“多规合一”试点，但是绝大多数地区依然多规并存，如土地利用总体规划、环境保护规划、主体功能区规划以及各专项规划等。“多规”对区域和城市的发展作出了很大贡献，但是“多规”之间不协调、不相容等问题也越来越突出。“多规”之间的问题主要体现以下几方面：

第一，编制主体不一。主体功能区的规划是由发改部门编制，环境保护规划由环境保护部门编制，城市总体规划则是城规部门编制，而土地总体利用规划是国土部门编制。规划编制主体的不同，决定了规划立

场的差异，也决定了规划编制者“屁股指挥脑袋”的结果。

第二，规划执行不连续。在浙江省规划中，还普遍存在的问题就是规划落实的持续性差和规划地位的弱化。因为不同的管理机构对区域经济发展的具体规划有不同的认识。而规划年限一般都长于执政期限，所以规划往往在实施几年后就会中断，新一届的执政者往往会否定前一届执政者的规划，重新进行规划编制。

第三，规划管理体制不顺。规划管理体制上的各自平行管理，导致缺乏规划实施的协同机构和机制。空间规划管理体制问题造成了各个规划秩序的混乱。

第四，规划方法不同。土地利用总体规划中的耕地和基本农田保护指标都是自上而下分解的，但是城市总体规划是自下而上的按照人口增长规模，测算得出建设用地的指标。环境保护规划则更注重环境影响因子，污染程度等具体指标的运算和预测，涉及生态环境、产业污染、环境质量和建设项目论证等各个方面。

第五，协调性不够。主体功能区的规划是更高层次的指导性规划，其他规划应与其协调。城市规划的立法也要求规划编制应与其他两规相衔接。但是并没有对于规划出现冲突的解决办法进行详细规定。

3. 实施机制有待加强

浙江省“十三五”规划纲要中提出要“健全激励与约束机制，加快构建资源节约、环境友好的生产方式和消费模式，增强可持续发展能力，提高生态文明水平。”经过多年不懈的努力，浙江生态文明建设取得了显著成效，但是体制机制障碍依然十分严重。创新实施机制，是破解资源环境约束、促进经济发展方式转变的重要途径。

（1）环境产权制度不明晰，环境经济政策体系不完善。

首先，排污权、碳排放权交易制度刚起步。浙江还没有真正建立起完善的排污权交易市场机制，碳排放权交易刚开始起步，在实践中存在如下问题：一是相关法律制度尚未确立，使得交易的合法性成为问题，即交易后合法的排污量难以界定。二是总量控制指标没有有效实施递减措施，导致人与自然之间的矛盾依然十分尖锐。三是指标的原始分配难以做到公平与效率兼顾。

其次，尚未开征专门的环境税。虽然浙江税收中已经包含了与环境资源相关的税种，涉及交通燃油、供暖及加工燃料、机动车辆、自然资源、废弃物管理和污染排放等领域，但由于这些税种在制定之初并不是以环境保护为目的，各税种之间缺乏协调性，因而并未充分发挥促进污染减排的作用。

最后，生态补偿机制不完善。由于环境产权界定不清，利益主体不明，再加上支持资金严重不足、补偿标准低且缺乏可持续性，浙江生态补偿机制尚不完善。一是生态补偿的融资渠道和主体单一，主要依靠政府的转移支付和专项基金两种方式。二是以部门为主导的生态补偿，责任主体不明确，缺乏明确的分工，管理职责交叉，在整治项目与资金投入上难以形成合力。三是生态补偿领域过窄、标准偏低，难以激励生态保护者的积极性。

（2）环境执法成本高、违法成本低，监管监督机制不完善。首先，排污收费标准偏低，对超标排污行为的惩罚过低。浙江的排污收费标准普遍低于治理成本，违反了“排污费标准应当高于治理成本”的环境经济学原理。对于超标排污的违法行为，按规定只加收一倍缴纳排污费。许多企业宁愿缴纳排污费，取得合法的排污权，也不愿意投资建处理设施，甚至部分企业建了处理设施也不运行。

其次，环境执法不严、监管不力。新环保法出台后，浙江省加大了环境保护执法力度。但是，相对于森林保护法等法律的执法而言，依然存在执法不严的现象。有法不依、执法不严、违法不究是环境突发事件频发、环境污染严重的主要原因。有些环境监管人员执法流于形式，执法行为不规范。有些地方保护主义严重，政府甚至成为企业环境违法行为的保护伞。一些县、市环保部门不能正确对待省环保部门的行政处罚，在对处理检查中发现的问题时，有的市、县环保部门不是积极配合，而是说情保护或抢先处罚。

最后，生态文明建设监督机制不完善。环境法规不完善，使环境行政执法难以准确到位，对环境执法的监督也缺乏必要的司法手段。此外，由于公众环境维权意识较弱，对环境污染的危害缺乏深刻的认识。在面对环境问题时过分依赖政府，一般情况下如果自己的环境利益没有受到实质性侵害时，他们大都不会“多管闲事”，能忍则忍；而在自身权益受到侵害时，又由于各种原因而导致维权艰难。

（3）行政管理体制不顺阻碍了生态文明建设的进程。浙江省在生态文明建设领导小组的领导下，生态文明建设的领导力明显加大。但是，这一组织不是常设机构，体制不顺问题依然存在。一是资源、环境和生态管理部门职能分工不合理。浙江资源管理、环境保护分属不同部门主管，生态保护职能分散在许多部门。由于资源、环境、生态之间存在着不可分割的联系，加之部门之间协调、合作较难，这种分散管理模式存在诸多弊端。二是区域、流域环境管理体制亟待改革。浙江跨区域的环境合作刚开始起步，由于地区之间的合作缺乏法制依据，也缺乏有效的议事程序和争端解决办法，致使解决跨区域环境问题困难重重，尤其体现在流域水污染防治方面。

六、浙江生态管制制度建设的对策建议

1. 实施递减前提下的环境资源总量控制

完善的总量控制制度应包括总量测算制度、总量统计制度和超量责任制度。通过总量测算制度可以确定科学的总量控制目标值；总量统计制度主要包括统计污染物排放统计制度和自然资源使用统计制度，以确保总量控制在计划内实施；超量责任制度是对违反原则和规定的对象进行责任追究的制度，保障总量控制制度的有效实施。

（1）完善总量测算制度。总量测算制度主要包括：纳污总量测算制度、水资源总量测算制度、森林资源限额测算制度、渔业资源总量测算制度和气候资源总量测算制度。

浙江省现有总量控制还停留在目标总量阶段，主要是以历史排放量

为基数来确定排放总量。实际上，总量控制的第一步是纳污总量测算制度，是其他制度发挥作用的前提，只有通过先进的科学测量技术，测算出特定时间内各环境单位内的纳污总量，才能进行纳污总量的初始分配和排污权交易，并以此为基础来测算排污单位的排污量是否超标，以及超标后的责任承担问题。资源总量测算制度是对水资源、森林资源、渔业资源等自然资源总量控制的目标进行科学测算和确定；气候资源的总量测算制度主要是对浙江能源消耗和二氧化碳排放总量的科学测算和确定。科学完善的总量测算制度必须要明确以下五点：即总量测算的主体、总量测算的时间段、总量测算的对象、总量测算的范围以及科学确定总量的相对正确数值，测算应该使用先进的检测技术来。

应从目标总量控制逐步转变为容量总量控制，“十三五”时期应该实行以“总量约束—质量指导”为核心的政策，“十四五”时期应该实行以“质量约束—总量指导”为行动路线的政策，“十五五”时期应该实行以“质量约束”为核心的行动路线（王金南等，2010）。同时，为切实改变“十二五”环境质量依旧不高的问题，浙江省要以环境质量为纳污总量测算的基本出发点，科学的总量测算制度是要以环境容量为核心依据。而且，要改善环境质量，只有进一步加大减排力度，减少排放总量。

（2）完善总量统计制度。总量统计制度包括污染物排放统计制度、用水统计制度、能源消费统计制度、碳排放统计制度、森林砍伐统计制度、渔业捕捞统计制度等。

无论在自然资源、环境资源和气候资源的理论研究还是管理实践中，普遍发现统计工作的严重滞后性。一是统计数据的欠缺，许多该统计的项目没有纳入统计范畴；二是数据质量太差，难以反映真实的情况；三是统计数据的运用不充分，存在数据资源闲置或浪费的现象。

浙江省在完善总量统计制度的过程中，要考虑以下五方面要求：一是明确与总量统计制度相关的内容和实施细则；二是统计工作实施上下联动、数据共享的工作机制，同时要加强监督、考核和追究机制；三是统计主体要完善统计核查和核算办法，统一统计标准和分析方法、建立完善的监测体系，定期开展基础调查。四是监管主体要加强监督管理，形成监管对象定期详细汇报的制度体系；五是建立健全排放量统计公开发布制度。

（3）完善超量责任制度。超量责任制度包括污染物超量排放责任制度、用水过量责任制度、碳超排责任制度、超额砍伐责任制度、超额捕捞责任制度等。

污染物超量排放责任制度是各流域、海域、区域内的环境管理机构和各行政区环保主管部门在监管排污单位的排污情况时，对超量排污的单位进行处罚，使其承担相应责任的制度措施。面对环境问题愈演愈烈的态势，要保证污染物排放总量控制制度的有效性，必须完善超量排放的责任制度，对超量排污单位应承担的法律责任进行详细规定，对严重损害环境构成犯罪的，要承担严重的刑罚后果，对企业、个体形成一定的威慑力，促使其按照排污许可证规定的排污量进行排污，或为获得更多的排污量进入到排污配额交易市场进行排污权交易。只有建立完善超量排放责任制度，才能保障污染物排放总量控制制度得到有效的实施。

用水过量责任制度。用水总量控制指标的实施离不开强有力的水资源管理责任与考核制度的制定与落实（汪党献，2012）。一是要明确用水总量控制指标的责任主体是各级地方政府、县级以上地方政府主要负责人，责任者对本行政区域水资源管理和保护工作负总责；二是严格水资源管理考核制度，水行政主管部门会同有关部门，对地区用水总量及分项指标落实情况进行考核，并作为领导干部综合考评的重要依据；三是要完善水资源管理监督考核的支撑体系，包括各种计量、监测、统计和信息化管理制度与系统的建立。

2. 以“生态红线”为前提的“多规合一”

（1）科学制定生态保护红线。生态保护红线中的生态功能红线是生态控制线的核心内容，应科学划定生态功能红线和生态控制线，将各类自然保护区、水源保护区、生态公益林区、森林公园、湿地公园、基本农田保护区、风景名胜区、地质地貌风景区，重要江河湖泊、水库、海岸、沼泽湿地，重要生态廊道、野生动物植物资源保护地，以及为居民提供游憩、防灾避险的场地和各类大型城市绿地划入保护控制范围。生态公益林以外的森林、基本农田以外的耕地等生态用地，也应该尽量纳入生态控制线中来。应做好生态保护的宣传工作，在确定的生态控制线现场树立明确的保护区标志、标牌，禁止移动、损害，鼓励市民举报破坏生态用地的行为，积极引导全体市民加入到生态保护工作中来（夏自钊，2015）。

（2）以“三规合一”为基础，推进多规融合。现有规划多而无序，体系繁杂，各项专项规划彼此孤立，对规范管理和实时操作都造成了一定困难，因此规划之间的协调、衔接不应单纯局限于发展规划、城市规划和土地规划的“三规合一”，而应该以“三规合一”为基础，进一步促进产业、文化、教育、体育、卫生、绿化、交通、环卫、旅游、水利、市政等多项专业规划的相互协调，由政府牵头组织，各部门共同承担落实，形成“一个县市一张蓝图”（朱江、邓木林、潘安，2015）。

（3）鼓励试点地区示范交流，促进业务能力建设。积极推进“三规合一”乃至“多规融合”工作，建立规划试点，在实践探索过程中积累经验，鼓励示范交流，促进经验共享，积极探索“三规合一”有效的编制、实施、监督管理和再更新模式，促进业务能力提升。

第一，集中力量编好“一本总规”和“一张总图”。总规以发展规划为基础，针对其规划期限短、空间布局弱、审批层级低等不足，适当延长规划期限、有效强化空间布局、统一规范审批层级。尤其是在充分吸收城乡和土地两大空间规划综合层面成果的基础上，顺应保护环境和加强生态文明建设的要求，把一地的空间布局的总体安排和优化导向勾勒出来、确定下来。在总规、总图的统领下，其他各专项规划和空间规划，均作为“一本规划”和“一张蓝图”的细化和实操化，大可以“各展所长、各得其所”。

第二，扎扎实实健全一个有效运作的协调机制。在目前政府规划尚未实行“大部制”改革的前提下，如何完成编制“一本规划”、“一张蓝图”的任务，并切实做到总书记所期望的一本规划干到底、一张蓝图绘到头，“持之以恒加以落实”，必须要建立一个高规格、有权威的规划协调机构。协调机构的主要职责是向同级权力机关和上级行政机关，提交本行政区的“一本总规”和“一张总图”（草案）；根据审议通过和行政批复的“两总”，联合审议本行政区各类主要规划，并及时协调执行中的重大事项，推动其有效实施。

3. 提高环境准入门槛和产品环境标准

浙江省作为外向依存度高的经济发达省份，一方面，需要提高自身环境保护水平和标准来满足国际市场的需求，另一方面，提高环境保护标准也是满足公众环境高需求和提升产业发展水平的内在要求。

一是加快环保标准体系建设。尽快完善以环境质量标准为核心，以污染物排放和控制标准、环境监测和环境管理技术规范为主要内容的环保标准体系，逐步与国际接轨。同时要处理好综合性标准和行业类标准、国家标准和地方标准、质量标准和排放标准及配套标准的关系。

二是加快环保标准制订、修订步伐。加快完善空气、水体、土壤等环境质量标准，客观反映环境质量状况及其变化趋势。不断完善环境质量评价方法，使环境质量评价结果与人民群众的感受相一致。不断严格排放标准，提高重点行业环境准入门槛，最大限度降低环境风险、改善环境质量。要加快与现行标准相配套的环境监测方法标准、环境标准样品、环境监测技术规范等制定工作。

三是加强环保标准科研与评估。要加强环保标准体系的顶层设计和基础研究，突出环保标准在科研立项中的统领地位，加强环境基准研究，对污染物形成机理、控制技术途径、预警应急预案等进行科学、系统研究，为标准制订、修订和实施提供全面的科技支持。

四是加大培训力度。建立环保标准使用者培训制度，组织标准培训师对省市级环境监督管理者、环境工程设计建设单位、污染治理单位等开展各具特色的标准培训工作。要充分发挥电视、报纸、网络等媒体的作用，完善环保标准宣传网络体系，加大标准信息公开力度。

4. 不断完善严格考核机制

不断完善考核内容，既要注重考核发展速度，更要注重考核发展方式和发展质量。积极推进政府官员环境绩效考核机制，健全目标任务和评价标准机制，才能摒弃“GDP 崇拜症”，改变高投入、高能耗、高污染的粗放型经济增长方式，形成科学完备的管理制度，发挥科学的干部考核评价机制的导向作用，促进地方政府真正对辖区环境质量和环境工程负责。

一是以政府职能转变为根本。政府首先要将“工作经济化”转到公共事务管理上来，建立服务型政府，由无限政府转向有限政府，只有这样才能建立融入环境绩效的政绩观和考核机制。

二是以绿色核算为基础。只有改变传统的经济核算体系，将环境污染和生态破坏量化到绿色核算体系中，才能将环境保护融入经济社会发展中。

三是以建立统一考核机制为目的。应对各种环境绩效考核融合成一个统一的生态环境绩效考核体系，全面反映生态建设、环境污染等维度，同时还包括制度建设、环境管理等内容。

四是以环保责任问责为保障。将环境保护绩效、环境工程绩效与奖惩挂钩，形成有效的、对等的激励约束机制。只有将考核与问责联动起来，才能真正发挥环境绩效考核的作用，才能实现环境工程效益最大化。

【参考文献】

[1] 植草益. 微观规制经济学 [M]. 朱绍文等译，中国发展出版社，1992.

[2] 丹尼尔·F. 史普博. 管制与市场 [M]. 余晖等译，上海三联书店和上海人民出版社，1999.

[3] 王俊豪. 管制经济学原理 [M]. 高等教育出版社，2007.

［4］曾国安．管制、政府管制与经济管制［J］．经济评论，2004（1）．

［5］沈满洪．推进生态文明建设的战略构想［J］．浙江经济，2010（12）．

［6］杨建文．政府规制——21世纪理论研究潮流［M］．学林出版社，2007．

［7］赵映诚．生态经济价值下政府生态管制政策手段的创新与完善［J］．宏观经济研究，2009（9）．

［8］靳锴．基于环境保护污染物排放总量控制研究［J］．科技展望，2014（18）．

［9］王金南，田仁生，吴舜泽等．“十二五”时期污染物排放总量控制路线图分析［J］．中国人口·资源与环境，2010（8）．

［10］汪党献．用水总量控制指标制定与制度建设［J］．中国水利，2012（7）．

［11］朱江，邓木林，潘安．“三规合一”：探索空间规划的秩序和调控力［J］．城市规划，2015（1）．

［12］夏自钊．多规合一：规划“打架”的规避之路［J］．决策，2015（5）．

（**作者：**李植斌，浙江理工大学浙江省生态文明研究中心执行主任；赵忠诚，浙江理工大学经济管理学院研究生）

分论之二：生态补偿制度建设的浙江实践

浙江省是我国生态补偿制度建设的“先行者”。浙江省生态补偿制度建设经历了从“自下而上”探索到“自上而下”推动的演变、从省内区内补偿到省际区际补偿的扩展、从小额补偿到大额补偿的提升。浙江省生态补偿制度建设的探索作为生态文明制度建设的“浙江模式”，已经取得了显著的生态效益、经济效益和社会效益。浙江实践表明，完善生态补偿制度需要进一步明确生态补偿主体和受偿主体、提高补偿标准并确立补偿依据、完善政府补偿和探索市场补偿、推动上位法建设和完善地方性法规。

一、生态补偿制度基本原理

1. 生态补偿制度的内涵

生态补偿主要有两种基本内涵：一是人类对自然生态系统的补偿。这是作为人类整体需要而对被破坏的生态系统进行修复、对被污染的环境进行治理的全部努力。二是为了保护生态环境而引发的人与人之间利益的补偿。在我国，生态补偿主要指第二种内涵。

从第二种内涵来看，生态补偿是与外部性（生态保护的正外部性）、公共产品（生态服务的公共性）、生态投资（生态保护的收益外溢）等概念密切关联的一种政策设计。因此，生态补偿制度可以定义为一种经济制度：通过制度创新实行生态保护外部性的内部化，让生态保护成果的“受益者”支付相应的费用；通过制度设计解决好生态产品这个公共产品消费中的“搭便车”现象，激励公共产品的足额提供；通过制度变迁解决好生态投资者合理回报，激励人们从事生态保护投资并使生态资本增值（沈满洪等，2015）。

生态补偿涉及的领域非常广。从空间层面上看，生态补偿主要包括流域生态补偿和区域生态补偿；从补偿对象来看，生态补偿主要包括森林资源、矿产资源和土壤资源等补偿。在各类生态补偿中，流域生态补偿矛盾十分突出，它是协调区域经济发展的一项重要制度设计，林业资源生态补偿、矿业资源生态补偿和土壤资源生态补偿等制度的实施问题凸显，它是进一步完善生态补偿制度结构的重要内容。

2. 生态补偿制度的类型

（1）从补偿对象角度可划分为对为生态保护作出贡献者给予补偿、对在生态破坏中的受损者进行补偿和对减少生态破坏者给以补偿。

对为生态保护作出贡献者给予补偿，是因为生态保护是一种公共性很强的物品，完全按照市场机制是不可能提供市场所需要的那么多数量的。如森林绿化、海塘建设、公共渔场保护、天气预报、城市绿地建设、内河治理、生态环境科学研究、生态环境信息等，这些物品都属于公共物品。既然是公共物品，就存在生产不足甚至产出为零的可能性。这就需要另外一种机制来解决。通过补贴那些提供生态保护这种公共物品的经济主体，可以激励他们的积极性。

对在生态破坏中的受损者进行补偿，是因为他们往往是生态破坏中的受害者，给受害者以适当的补偿是符合一般的经济原则和伦理原则的。生态破坏中的受害者又可以分成性质不同的两种受害者：一是生态破坏过程中的受害者，二是生态治理过程中的受害者。

对减少生态破坏者给予补偿，是因为有些生态破坏者确实是迫于生计，是“贫穷污染”所致。在发展中国家普遍存在这种现象：越是贫穷，越是依赖有限而可怜的自然资源，如过度放牧、过度渔猎、过度开垦等；越是依赖自然资源，对生态环境的破坏就越严重，经济越是得不到发展。

如此循环往复，越贫穷，越破坏；越破坏，越贫穷。在这种情况下，如果没有从外部注入一种资金和机制就不可能改善生态环境。因此，对减少生态环境破坏的主体也不得不给以补贴。

（2）从条块角度可划分为“上游与下游之间的补偿”和“部门与部门之间的补偿”。上下游之间的生态补偿是指流域上游的生态保护直接影响到下游地区的生态质量，对上游地区生态保护的努力和机会成本给予相应的补偿。生态资源由社会共享，然而通常是贫困山区担负着保护江河上游生态的重任，在生态补偿制度尚未完善的情况下，与享受生态收益的下游地区相比，显然有失公平。需要通过生态保护补偿机制，由经济比较发达的下游地区“反哺”上游地区，如对下游地区利用水、森林、矿产等资源的，在相关产业的税费中提取一定比例作为上游地区生态补偿资金的来源。

部门与部门之间的补偿是指“直接受益者付费”补偿，如林水部门花了大力气建设生态环境，旅游部门受益于良好的生态环境，产生了较好的旅游效益；水利部门得益于淤塞减少，水量增大；当地农民得益于水土保持，政府得益于抗洪救灾支出减少；航运部门得益于河流通畅、货运增加，那么可以在这些集团中间进行利益的再调配。

（3）从政府介入程度角度可分为政府的“强干预”补偿机制和政府的“弱干预”补偿机制。政府的“强干预”补偿是指通过政府的转移支付实施生态保护补偿机制。由于生态环境资源的公共物品属性，生态问题的外部性、滞后性及社会矛盾复杂性和社会关系变异性强等因素，使企业在许多领域和场合根本无法补偿。由于生态效益评估十分困难、交易成本较高，即使在市场机制健全的美国也采取政府“强干预”的方式，“由政府购买生态效益、提供补偿资金”这样一种政策手段来提高生态效益。政府的“弱干预”补偿是指在政府的引导下实现生态保护者与生态受益者之间自愿协商的补偿。美国、巴西和哥斯达黎加是三个成功地实施了生态效益补偿政策的国家。三国的经验表明，政府虽然是生态效益的主要购买者，但竞争机制依然可以在生态效益补偿政策的实施过程中发挥重要的作用。政府提供补偿并不是提高生态效益的唯一途径，政府还可以利用经济激励手段和市场手段来促进生态效益的提高（沈满洪等，2004）。

3. 生态补偿制度的基本要素

生态补偿制度的基本要素由生态补偿主客体、补偿标准、补偿方式、补偿监督及补偿评价等内容组成。生态补偿主客体是生态补偿制度的对象，补偿标准是生态补偿的标尺，补偿方式是生态补偿的具体实践，补偿监管及补偿评价则是对生态补偿的“回头看”。

生态补偿主客体就是回答“谁向谁补”的问题。尽管生态补偿是依据“谁受益，谁补偿”、“谁损害，谁赔偿”的原则来确定补偿主客体，但不同领域的补偿主客体的确定还存在一定差异。水资源领域的生态补偿主要是流域生态补偿，流域生态补偿主体主要涉及以下几个：中央政府，流域下游地方政府，从水生态保护受益的群体，环境损害补偿主体，保险公司等中介机构。补偿客体主要涉及流域生态保护者和减少流域生态环境破坏行为者。林业生态补偿由于其公共物品的属性，补偿主体往往是中央政府和地方政府，补偿客体则是当地政府及林农。矿业生态补偿是广义的生态补偿，不仅需要考虑对人的补偿，还需要考虑对自然的补偿。因此，矿业生态补偿的补偿主体往往是矿产资源开发企业、中央政府、地方政府以及矿产品消费者，补偿客体则是矿区居民及自然生态系统。不同领域生态补偿主客体在实践中存在难以判定的情形，例如矿业生态补偿中，跨行政区域的矿业生态补偿的主体确定往往涉及两区利益分配的问题。因此，当补偿主体不易界定时，政府（既包括上级政府也包括下级政府）就担起了补偿主体的角色。

生态补偿的标准是回答“补多少”的问题。当补偿主客体确定后，补偿标准则是补偿过程中的核心问题，合理的补偿标准才能平衡好各方利益。同时，合理的补偿标准能更好地解决生态服务的最优供给问题，真正起到对正外部性供给的激励和对负外部性释放的约束作用（马爱慧等，2012），达到保护生态环境的目的。生态补偿标准有三大主要理论

（李晓光等，2009）：一是生态服务系统价值理论。该理论是基于生态服务系统价值来确定补偿额度，但实际操作中计算结果的差异性较大。二是市场理论。该理论多用于能够建立市场的水资源的生态补偿，也多见于政府间的生态补偿标准的确定，如东阳和义乌的水权交易、北京官厅和密云水库区的生态补偿、三江源生态补偿、江西东江源生态补偿等。三是半市场理论。半市场理论实际上是分别对水生态补偿的提供者和接受者的单方面标准进行评估，分别调查其支付意愿（WTP）和受偿意愿（WTA），最终确定水生态补偿的标准。在实际补偿的过程中，严格的量化补偿标准往往难以执行，例如流域补偿往往以水质水量为标准，甚至以政府牵头的补偿标准只给定了补偿总额（王蓓蓓等，2009）。林业生态补偿由于是国家层面统筹安排，各地在国家标准的基础上可适当增加，为便于核算，林业补偿标准以每亩补偿金额乘以总面积进行计算。矿产资源开发生态补偿标准的实践较为缺乏，大多以环境修复专项基金的形式对生态系统予以补偿，例如绿色矿山创建、矿山修复等工程。

生态补偿的方式是回答“怎么补”的问题。补偿方式可界定为以政府为主体的生态补偿方式和以市场为主体的生态补偿方式，这两种方式实际上是庇古手段和科斯手段的具体应用。庇古手段即通过政府征税、补贴等调节方式，将生态补偿外部性内部化。科斯手段即是在产权界定清晰的前提下通过市场交易、协商等方式来解决外部性（沈满洪，2001）。政府补偿可分为横向补偿和纵向补偿。横向补偿即区域政府之间包括财政转移支付、生态环境税费制度、差异性区域政策等方式的对口补偿，纵向补偿即国家或上级政府对区域、下级政府或居民施行的包括财政补贴、税费改革、政策倾斜等手段的补偿方式（耿雷华等，2010）。典型的市场补偿一般有公共支付、市场贸易、一对一交易、生态标记等（郑海霞等，2006）。

生态补偿监督是为确保补偿主体责任落实，解决补偿资金是否从补偿主体流向补偿客体、补偿标准是否按要求足额核算等问题。生态补偿的监督机制也是生态补偿过程中较为关键的环节。缺乏监督，生态补偿资金的挪用、补偿标准不足、资金发放过程中的截留等问题会使得生态补偿仅仅停留在理论层面，并且会导致较为严重的寻租腐败现象，不利于生态补偿的长期实践。生态补偿监督机制不仅要对生态补偿过程起到监督作用，还要对不符合生态补偿流程要求的不规范行为进行处罚。由于生态补偿实践中存在诸多关键点，监督必须是全过程的。需配套建立监督失责问责机制，严格监督。制定补偿资金截留、挪用等不规范行为的领导追责制度，保证生态补偿流程的规划化。

生态补偿评价是对生态补偿制度的实施效果、过程等相关环节进行评价。制度设计者需要从评价的结果中去发现制度设计所存在的问题，一方面需要从制度本身去改进和完善，另一方面需要从制度执行层面去提高制度的实施效率。进行生态补偿评价需要进行科学的研究，建立合理的生态补偿评价体系。从评价结果中去把握生态补偿执行的情况，及时从评价结果中去发现制度设计与制度实施的不足，并予以改进和完善。

生态补偿制度的五大基本要素是理论研究的重要内容，也是各地在实践过程中关注的焦点。实践中对生态补偿的主客体认定、补偿标准的确定还存在不科学不合理的地方，如生态补偿主体过多依赖于政府，未充分调动各方积极性。又如大部分地区的生态补偿资金直接由财政资金切块而来，缺少相应的理论支撑，导致补偿标准单一且偏低。解决这些问题是生态补偿制度理论研究的重要内容。

二、浙江省生态补偿制度改革的回顾

1. 德清县率先在县级层面进行生态补偿机制探索

（1）制度设计：区域内富裕地区对贫困地区补偿。地处浙江省北部的德清县在 2004 年被国家环保总局命名为国家级生态示范区。该县的西部区域是全县水源涵养区和生态林的集中分布区，位于筏头乡境内的对河口水库更是全县的主要饮用水源。多年来，德清县西部乡镇为保护这一带生态和这一片水源牺牲了一定的经济发展机会，故该区域的经济发展水平与全县的中东部地区的经济发展水平相距甚远。2004 年，该地区农民人均纯收入低于全县平均水平，乡镇人均财政收入只为全县平均的 1/3。

为了加快建设生态德清的步伐、缩小县域内富裕地区和贫困地区的收入差距、实现该县“创经济强县、建生态德清、构和谐社会”的目标，德清县于 2004 年组织开展了为期一年的生态补偿机制的课题调研，并提出了按照“谁受益、谁补偿”和“多元筹资、定向补偿”的原则建立生态补偿机制的建议。2005 年 3 月德清县人民政府出台了《关于建立西部乡镇生态补偿机制的实施意见》。德清县成为浙江省第一个在县级层面实施生态补偿机制的地区。

（2）制度特色：小补偿与大补偿。德清县在生态补偿机制的具体实践过程中，充分融入以生态补偿资金为主的“小补偿”以及建立西部地区保障型财政体制的“大补偿”。“小补偿”的具体方式主要有两个：一是建立生态公益林补偿基金。对西部地区国家级和省级重点公益林按每年每亩 8 元的标准补偿，对其他生态公益林按每年每亩 4 元的标准补偿，见图 2－1。二是建立全县生态补偿基金。在县财政预算内安排 100 万元的同时，县政府再分别从全县水资源费中提取 10%、在对河口水库水资源费中新增 0.1 元/吨、每年从土地出让金县一级所得部分提取 1%、从排污费中提取 10%、从农业发展基金中提取 5%。德清县把这些生态补偿金纳入县财政专户管理，专项用于西部地区环保基础设施建设、生态公益林的补偿和管护、对河口水源的保护以及因保护西部环境而需关闭外迁企业的补偿等。“大补偿”的具体方式为：建立西部乡镇财政基本保障型体制。根据财政收入规模将莫干山镇和筏头乡归为保障性财政体制，乡镇分成所得税为 40%，增值税为 70%。

（3）制度成效：德清县走上“经济生态化、生态经济化”道路。理念和机制上的探索与实践使德清县步入了“经济生态化、生态经济化”的可持续发展道路。自 2005 年以来，经过数年的生态补偿实践，德清县西部乡镇污染源得到有效治理，仅 2005 年至 2006 年期间，就关闭了 85

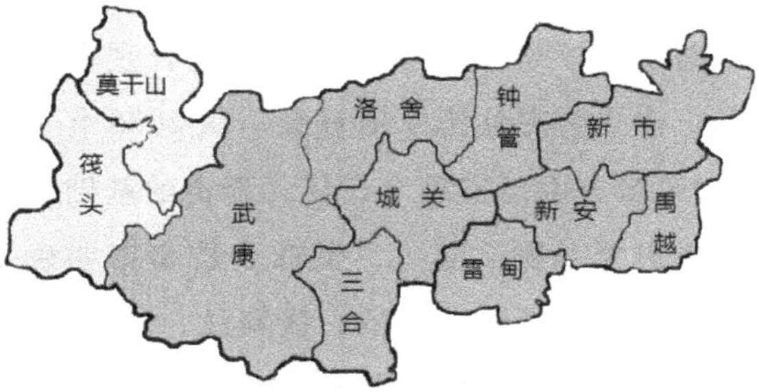

图 2-1 德清县生态补偿分布图

家低、小、散的小煮笋加工企业，对 9 家规模企业进行了整治；污水处理站等环保基础设施日趋完善，莫干山镇、筏头乡镇生活污水处理工程建成并投入运行，并建成 5 个农村生活污水处理示范工程；生态环境得到有效的保护和改善，使河口水库水质连续六年稳定在Ⅱ类水标准；带动了生态农业、休闲旅游业等生态产业的发展，2010 年国家环保部将德清县命名为国家生态县，其中莫干山镇成功创建为国家级生态村，优美的环境吸引了大批游客前来观光旅游①。

2. 杭州市率先在市级层面全面推行生态补偿政策

（1）制度设计：生态受益区对生态功能区补偿。“十一五”以来，杭州市委、市政府始终坚持“环境立市”的方针政策。为了贯彻落实杭州市委“环境立市”战略、全面推进杭州生态市建设，根据《中共杭州市委、杭州市人民政府关于加快推进杭州生态市建设的若干意见》的精神，杭州市人民政府于 2005 年 5 月 31 日出台了《中共杭州市委办公厅、杭州市人民政府办公厅关于建立健全生态补偿机制的若干意见》。该文件要求根据“保护者受益、损害者付费、受益者补偿”、“统筹协调、共同发展”、“政府主导、市场参与”、“公平公开、权责一致”的原则设计生态补偿机制。

① 王勤华.关于德清县生态补偿机制的调查与思. http://www, dqdx, gov, cn/Read News, asp? NewsID = 1089.

（2）制度特色：创建了一套较为科学的生态补偿标准指标体系。首先，杭州市明确规定了资金的来源，要求整合现有的市级财政转移支付和补助资金，建立生态补偿专项资金。从2005年起，市财政在原有10项生态补偿政策方面已安排1.5亿元资金的基础上，再新增5000万元，使专项资金规模达到2亿元。其次，杭州市明确了补偿的重点领域，如市区大气环境污染综合整治；钱塘江、太湖流域水环境整治、环境重点监管区域和重点行业污染整治；生态建设示范工程、“百村示范、千村整治”和“生态公益林建设”等，并强调在流域交界断面加强水质自动监测系统和重点污染源自动监测系统建设。最后，杭州市还建立了生态补偿的行政激励机制，积极启动绿色国民经济核算研究，主张在流域生态环境质量指标体系的基础上综合使用交界断面水质达标率和群众满意度等指标创建一套科学的生态补偿标准核定体系，如图2－2所示。

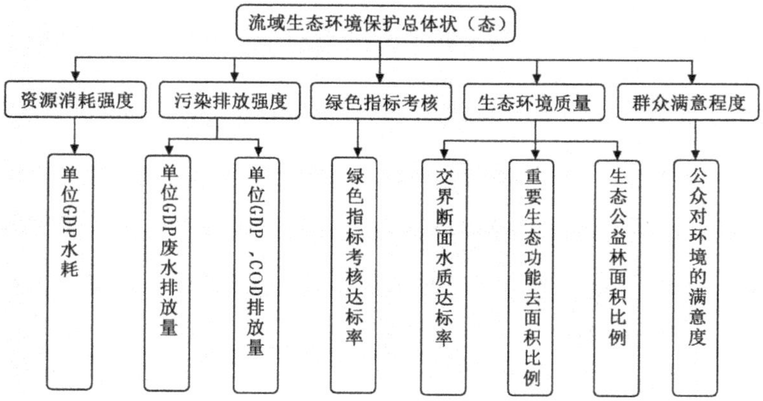

图2－2　杭州市流域生态补偿指标体系

资料来源：徐海岚等．杭州市流域生态补偿方法研究．杭州市环境保护科学研究院，2005.

在杭州市生态补偿的实践过程中，为加强对生态补偿专项资金的规范管理、核算和监督，提高资金的使用效益，确保资金安全，杭州市于2005年7月4日按照“权责一致、突出重点、统筹安排、滚存使用”的原则，出台了《杭州市生态补偿专项资金管理办法》。该办法规定各部门应按照生态补偿的理念来整合优化现有的专项资金，加大生态补偿的资金规模；在专项资金的分配使用上需要结合年度生态环境目标考核结果来安排项目，更加清晰地体现对生态环境保护好的欠发达地区和重要生态功能区的倾斜扶持以及对区域、流域生态环境作用明显项目的支持；并且明确了专项资金的管理和监督，对专项资金实行专款专用、专项核算，市财政部门对专项资金的使用实行跟踪问效反馈制度，避免专款另用现象。

（3）政策成效：实现了生态资源保护的经济效益化。杭州市是第一个明确提出把生态资源保护和利用定位于“一种特殊的公共产品消费”的城市，并率先在市级层面提出通过政府调控与市场化运作相结合的方式逐步建立公平、公正、权责统一的生态补偿机制。杭州市利用制度的创新很好地实现了生态资源保护的经济效益，为更高层面出台生态补偿的政策提供了实践依据。杭州市在生态补偿机制的探索中受益颇丰，人居生态环境质量明显改善，500 万人的饮水安全得到保障①。杭州市也成为浙江省唯一一个连续十二年（2004—2015 年）获得生态省建设考核优秀奖的设区市，下属的 13 个县（市、区），均被评为“国家环保模范城”或者国家级生态示范区。

3. 浙江省率先在省级层面正式实施生态补偿制度

（1）制度设计：加大对省内源头地区的补偿力度。各地的自主探索为生态补偿的推行创造了条件。浙江省人民政府按照“统筹协调，共同发展、公平公正，权责一致、循序渐进，先易后难、多方并举，合力推进”的原则，于 2005 年 8 月 26 日出台了《关于进一步完善生态补偿机制的若干意见》。该文件明确提出：加大财政转移支付进行生态补偿的力度；积极加强资源费征收使用和管理并增强其生态补偿功能；继续探索区域间生态补偿方式并支持欠发达地区加快发展。仅 2005 年这一年，浙

① 杭州市环保局．生态补偿制度和淳安县美丽杭州实验区建设汇报材料（内部资料），2014．8．

江省财政就安排了生态环保建设专项资金 18.4 亿元，同比增长 107.7%。该意见是国内出台的第一个省级层面的生态补偿文件，标志着浙江省开始自上而下的推行生态补偿制度。

（2）制度特色：专项试点与全流域补偿

浙江省人民政府于 2006 年 4 月 28 日印发了《钱塘江源头地区生态环境保护省级财政专项补助暂行办法》，在钱塘江流域源头地区率先实行省级财政生态环保专项补助试点政策，从 2006 年开始每年安排两亿元，对钱塘江源头地区十个县（市、区）依据生态公益林、大中型水库、产业结构调整和环保基础设施建设等四大类因素进行考核，由当地根据自身生态环境保护重点安排使用，具体分配方法见表 2－1。按照“谁保护，谁受益”、“权责利统一”、“突出重点，规范管理”和“试点先行，逐步推进”的原则，对钱塘江流域干流和流域面积 100 平方公里以上的一级支流源头所在的经济欠发达县（市、区）加大财政转移支付。2008 年 2 月 29 日，在总结完善钱塘江源头地区试点经验的基础上，浙江省人民政府办公厅印发了《浙江省生态环保财力转移支付试行办法》，决定对境内八大水系干流和流域面积 100 平方公里以上的一级支流源头和流域面积较大的市、县（市）实施了生态环保财力转移支付政策，并以省对市县财政体制结算单位为计算、考核和分配转移支付资金的对象，成为全国第一个实施省内全流域生态补偿的省份。由省级财政作为省域范围内进行生态补偿转移支付的主体，解决了生态补偿的责任主体问题，也确保了市县政府的既得利益和积极性，建立了生态补偿的长效机制。

2012 年，按照“扩面、并轨、完善”的要求，对生态环保财力转移支付的范围、考核奖罚标准、分配因素和权重设置等做了进一步修改完善，将转移支付范围扩大到了全省所有市县。省级财政安排生态环保转移支付资金从 2006 年的每年 2 亿元提高到 2014 年的 18 亿元。

表 2－1　　　　浙江省生态环保财力转移支付分配方法

<table>
<tr><th>分类</th><th>指标设置</th><th colspan="2">权重分配</th><th>考核系数和计算方法</th></tr>
<tr><td rowspan="2">生态功能保护类</td><td>生态公益林面积</td><td rowspan="2">50%</td><td>30%</td><td>根据省林业厅确认的各市县考核年度省级以上公益林面积占全省面积的比例计算</td></tr>
<tr><td>大中型水库面积</td><td>20%</td><td>以大中型水库折算面积占全省面积比例计算，可得数额最多不超过该项分配总额的 20%</td></tr>
<tr><td rowspan="2">环境质量改善类</td><td>水环境质量</td><td rowspan="2">50%</td><td>30%</td><td>根据省环保局监测确认的各市、县（市）主要流域交界断面出境水质和省水利厅确认的多年平均地表水径流量，分别不同情况计算并考核：①全部达到警戒指标以上的，奖励资金 100 万元；②根据年度变化情况，实行水质提高或降低的奖罚机制</td></tr>
<tr><td>大气环境质量</td><td>20%</td><td>根据省环保局监测确认的个市、县（市）空气污染指数（API 值）计算并考核：①凡达到警戒指标标准（85%）及以上的市县，将配置奖励资金；②根据各市、县（市）大气环境质量考核年度较上年度的变化情况，实行大气质量提高或下降的奖罚机制</td></tr>
</table>

资料来源：根据浙江省财政厅相关资料整理而成。

（3）制度成效：实现了经济效益、社会效益和生态效益多赢。生态补偿机制有效促进了各地方对“GDP 至上”旧思维的深刻反思，将生态文明内化为绿色发展需求，实现经济效益、社会效益和生态环境效益多赢。浙江省 2005 年以来的生态环境效益、生态经济效益、生态社会效益都是最显著的。为了保护生态环境，浙江省“敢于放弃 GDP，敢于牺牲 GDP”。“不要躺在垃圾堆上数钱”已经成为浙江人民的共识。浙江省正努力地通过生态补偿制度将“生态资本”转变成“绿色资本”，并且在湖州市的安吉县、宁波市的宁海县等县市基本上实现了绿水青山的经济价值。

4. 浙皖两省率先开展跨省流域生态补偿试点工作

（1）制度设计：从省内补偿扩展到跨省补偿。新安江发源于安徽省黄山市境内，地跨浙皖两省，流域总面积达 11674 平方公里，是浙江省最大的入境河流，也是钱塘江的正源，其中流入千岛湖的水量占总入湖水量的 60% 以上，而且位于下游的千岛湖是浙江重要的饮用水水源地以及长三角地区的战略备用水源。

随着对境内八大水系生态补偿实践的不断深入，浙江省认识到跨省的入境河流水质的重要性，并以新安江流域为切入点，与安徽省进行协商，开始着手实行跨区域流域生态补偿的试点工作。在财政部、环保部的主持下，2009 年 8 月出台了浙皖两省《新安江流域跨省水环境补偿方案》。浙江省认可以交接断面湖泊标准水质改善作为补偿依据，对新安江上游的安徽省进行生态补偿。

（2）制度特色：生态保护补偿与生态损害赔偿相耦合

在浙皖两省的不断协商推动下，2010 年 12 月，国家财政部、环保部在新安江流域生态补偿试点酝酿的同时，先行拨付了 5000 万元试点启动资金。在国家层面的组织协调和浙皖两省的共同推进下，2012 年由国家财政部、环保部牵头，浙皖两省正式签订协议，多年积极争取的全国跨省流域生态补偿机制试点正式启动实施。一期试点（2012—2014 年）按照“明确责任、各负其责，地方为主、中央监管，监测为据、以补促治”的原则，以“中央补偿为主，地方补偿为辅”的政府补偿模式开展补偿。补偿资金额度为每年 5 亿元，其中中央财政出资 3 亿元，浙江、安徽两省分别出资 1 亿元，年度水质达到考核标准（$P \leq 1$），浙江拨付给安徽 1 亿元；水质达不到考核标准（$P > 1$），安徽拨付给浙江 1 亿元；不论上述何种情况，中央财政 3 亿元全部拨付给安徽省。资金专项用于新安江流域产业结构调整和产业布局优化、流域综合治理、水环境保护和水污染治理、生态保护等方面。从 2015 年开始，新安江流域生态补偿二期试点正式启动，在延续一期补偿原则、补偿模式、补偿标准的基础上，二期试点增加了补偿的金额，由“中央财政出资 3 亿元，浙江、安徽两省分别出资 1 亿元”改为中央财政、浙江、安徽各出资 2 亿元。具体的新安江流域生态补偿试点方案见表 2－2。

表 2－2　　新安江流域生态补偿试点方案概述

补偿要素	补偿方案的具体内容
补偿原则	明确责任、各负其责；地方为主、中央监管；检测为据、以补促治
补偿模式	仍以财政转移支付为主，纵向横向皆有，由中央财政和安徽、浙江两省共同设立新安江流域水环境补偿基金
考核标准	1. 将新安江最近 3 年的平均水质作为评判基准 2. 中国环境检测总站为此制定了《新安江流域环境补偿试点工作联合检测实施方案》，明确以跨界水体新安江的借口断面作为人工检测断面 3. 监测频次为每月 1 次
考核部门	水质监测结果由中国环境监测总站核定，并向环保部、财政部提供
补偿关系的双方	浙江省政府与安徽省政府
补偿标准	1. 在监测年度内，以两省交界处水质为考核标准 2. 安徽提供水质优于基本标准的，由浙江对安徽进行补偿 3. 水质劣于基本标准的，安徽对浙江进行赔偿 4. 一期试点（2012—2014 年）中，补偿与赔偿的资金为 1 亿元，二期试点（2015—2016 年）中，补偿与赔偿的资金为 2 亿元
补偿的资金来源	1. 一期试点（2012—2014 年）中，中央财政每年划拨安徽 3 亿元用于新安江治理，浙江和安徽每年配套资金 1 亿元用于新安江地区生态补偿 2. 二期试点（2015—2016 年）中，中央财政每年划拨安徽 2 亿元用于新安江治理，浙江和安徽每年配套资金 2 亿元用于新安江地区生态补偿

部分数据来源：郭少青．论我省跨流域生态补偿机制构建的困境与突破——以新安江流域生态补偿机制为例［J］．西部法学评论，2013（6）．

（3）制度成效：打破了流域生态补偿“走不出省界”的困境。跨省流域生态补偿试点是浙江省生态补偿的另一个制度创新，构建了“以公平竞争、协同合作、互通有无为主”的跨省流域生态补偿协商的平台，打破了流域生态补偿“走不出省界”的困境，为其他地区开展跨省流域生态补偿工作提供了宝贵的经验。自实施跨省流域生态补偿试点以来，新安江流域的水质得到了改善，2011—2015 年新安江流域总体水质为优，跨省界接口断面水质达到地表水环境质量标准的 II 至 III 类。

截至 2015 年，全省 11 个地级市均制定了生态补偿相关的政策，并开展了生态补偿的工作，市域覆盖率达到 100%，省内八大水系源头地区县域覆盖率达到 100%。在 2006 年至 2014 年期间浙江省共投入生态补偿专项资金 86 亿元，每年分别为 2 亿元、6 亿元、8 亿元、10 亿元、12 亿元、15 亿元、15 亿元、18 亿元和 18 亿元，生态补偿专项资金呈逐年递增的趋势。

三、浙江省生态补偿制度建设的主要做法

1. 与生态功能区规划对接

浙江省在生态补偿制度的实践过程中充分遵循区域生态环境要素、生态环境敏感性和生态服务功能重要性的空间分异规律，在淳安千岛湖、开化县等多个生态服务功能突出的欠发达县域进行试点工作，按照不同主体功能区的具体定位，采取差异化的政绩考核方式，从而有效激励了生态环境建设等公共物品的供给，成功探索出了区域经济与生态共同发展的新路子。以淳安县为例，2005 年浙江省出台的《浙江省水功能区、水环境功能区划方案》，将占淳安县国土面积的 96.8% 的区域划定为水环境功能区。其中淳安县境内的千岛湖是杭州市的重要水源地，千岛湖引水工程可以解决杭州市等浙北地区千万人口的饮用水安全问题，其饮用水源功能极其重要。在对淳安县实施生态补偿过程中，以其防洪功能和饮用水源功能进行定位，严格限制高污染高能耗企业的介入，同时对淳安县实行绿色 GDP 的考核标准体系，着重考察淳安县千岛湖水环境情况，而对社会经济的发展给予一定的政策倾斜和经济补偿，让淳安县专注于保护好这一湖秀水。截至 2015 年，按照生态重要程度的不同，浙江

省将生态功能区共划分为4级，其中一级区（生态区）6个，二级区（生态亚区）15个，三级区（生态功能区）47个，四级区（生态环境功能小区）近2000余个和具有重要生态系统服务功能的5个省级重要生态功能区域。浙江省为切实保护生态环境，将生态环境功能区又分为禁止准入、限制准入、重点准入和优化准入4类，对企业进入各个功能区规定相应的门槛，同时，省财政厅根据各功能区生态保护情况对其进行财政转移支付，切实监督其履行保护生态环境的职责。

2. 有地方性政策法规保障

生态补偿制度的推行与实施必须有较为完善的政策法规体系。2005年浙江省在全国率先出台《关于进一步完善生态补偿机制的若干意见》，明确了生态补偿主要用途和实施措施，明确提出“资源环境的利用开发者，有责任向提供优良生态环境的地区和人们提供适当的经济利益补偿”，且在生态公益林建设和水源保护区建设上，体现了“保护生态就是保护生产力”的基本精神，完成了生态保护从无偿到有偿的历史性变革。杭州、湖州、绍兴、嘉兴、宁波市等地级市县（区）在此指导下，结合自身的实际情况自上而下纷纷出台了关于生态补偿的相关政策法规，如表2-3所示。截至2015年，浙江省11个地级市均制定了生态补偿相关的政策法规，浙江省具有地方特色的生态补偿的法律体系初步形成。

表2-3　浙江省各地级市生态补偿机制相关政策法规一览表

地区	政策法规	出台年份
杭州	《关于建立健全生态补偿机制的若干意见》	2005
	《杭州市生态补偿专项资金管理办法》	2005
	《关于推进生态型城市建设的若干意见》	2011
	《关于下达2013年杭州市生态补偿专项资金计划的通知》	2013
	《杭州市生态补偿专项资金使用管理办法》	2015
宁波	《关于建立健全生态补偿机制的指导意见》	2006
	《宁波市森林生态效益补偿基金管理办法》	2007

续表

地区	政策法规	出台年份
宁波	《中共宁波市委关于加快发展生态文明努力建设美丽宁波的决定》	2013
温州	《温州市人民政府关于建立生态补偿机制的意见》	2008
	《温州生态园生态补偿专项资金使用管理暂行办法》	2011
	《温州市生态补偿专项资金使用管理办法》	2011
	《温州市森林生态效益补偿基金管理办法》	2014
嘉兴	《关于建立市区饮用水水源地保护生态补偿机制的意见》	2013
湖州	《湖州市人民政府关于建立生态补偿机制的意见》	2006
	《关于建立和完善湖州市生态补偿机制的建议》	2010
	《湖州市生态环境保护专项资金使用管理暂行办法》	2013
绍兴	《关于进一步完善生态补偿机制的实施意见》	2006
	《关于对饮用水源区域实行生态补偿的实施意见》	2013
	《绍兴市汤浦水库水源保护区生态补偿专项资金管理办法》	2015
金华	《金华市区饮用水源涵养功能区生态补偿专项资金使用管理办法》	2013
	《金华市区饮用水源涵养生态功能区生态补偿资金项目验收办法》	2015
舟山	《舟山市人民政府关于进一步完善生态补偿机制的实施意见》	2007
台州	《台州市人民政府关于建立健全生态补偿机制的若干意见》	2008
	《台州市黄岩长潭水库库区生态补偿实施办法》	2009
衢州	《衢州市人民政府关于建立健全生态补偿机制的实施意见》	2006
丽水	《关于推进循环经济发展加快建设资源节约型社会的若干意见》	2006
	《瓯江流域丽水段主要水系水污染防治实施方案》	2006
	《丽水市生态文明建设指标体系及考核办法》	2010

资料来源：根据各地政府网站汇编。

制定生态补偿政策需要因地制宜地考虑主客体的界定、标准、及补偿模式。为了更加细化生态补偿的实施工作，顺利开展生态补偿试点，

2011年省政府出台的《浙江省饮用水水源保护条例》特别指出，县级以上人民政府应当根据生态保护的目标、投入、成效和区域间经济社会发展水平等因素，通过设立饮用水水源保护生态补偿专项资金、财政转移支付、区域协作等方式，建立健全对饮用水水源保护区的补偿机制，逐步加大补偿力度，促进饮用水源保护区和其他地区的协调发展。浙江省各区县按照自身的情况也制定了生态补偿相关的政策法规，如表2－4所示。

表2－4　浙江省各区县级生态补偿机制相关政策法规一览表

地区	政策法规	出台年份
淳安	《关于要求在钱塘江源头地区试行生态补偿时予以重点倾斜的情况报告》	2008
	《关于正式上报杭州市2006年度生态补偿项目的请示》	2008
	《关于拨付2010年森林生态效益补偿资金的通知》	2010
	《江河湖泊生态环境保护项目资金管理办法》	2014
建德	《新安江流域水环境补偿试点工作联合监测实施方案》	2012
慈溪	《中共慈溪市委关于推进生态文明建设的决定》	2011
	《慈溪市2013年度生态建设工作实施方案》	2013
	《2014年度慈溪市生态建设工作实施意见》	2014
桐乡	《关于推进“生态有偿、生态补偿、生态赔偿”机制建设的实施意见》	2014
安吉	《安吉县森林生态效益补偿基金管理办法》	2005
德清	《关于建立西部乡镇生态补偿机制的实施意见》	2005
	《关于建立西部乡镇生态补偿资金缴纳和使用管理办法》	2005
	《德清生态建设专项资金奖励补偿办法》	2007
	《德清县对河口水库饮用水源保护管理办法》	2013
	《进一步深化完善生态环境补偿机制的实施意见》	2013
上虞	《关于生态补偿机制扩面及直补的建议意见》	2012
	《关于对饮用水源区域实行生态补偿的实施意见》	2013

续表

地区	政策法规	出台年份
洞头	《洞头县水源保护区生态补偿实施办法》	2006
嵊州	《嵊州市环境影响评价机构诚信考核评级、黄牌警示、红牌淘汰制度》	2013
磐安	《磐安县“811”环境保护新三年行动实施方案》	2008
	《关于推进生态文明建设的实施意见》	2011
龙游	《龙游县乡镇街道交界断面水质保护管理考核办法（试行）》	2012
龙泉	《龙泉市岩溪饮用水水源地保护补偿办法》	2009
	《2012 年度“森林龙泉”建设实施意见的通知》	2011
江山	《关于进一步完善乡镇（街道）财政体制的通知》	2014

资料来源：根据各地政府网站汇编。

3. 靠重点项目与政府财力

浙江省的生态补偿资金主要来源于省财政厅对各市县的纵向转移支付、平级政府间的横向协商转移支付以及政府性生态补偿基金。主要包括四种补偿政策：财力补助政策、生态建设补助政策、生态保护补助政策和生态环境治理政策。这些政策在执行中都重点向欠发达地区、重要生态功能区倾斜。浙江省采取省管县的模式，生态补偿大部分资金来源于省财政厅。笔者从浙江省财政厅了解到，生态补偿资金的投入不断提高，生态环保转移支付资金呈逐年增长态势，如图 2－3 所示，生态环保转移支付资金从 2006 年 2 亿元到 2014 年的 18 亿元，短短的几年时间，补偿资金增加到原来的 9 倍。在生态公益林方面，浙江省对省级以上公益林的补偿标准从 2004 年的 8 元/亩提高到 2015 年的 30 元/亩，省级以上财政补偿资金从 2004 年的 1.52 亿元增加到 2015 年的 13.2 亿元。

在流域方面，浙江省于 2006 年在钱塘江流域率先实行源头地区省级财政生态环保专项补助试点政策，每年安排 2 亿元专项资金，对钱塘江源头地区 10 个县（市、区）按“因素法”进行资金的分配。在生态环

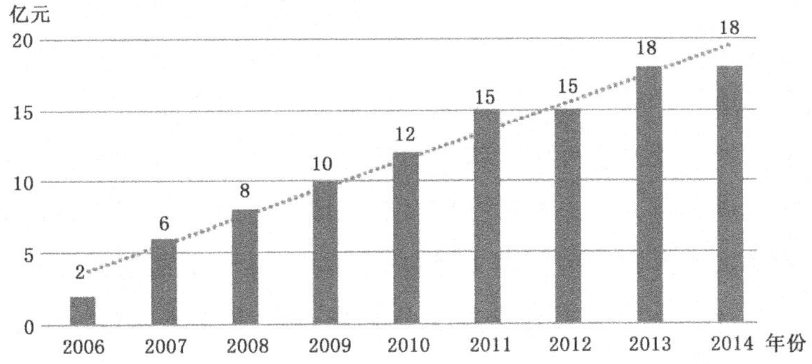

图 2-3　2006—2014 年浙江省生态环保转移支付资金

数据来源：浙江省财政厅。

保转移支付资金来源方面，浙江省没有触动中下游市县的财政体制，而是选择了从省级财政收入增量中筹措安排，并把生态环保财力转移支付的资金总量列入当年省级财政预算。在省域范围内，省级财政作为生态补偿转移支付的主体，解决了生态补偿的责任主体问题，也确保了市县政府的既得利益和积极性。同时，浙江省在部门之间和行政区域之间的横向生态补偿上给予协调和指导，扩展了生态补偿资金来源，减轻了省财政的资金压力。在多年实践的基础上，浙江省不断完善生态补偿机制，将早期省级政府对下级地区的单一的生态补助性资金来源扩展为生态保护补偿与环境损害赔偿相结合的制度下的多渠道资金来源，将有助于生态补偿机制的长久运行。

4. 重环境技术与监测结果

环境检测技术是生态补偿资金发放的重要依据。浙江省已全面建立起包括水体、大气、森林等主要生态要素的环境监测系统。2012 年，浙江省在全省 81 个饮用水源地建设完成了 88 套水质自动监测系统，对全省县级以上主要饮用水源地环境质量实施 24 小时实时动态监测。2013 年，浙江省成为全国第一个所有县、市、区都发布空气质量监测评价信息的省份，共计建成 153 个空气质量自动监测站。并设置生态功能保护、环境（水、气）质量改善两大指标，将指标监测值作为补助资金的重要依据。同时，引入奖罚机制，对水体和大气环境质量设立警戒标准，对环境质量改善的地区，无论是上游还是下游都实行“奖励补助”，对环境质量下降地区，无论是上游还是下游都实行“扣罚补助”。

环境技术的发展使得环境状况的数据化、实时化成为可能，数据化的监测结果成为制订生态补偿标准最具说服力的参考依据。以新安江流域生态补偿试点为例，2012年1月以来，淳安县环保监测站和黄山市环境监测站每月都会在新安江跨界交接口断面设置3条垂线、9个测点，开展水质联合监测采样，重点监测4项指标，并在5天内完成数据交换和比对，每月25日前将监测数据报送中国环境监测总站，这标志着浙皖两省跨流域生态补偿已进入操作阶段。2013年浙江省率先在浙皖交界处建成了国内首个实时、在线、自动监测的污染物通量监测系统，建立起长期、可定量的监管评价机制，实施了统一监测标准，实现由双方自行掌握数据、互不认同转为监测数据成果共享互惠。通过联动协作和数据比对，双方将根据认可的跨省交接断面水质监测数据，给出监测区内排放的污染物质种类和排放总量，进而将水质的主要监测指标与考核指标进行比较。如果安徽年度出境水质达到考核标准，浙江支付1亿元给安徽；反之，安徽支付1亿元给浙江。通过建设交接断面水体通量站等措施，实现了断面水体由浓度管理到通量管理的转变，为生态环境综合保护提供更加科学的决策依据，实现了流域生态补偿由定性操作转为按监测数据定量操作。

四、浙江省生态补偿制度成效分析

浙江省是生态补偿机制建设先行者，是我国第一个在省域范围内由政府提出完善生态补偿机制意见的省份。从2005年发布《浙江省人民政府关于进一步完善生态补偿机制的若干意见》至今已有十余年。在此期间，浙江省一直积极认真地实施生态补偿政策，从2006年至2014年共投入生态补偿专项资金104亿元，全省生态补偿制度的实施取得了明显的成效。

1. 生态效益得到提升

（1）森林资源及其价值显著提升。浙江省自2004年全面建立森林生态效益补偿制度以来，省级财政安排专项资金支持各地重点公益林建设，公益林补偿标准也在逐年提高。同时，省财政每年继续安排退耕科学实验林、阔叶林改造、自然保护区等专项资金，支持生态公益林和自然保护区建设（浙江省环保局生态处，2006）。经过了十多年的建设，浙江省公益林建设取得了显著成效，森林资源快速增长，生态环境得到了极大改善。据浙江省《2015年森林资源及其生态功能价值公告》显示，全省林地面积659.77万公顷，其中森林面积604.99万公顷；活立木蓄积3.14亿立方米，其中森林蓄积2.81亿立方米。按浙江省以往同比计算口径，森林覆盖率为60.91%。全省森林植被总生物量4.13亿吨，森林植被总碳储量2.04亿吨；森林吸收二氧化碳5656.67万吨，释放氧气4129.72万吨；森林生态服务功能总价值达到3978.05亿元。随着浙江省生态补偿制度的实施，浙江省全省活立木蓄积量呈现稳步上升趋势，如图2-4所示。而且，浙江省森林资源的龄组结构、树种结构逐步趋向合理，森林生态状况进一步得到改善，森林生态服务功能得到进一步发挥，浙江森林正由"数量持续增加"向"数量增加、质量提高与结构改善并进"的方向发展（浙江省林业厅，2014）。

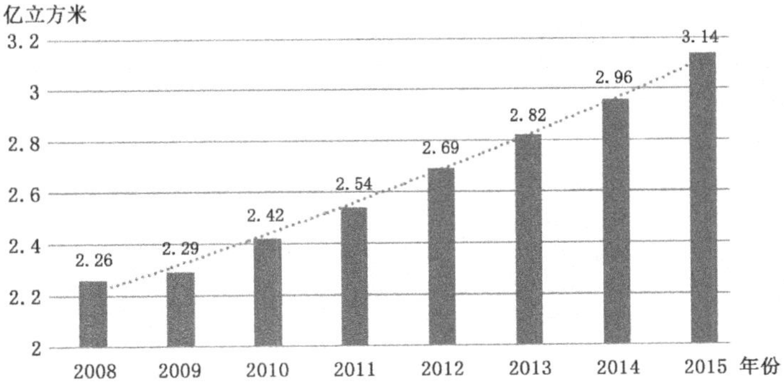

图2-4　2008—2015年浙江省活立木蓄积量变化情况

数据来源：浙江省环境状况公报（2008—2015年）.

（2）生态环境质量有明显改善。浙江省在保持森林生态功能持续好转的情况下，实现了水环境质量的明显改善和空气环境质量的稳中向好。表 2－5 显示，从 2005 年到 2015 年，尽管浙江经济、人口数量和消费水平持续增长，但地表水环境状况明显改善，优质水的比例越来越大，劣质水的比例越来越小。一方面，Ⅰ类水比例从 2005 年的 2.9% 上升到 2015 年 9.1%，Ⅱ类水比例从 2005 年的 27.9% 上升到 2015 年的 33.9%。另一方面，Ⅴ类水的比例从 2005 年的 6.4% 下降到 2015 年的 4.5%，劣Ⅴ类水的比例从 2005 年的 14.1% 下降到 2015 年的 6.8%。2015 年，海盐县基本消灭地表水Ⅴ类水和劣Ⅴ类水，新昌县出境水质达到Ⅱ类水，淳安县千岛湖水质保持Ⅰ类水。这都是生态补偿实践带来的良好效果。

表 2－5　　2005—2015 年浙江地表水水质变化状况　　单位：%

年份	Ⅰ类	Ⅱ类	Ⅲ类	Ⅳ类	Ⅴ类	劣Ⅴ类
2005	2.9	27.5	34.5	14.6	6.4	14.1
2006	4.7	31.0	26.3	17.0	7.0	17.0
2007	4.7	28.6	33.9	11.7	4.7	16.4
2008	4.1	32.7	33.9	9.9	6.4	12.9
2009	3.5	28.7	42.7	7.6	8.2	9.4
2010	6.4	36.3	31.6	15.2	2.9	7.6
2011	6.8	25.8	30.3	12.7	5.9	18.6
2012	6.8	27.6	29.9	17.2	4.0	14.5
2013	9.1	27.1	27.6	15.4	8.6	12.2
2014	9.5	28.1	26.2	17.7	8.1	10.4
2015	9.1	33.9	29.9	15.8	4.5	6.8

资料来源：根据历年《浙江环境状况公报》整理而得。

虽然雾霾问题依然是居民不够满意的地方，但是，浙江省生态补偿的实践正逐步改善空气环境质量。从监测数据看，浙江的城市空气环境质量也已经呈现稳定改善的趋势。空气中二氧化硫的浓度从2005年的24微克/立方米下降到2015年的14微克/立方米；二氧化氮的浓度从2005年的34微克/立方米下降到2015年的28微克/立方米；颗粒物浓度从2005年的82微克/立方米下降到2015年的68微克/立方米。

2. 经济效益得到增加

（1）受偿居民收入明显增加。浙江省的重要生态功能区与西南部山区欠发达地区基本重合，使得这些地区因为承担生态保护的重任而经济社会发展受到诸多的制约。而浙江省建立起生态补偿制度正是为了在促进环境保护、加强生态建设的同时兼顾区域经济的协调发展（浙江省环保局生态处，2006）。

浙江省实施生态补偿制度十多年来，在增加受补偿区县居民收入、提高这些地区人民群众生活水平上发挥了不小的作用。一方面，受补偿区县居民可以因为保护地区生态环境获得补偿资金，提高其收入水平。以公益林生态补偿为例，2014年9月浙江省省级以上公益林最低补偿标准由25元/亩提高到27元/亩，2015年再提高到30元/亩，这样大力度的补偿将惠及全省广大林农。按照27元/亩的补偿标准，丽水市遂昌县云峰街道下马村的一户林农可以得到除公共管护经费外的1.6万多元补偿资金（祝梅等，2014），并且林农得到的补偿金额也在随着补偿标准的增加而增加。不仅是公益林生态补偿，浙江省2006年在钱塘江流域源头地区率先实行省级财政生态环保专项补助试点政策，也使得钱塘江源头地区周边居民受益。通过分析钱塘江流域沿线7个区县的居民收入变化趋势可以发现，自2006年开始，钱塘江流域沿线各区县农村居民纯收入和城镇居民可支配收入均有不同程度的提高。另一方面，浙江省生态补偿制度的实施与生态功能规划区对接，按照生态重要程度的不同将生态功能区划分为四级并且规定了各级生态区的准入门槛。重要的生态功能区虽然限制发展重工业，但是可以充分发挥生态环境、自然资源等比较优势，以旅游业为依托，大力发展生态经济，这样可以极大地增加受补偿地区居民的收入，真正实现“绿水青山就是金山银山”，使人民群众因保护地区生态环境而生活富裕。

（2）地区产业结构开始优化。经济社会的发展和人民群众生活水平的提高使得人们对生态环境品质有了更高的要求，这在客观上要求高污染高耗能和资源型企业转型升级，而生态补偿制度的实施则为黑色经济向绿色经济转变、高碳经济向低碳经济转变、线性经济向循环经济转变提供了现实基础，有力促进了地区产业结构调整和优化。

浙江省在2006年以钱塘江源头地区为试点开展了对源头地区的生态保护专项补助，这其中就包括产业结构调整方面的补助。若因环保要求当年淘汰既有、限制规模和搬迁过程中的化工、医药、造纸、制革、印染、冶炼、水泥、味精等重点污染企业，对当地财政收入造成影响的，省人民政府设置专项资金予以补偿（浙江省环保局生态处，2006）。在这些高污染高耗能企业逐渐淘汰的同时，生态农业、旅游业等一批新兴的生态产业呈蓬勃发展之势。以德清县莫干山镇为例，为保护水源，莫干山镇关闭了上游大量污染性企业，在当地政府的鼓励和引导下，村民将闲置旧房进行改造，倡导低碳环保和无景点式的健康休闲旅游，引导游客放松身心、返璞归真、享受自然，同时也吸引了一大批投资者光顾。截至2015年，该地已吸引南非、英、法等18个国家外籍人士的投资，建成“洋家乐”60余家。在他们的带动下，“洋式＋中式”的乡村度假模式逐步形成，这里以高端白领和外国游客为服务对象，常年入住率在80%以上，日人均消费超过1200元，高于普通游客人均消费水平，极大地带动了当地经济的快速发展①。

（3）要素市场化水平提高。浙江省生态补偿制度不但促进了地区产业结构的调整优化，也在一定程度上提高了生态要素的市场化水平。生态补偿制度的实施通过解决好公共产品消费中“搭便车”现象以及生态

① 浙江湖州发展乡村生态旅游的探索与实践. 新华网. 2015－05－25，http：//news.xinhuanet.com/local/2015－05/25/c_1115401513.htm.

投资者合理回报的问题（沈满洪等，2004），生态环保需求者支付相应的费用，生态环保投资者获取合理收益，使生态要素从“无价”到“有价”，从而实现生态要素市场化水平的提高。

浙江省在实施生态补偿制度时，注重发挥市场的力量来提升环保工作成效，如积极探索环保类项目市场化运作。以往千岛湖湖面垃圾打捞工作都是由淳安县政府组织开展的，在汛期时协调和组织沿湖各乡镇及相关部门单位联动打捞，每年的打捞费用是一笔不小的开支。据统计，1999—2013 年千岛湖共打捞湖面垃圾 90 余万立方米，而 2013 年一年就达到 15.5 万立方米，淳安县仅垃圾打捞费每年开支近千万元。为此，淳安县在 2014 年改变了原有的打捞机制，从政府直接参与打捞工作逐步转变为市场化打捞运作。市场化的打捞运作节约了打捞经费。同时，创新的湖面垃圾打捞机制对政府的监管职能和打捞职能进行分离，环保局负责对湖面垃圾打捞工作进行监管及考核，社会力量负责打捞作业的具体事务（胡月华，2014）。市场化打捞模式已经取得了明显的效果，这也为下一步全面推进市场化打捞奠定了基础和积累了经验。同时淳安县还将继续推进农村生活污水处理设施运行维护和农村垃圾中转收集等市场化运作，提高环境保护的水平和效率①。

3. 社会效益得到彰显

（1）协调了经济—社会—生态关系。浙江省虽然是我国东部经济比较发达的地区，但是仍然面临着不同地区经济发展不平衡、地区环境保护责任和利益不平衡的问题。随着社会经济发展，对重要河流生态系统保护区域环境保护目标的要求不断提高，制约了保护区经济发展。生态补偿制度很好地解决了这一矛盾，下游对上游的经济补偿不但能够使上下游之间经济环境协调发展，还能够很好地改善上下游区域之间的关系，更好地促进社会和谐（陈锦其，2010）。2005 年浙江省曾经爆发了多次由生态环境问题引发的群体性事件，实施生态补偿制度以来，流域上下

① 淳安县环保局.淳安县实验区建设跟踪评价课题调研汇报材料（内部资料），2014.8.

游、左右岸之间的社会和谐度明显提高。

（2）加快了生态文明制度建设进程。党的十八大报告中突出的一点就是将生态文明建设纳入了中国特色社会主义事业，形成了“五位一体”的社会主义建设总布局。报告中明确指出要深化资源性产品价格和税费改革，建立反映市场供求和资源稀缺程度、体现生态价值和代际补偿的资源有偿使用制度和生态补偿制度。而浙江省作为生态补偿机制的“先行者”，早在 2005 年率先出台了《关于进一步完善生态补偿机制的若干意见》，完成了生态保护从无偿到有偿的历史性变革。杭州、湖州、绍兴、嘉兴、宁波市等地级市县（区）在此文件指导下，自上而下结合自身的实际情况也纷纷出台了关于生态补偿的相关政策法规。截至 2015 年，浙江省 11 个地级市均制定了生态补偿相关的政策法规，浙江省具有地方特色的生态补偿的法律体系初步形成。例如，温州市出台了《温州市人民政府关于建立生态补偿机制的意见》（2008）、《温州生态园生态补偿专项资金使用管理暂行办法》（2011）、《温州市生态补偿专项资金使用管理办法》（2011）等文件。为了使生态补偿政策更具针对性，大多数县市也出台了相关政策。

（3）发挥了生态补偿制度典范效应。首先，浙江省生态补偿制度对其他地区而言具有一定的参考意义。浙江省生态补偿制度改革的探索为生态补偿制度在我国的全面推行树立了一个范例，同时证明这一制度是可行的。其次，浙江省生态补偿制度对于其他地区而言具有一定的借鉴意义。浙江省在这十多年探索里，解决了很多问题，推动了很多相关制度的创新，这为其他地区的制度移植和实施提供了宝贵的经验。最后，浙江省生态补偿制度对其他地区而言具有一定的启发意义。浙江省生态补偿制度在被其他地区学习和借鉴的过程中将遇到更多的问题，这些问题的解决有助于全国更好地实施和完善生态补偿制度（沈满洪等，2013）。

五、浙江省生态补偿制度的基本经验

1. 浙江省生态补偿制度改革是一种“自下而上”的制度蝶变过程

制度的创新与演化是制度的供给方和需求方不断磨合的一个过程，同时也是从非均衡状态向均衡状态过渡的一个阶段。生态补偿制度作为一项具体制度，同样具有一般性制度的演化规律。生态补偿制度在浙江省衍生的背景有两个：一个是浙江省作为经济强省，经济总量一度位列全国前三，经济发展速度非常快；另一个背景是浙江省作为名副其实的资源小省，自然资源相对匮乏。如此巨大的经济发展对生态环境构成了一定压力。在权衡经济快速发展与资源过度开发使用造成的生态破坏的利弊时，浙江省能在全国范围内率先推出生态补偿制度的原因有二：其一，浙江省生态环境面临的压力较大，改善生态环境的任务艰巨，环境制度改革与创新迫在眉睫。由此来看，浙江省对生态补偿制度存在需求。其二，浙江省是发达省份，强大的经济实力是实行生态补偿的根本保障，浙江省的经济状况允许其进行制度创新的尝试。因此，浙江省对生态补偿制度存在着有效需求。

自 2005 年浙江省提出生态补偿制度开始，至今已有十多年，这期间生态补偿制度在浙江省的生态实践中不断改进和完善。实际上，浙江省的生态补偿制度改革是“自下而上”的一个制度蝶变过程，包含两层含义：一是浙江省生态补偿制度是自下而上产生和推广的。浙江省生态补偿是以德清县水源地保护为起源的，进而到杭州市于 2005 年出台了《关于建立健全生态补偿机制的若干意见》，再到浙江省紧跟其后出台《关于进一步完善生态补偿机制的若干意见》，继而到 2012 年浙皖两省共同签订流域生态补偿协定，从县到市，再从市到省，继而从省到跨省的一步步的探索都体现了一种“自下而上”的制度改革模式。二是浙江省生态补偿制度改革是一个蝶变过程。浙江省生态补偿制度的“雏形”是用经济手段来解决环境保护的正外部性问题，在生态补偿制度改革上，浙江省面临较大阻力，国内没有经验可供借鉴，完全是“摸着石头过河”，这个过程困难重重。因而，生态补偿制度从最初的“经济手段”到“制度”的定性过程是浙江省生态补偿制度一个艰难的蝶变过程。

2. 浙江省生态补偿制度改革是与阶段性浙江精神高度耦合的实践

2002年6月，浙江省第十一次党代会提出建设“绿色浙江”目标。时任省委书记张德江指出：建设“绿色浙江”是全省实现可持续发展的大事。必须从全局利益和长远发展出发，把发展绿色产业、加强环境保护和生态建设，放在更加突出的位置。2003年，浙江省委、省人民政府作出建设生态省的战略决策。同年年7月，时任省委书记习近平在省委十一届四次全会报告中，把“进一步发挥浙江的生态优势，创建生态省，打造‘绿色浙江’纳入到‘八八战略’”，打通了发展绿色经济和营造绿色环境的关节点，标志着生态环境保护上升到绿色发展的战略层面。而在此期间，浙江省生态补偿开始进行基层局部探索，以德清县为代表。

2005年8月，时任浙江省委书记习近平同志在浙江安吉余村考察时，提出了“绿水青山就是金山银山”的科学论断。有力推动了浙江省生态经济建设的实践进程。在这种思想的指导之下，浙江省开始总结基层探索的经验。杭州市率先将基层经验以政策文件的形式展现出来，于2005年出台了《关于建立健全生态补偿机制的若干意见》，同年，浙江省进行了生态补偿制度的省级层面的宣传与推广。

从浙江省第十二次党代会以来实现了浙江省生态实践从综合的绿色浙江建设到高度文明的生态浙江建设的转型。在“生态浙江”精神的影响下，浙江省的生态补偿制度改革有了一次大飞跃。2013年浙江省与安徽省签订了跨流域的生态补偿协定，这是浙江省生态补偿制度改革路上一块重要的里程碑。

2014年5月23日，中国共产党浙江省第十三届委员会第五次全体会议通过了《中共浙江省委关于建设美丽浙江创造美好生活的决定》，至此“两美浙江”精神正式形成。在这种精神的带动下，浙江省生态补偿制度改革继续推进与改善，以期为“两美浙江建设”提供助力。

“绿色浙江”、“生态浙江”、“美丽浙江”三者一脉相承，互为一体，三者是浙江省领导班子工作重心的体现，同时也是浙江省环境保护实践和认识的重要思潮结晶，展现了浙江省生态实践的脉络和方向。浙江省生态补偿制度改革与这三种浙江当代精神具有高度的耦合性，每一种精神的出现都引领着生态补偿制度改革进一步的极大跨越。因此，浙江省生态补偿制度改革是与当代浙江精神高度耦合的生态实践。

3. 浙江省生态补偿制度改革是与地区产业结构调整相契合的战略

浙江省的生态补偿实践不仅仅是一种发展思潮的转变，也是一项要素市场化和产业结构调整相契合的地区战略。党的十八大报告提出：要发挥市场的决定性作用。但类似于水、空气等自然生态资源根本就没有现成的市场进行资源的有效配置，又如何发挥出市场的决定性作用呢？浙江省的生态补偿制度改革刚好就起到了一个衔接的作用，生态补偿制度的实施就为自然资源等公共物品提供了一个虚拟的市场，自然资源等公共物品从“无价”转向“有价”，生态补偿制度实现了生态要素的市场化。例如在流域生态补偿上，以前可以免费污染的水现在就可能要收费。虽然，生态补偿并不直接对水进行市场化，但对污染水的这种权利进行了市场化，也就是谁要想获得污染水的权利就必须为之付费，这是对水的某种属性进行了市场化，因而是生态要素间接的市场化。

同时，生态补偿制度的实施还对产业结构调整起到了重要的推动作用。主要有两层含义：其一，实施生态补偿制度以后，浙江省对企业进驻在环境要求上设置了门槛，必须达到门槛才允许企业进驻。这样就将重污染、高排放等对生态环境有重大危害的企业拒之门外；其二，自然资源等公共要素市场化以后，企业生产过程中的生态要素的使用已不再是免费，而是付费，市场化势必会增加企业管理的生产成本，重污染企业等对生态要素需求较大的企业增加的成本就较大。长期而言，会使得企业的总利益受损，甚至还会使得一些企业破产倒闭。在利润最大化的目标下，企业为避免利润损失会采取一些策略，包括改进技术、改变生产方式、产业转移等以降低生产成本。不论是何种策略，对浙江省产业布局都起到了产业结构调整的作用。由于要素市场化和产业结构调整是地区战略的两个重要部分，要素市场化是带动经济发展的“量”，带动市场这个大盘子，而产业结构调整是保障经济发展的“质”，两者的结合才能实现经济的文明发展。因此，浙江省的生态补偿制度改革是契合经济发展的要素市场化与产业结构调整的重要地区战略。

六、浙江省生态补偿制度存在的问题

1. 针对补偿主体：生态补偿主体界定模糊

生态补偿作为一种新型环境管理制度，在推行过程中还面临着许多困难和制约因素。最重要的因素是生态环境不仅为某一个或多个特定主体所享有，还具有很强的公共物品的特性。这种公共物品所体现的价值是一种生态服务，它往往游离在市场体制之外而被免费供给，如此，补偿主体的界定就会困难重重。

浙江省生态补偿实践中存在着补偿主体界定不清晰、生态受益者与生态保护者之间的利益关系严重脱节的问题，这些问题导致受益者权责落实不到位。由于生态资源具有明显的公共品性质，并且补偿涉及多方利益主体，主体不容易界定。例如，在流域生态补偿中，用水户作为流域生态服务的直接受益者，应该是流域生态补偿的主体，然而，由于浙江省并没有对流域生态补偿的主体作出明确的规定，主体不明确以至于责任分担不明，政府不得不成为流域生态补偿的责任主体，这加剧了各级地方政府的财政负担。实际上，政府不应该是流域生态补偿的责任主体，至少不是唯一主体。这就造成一个“困境”：补偿主体往往局限于政府，至今尚未按照“谁受益，谁付费”的补偿原则将生态保护受益者纳入补偿主体之中，受益者仍在无偿享受生态服务。

在浙江省生态补偿制度实施中，受偿主体的界定也是不明晰的。除了林业系统生态公益林的补偿是真正补给林农的：按照 27 元/亩的标准直接补给保护生态系统的林农。但是，在其他领域的生态补偿基本上是以项目形式补给政府的，没有考虑到参与生态保护的居民和企业。以“项目工程”方式进行的生态补偿，虽然便于操作，但容易导致生态政策短期性和不稳定性，同时，由于缺乏相应的项目资金监管机制，容易滋生寻租现象和腐败问题，给实施效果带来较大的风险和变数（葛颜祥，2011）。并且生态保护具有典型的正外部性，如果参与生态保护的居民和企业没有得到应有的补偿，会导致两个严重的后果：第一，挫伤生态保护者的积极性，可能出现生态破坏的败德行为。生态保护积极性的下降会影响生态补偿的效果，导致生态保护供给的不足，生态环境质量的下降，甚至恶化；第二，无视生态资源的宝贵价值，出现过度使用和浪费的现象。如果没有得到补偿，生态保护者可能会过度使用生态资源，以致资源枯竭（沈满洪等，2015）。

2. 针对补偿标准：补偿标准单一且偏低

补偿金额的多少以及怎么确定是生态补偿中一个重要的环节，这关系到补偿主客体之间以及生态补偿实施的效率与公平。补偿标准是生态补偿的核心，因为它关系到补偿的效果和可行性。理想的情况是，根据生态服务价值评估或者是生态破坏损失评估建立生态补偿标准，或者是在接受补偿意愿和支付补偿意愿之间进行协商平衡达成“协议补偿”（王金南等，2006）。但是由于国内还没有统一的生态服务价值评估和生态破坏损失评估标准，并且“协议补偿”也缺乏生态补偿相关利益者的广泛参与，所以浙江省现行的生态补偿标准存在补偿标准单一、补偿标准偏低等问题。

关于浙江省生态补偿机制在实施过程中存在补偿标准单一的问题。一方面，省内不同区域在生态环境以及经济结构方面存在巨大差异，但是各地各类生态补偿标准定价机制却过于简单，往往出现补偿标准“一刀切”的现象。根据《全国生态功能区划》的划分，由于生态区位的差别，各地具有不同重要的生态服务功能；而且由于经济发展程度的不同，各地开展生态补偿的成本也不一致。单一化的补偿标准使得一些地区出现了“过度补偿”、“低补偿”和“踩空”的现象（王健，2007）。另一方面，现行的生态补偿标准还存在静态补偿的问题。例如，浙江省在2008年发布《浙江省生态环保财力转移支付试行办法》，设置省生态环境财力转移支付资金。然而自试行办法执行以来，补偿标准没有根据国家或者区域环境与经济的发展进行动态调整。随着经济的不断发展，补偿标准若只停留在原来固定的水平上，就不能准确、动态地衡量一个地区为保护环境作出的贡献而应该受到的补偿额度，这样不利于生态补偿制度的进一步落实。

关于浙江省生态补偿机制在实施过程中存在补偿标准偏低的问题。根据学者们的测算，实际补偿额度与应该补偿额度之间存在一定的差距。生态补偿标准偏低在一定程度上削弱了有关人员和机构保护生态环境的积极性和能力。公益林的补偿标准普遍低于林地所产出的经济价值和生态价值（周子贵等，2008）。2015 年浙江省省级以上公益林的最低补偿标准由 27 元/亩提高到了 30 元/亩，但以 25 年的轮伐周期为准计算出来的用材林的经济效益则是 104 元/亩，实际公益林补偿标准仅仅是林地经济价值的四分之一。有关人员在德清县的调研中发现，由于高山茶经济效益明显，德清县县域周边部分地区出现了农户毁林种茶的现象，如果出现大面积砍伐森林植被种植茶叶容易导致水土流失，对生态环境造成破坏。

3. 针对补偿模式：生态补偿市场模式缺失

国际通用的生态补偿方式有政府补偿、市场补偿和社会补偿。其中市场补偿方式还可进一步划分为：直接公共支付、一对一交易（或限额）、私人直接补偿（即市场贸易）、生态产品认证计划。社会补偿则基于非政府组织、企业和个人捐赠为基础的生态补偿，它可以弥补政府效率损失和市场失灵。而浙江省生态补偿以政府补偿方式为主，市场化的补偿方式严重不足，并且自然资源供需关系还未完全理顺，市场补偿依据不够，责任主体界定不清，市场化运作机制不成熟。具体体现在以下两个方面：

第一，浙江省生态补偿实践中，总体上呈现出“纵向财政转移支付较多，横向财政转移支付较少”的现象。浙江省进行的补偿较多是财政专项补偿，主要是以省财政转移支付和专项基金为主，且以纵向转移支付占绝对主导地位，而区域之间、流域之间、不同群体之间的横向转移支付很少，生态资源开发地区、生态服务受益地区与生态资源保护地区、流域上游地区与下游地区之间缺乏有效的协商平台和机制。纵向财政转移支付是通过上级政府拨付财政转移资金给下级地方来实现对于各项生态环境保护项目的经济补偿。纵向补偿具有补偿数额大、资金周转效率高、地方使用灵活等优点，但是上级政府资金压力比较大，难以做到持久的补偿。横向财政转移支付是以实现流域生态服务水平均等化为主旨，实行的一种同级政府财政资金转移，主要是富裕的生态受益方向贫困的生态保护方转移财政资金（葛颜祥，2011）。横向转移支付减轻了上一级政府的财政压力，解决了“搭便车”的现象，符合“谁受益，谁付费”的原则。

第二，浙江省生态补偿基本上局限于政府补偿，市场补偿缺失。政府补偿具有强制性的特点，对于补给谁、如何补、补多少，达到什么样的生态环境目标才进行补偿，均由政府统一作出政策性规定。由于生态补偿是在政府强制性下统筹安排的，作为生态服务的利益相关者，尤其是受偿主体无法参与到政府的决策之中，只能一味地被动接受政府规定的补偿。另外，政府补偿使得生态受益者与保护者严重脱节，不符合“谁受益，谁补偿”原则，难以实现生态补偿各相关主体的权、责、利的统一。政府补偿资金多半来源于财政。由财政转移的形式来补偿生态保护者的利益损失，这无疑是利用全民的税收作为财源，变成全民对该环境的行为负责，违反了环境责任的原则。并且，政府补偿中存在的信息不对称、官僚体制本身的低效率、寻租的可能性以及政府预算优先考虑领域的转移等问题，都可能影响政府补偿的实际效果。

4. 针对补偿方式：缺少多样化的补偿方式

生态补偿方式按效果可分为输血型补偿和造血型补偿。具体包括：资金补偿、实物补偿、政策补偿、技术补偿以及项目补偿等，补偿方式呈现多样化的局势。而我省生态补偿方式比较单一，进行较多的是以省财政转移支付和专项基金为主的资金补偿。以资金的方式进行补偿，可以给被补偿方使用上极大的灵活性，但是资金来源有限，不能持续永久的补偿，并且不能从根本上帮助受补偿方“因保护生态环境而富”（沈满洪等，2004）。所以在生态补偿的实施过程中，必须实行多样化的补偿形式，如实物补偿（例如，采用农机具、劳力等实物形式给予补偿客体所需的部分生产和生活要素，增强其生产生活能力）、技术补偿（提供农业生物技术、农业机械帮助，配合农业生态补偿）、政策补偿（在财政税收、产业发展和投资项目等方面的支持和优惠）、民生补偿（医疗、社保、农村社会事业补偿）等。

5. 针对补偿保障性措施：生态补偿法律法规缺失

第一，浙江省生态补偿制度缺乏上位法。我国至今尚未出台与生态补偿直接挂钩的法律法规，现有涉及生态补偿的法律法规分散在多部法律之中，并且对于生态补偿也只有原则性的描述，很少涉及生态补偿的主客体，对补偿方式、标准等内容亦没有详细的规定，缺乏系统性和可操作性。由于上位法的缺失，导致在生态补偿的试点过程中，各部门之间出于自身利益考虑，难以协调配合。并且，对于生态补偿资金筹集、管理、使用、评估等方面法律法规的缺失，使得现有的浙江省生态补偿实践仅仅依赖于《关于进一步完善生态补偿机制的若干意见》的政策指导，然而省政府的该意见也仅仅是一个宏观指导性的文件，不具有法律强制性的支持和保障。生态补偿制度上位法的缺失，使得生态补偿制度的开展单纯地依靠地方政府政策的推动，制度的运行缺乏法律的支撑与保障。

第二，浙江省生态补偿制度的地方性法规不完善。浙江省在从 2005 年开始“自上而下”地探索生态补偿制度的过程中，各试点市县陆续出台了许多生态补偿地方性政策，初步构建了全省和地方试点的政策体系，但是对生态补偿的探索只有地方实践，并无法律法规支持，并且由于各市县开展生态补偿工作的时间不同，各自的做法也不尽相同，甚至有些措施与目前省里出台的政策也不一致，在一定程度上阻碍了生态补偿制度在浙江省范围内推广应用与统一开展。同时，由于多数地区对生态补偿缺乏地方性的法律法规保障，使得许多地区生态补偿的工作还放不开，影响了生态补偿制度试点的深入开展。

七、完善浙江省生态补偿制度的对策建议

1. 进一步明晰生态补偿主体

（1）明晰生态保护补偿主体。针对浙江省生态补偿主体基本上局限于政府的现象，浙江省生态补偿应该按照“谁受益，谁付费”的补偿原则，将生态保护受益者纳入补偿主体之中。对此，要根据实际情况区别对待：第一，在生态保护受益主体能够明晰而且生态效益可以计量的情况下，应该由受益者补偿。例如，在杭州市千岛湖引水工程中、在温州市珊溪水库引水工程中，杭州市或温州市居民和企业作为受水方，用水多少、水质如何等都是可以计量的，在这种情况下应该通过用水户有偿使用的方式实施生态补偿。第二，在生态保护受益主体不能明晰而且生态效益无法计量的情况下，应该由政府补偿。例如生态保护的碳汇效益，到底谁在受益、受益多少等难以界定，因此，只能采取政府补偿方式。当然，政府补偿可以采取多种方式补偿，既可以由上级政府补偿下级政府，也可以由下游地区的政府补偿上游地区的政府，还可以上下级政府共同补偿。第三，在生态保护受益主体部分可以明晰、生态效益部分可以计量的情况下，应该采取混合补偿。能够明确计量的部分采取受益者补偿，不能明确计量的部分采取政府补偿。

（2）明晰生态保护受偿主体。针对生态保护受偿主体界定不清晰的情况，浙江省生态补偿必须按照“谁保护，谁受益”的原则，将生态保护者纳入生态保护受偿主体之中。补偿客体可以分为两类：一类是人，一类是自然。生态补偿要么对为了提供各类生态服务的自然进行补偿，要么对自然资源利用过程中利益受损主体进行补偿。从浙江省生态补偿实际情况来看，生态补偿类型及其补偿客体具有特殊性，补偿的客体还是以“人”为主。基于生态保护是政府、企业、居民共同付出的结果，因此，受偿主体也应该是政府、企业和居民。例如，水源地保护区在分配上级政府以及可能来自用水户的生态补偿资金的时候，应该分别考察政府、企业、居民由于特殊严格的生态保护而导致的政府税收的损失、

企业利润的损失、居民收入的损失。以此作为依据分配生态补偿资金，真正按照“谁保护、谁受益”的原则使得每一个保护者均得到补偿。

2. 进一步提高生态补偿标准

（1）进一步提高补偿标准。针对补偿标准过低的现象，浙江省应进一步加大生态补偿标准。第一，要加大纵向的政府财政转移支付：一是要明确重点、指向清晰，增加对重点生态补偿对象、地区和范围内财政资金的支持力度；二是要逐步增加生态环境保护专项资金额度，各级财政要提出相应的配套政策，形成省、市、县三级财力资源在推动建立生态补偿制度上的聚合作用（韩志福等，2006）。第二，要加大横向的区域政府间的财政转移支付力度，让生态补偿的利益相关者都参与进来。横向的区域间生态补偿还需要政府部门主导，由政府搭建协商平台，完善支持政策，引导开发地区和受益地区与生态保护地区、流域上游与下游通过自愿协商建立横向补偿关系，采取资金补助、对口协作、产业转移、共建园区等方式实行生态补偿（吴国庆，2013）。

（2）探索编制资产负债表。浙江省在实施生态补偿制度过程中存在补偿标准“一刀切”的现象。“一刀切”的政策设计导致政策实施脱离实际。“一刀切”的补偿方式会带来“过度补偿”、“低补偿”和“踩空”等现象。因此，要探索制定自然资源资产负债表，为确定生态补偿标准提供技术支撑。自然资源资产负债表旨在核算自然资源资产的存量及其变动情况，以全面记录当期（期末—期初）自然和各经济主体对自然资源资产的占有、使用、消耗、恢复和增值活动，评估当期自然资源资产实物量和价值量的变化。这可以摸清某一时点上自然资源资产的“家底”，全面反映经济发展的资源消耗、环境代价和生态效益，可以作为生态环境补偿标准设计的基础。以自然资源资产负债表为依据，对于自然资源资产增值的地区应该给以补偿，对于自然资源资产贬值的地区应该要求负补偿，对于自然资源资产增值多的地区应该多补偿。

3. 进一步完善生态补偿方式

（1）继续完善政府补偿。在浙江省生态补偿未来的工作中，必须强化政府补偿，推进政府补偿渠道的多元化，具体可以从以下三个方面着手：

一是创新政府补偿政策。就生态补偿的资金来源而言，固化政府生态补偿资金来源。具体来说，在与生态建设相关的财政收入中划出一部分，或实施资源有偿使用制度，或针对负的生态效益外溢所形成的生态惩罚性收入，或征收土地出让金，或恢复开征环境补偿费等，并从中切出一部分设立由浙江省政府主导的生态补偿基金，按照专项资金管理办法进行管理。

二是优化财政转移支付。形成完整的补偿网络对于实现补偿渠道多元化是最为有效的保障，它需要中央政府、地方政府、民间补偿机构组织的介入，需要有效结合金融机构、环保社团及公益组织的参与。同时，在现有的浙江省财政转移支付制度中增加调整因子，也是一条重要途径。调整因子的设计会给地方政府一个明确的政策信号，即保护政策环境也能得到好处，从而增强各类生态补偿客体保护生态环境的积极性。

三是完善财政管理政策。现有政策与生态补偿制度最大的矛盾是生态补偿管理的部门化与生态补偿责任的地方化之间的矛盾。因此，要强化环保部门的职能，全省生态补偿的职能应该由环保部门统筹，生态效应生产地与收益地政府的协商应由环保部门来进行仲裁。

（2）积极探索市场补偿。市场补偿是政府补偿的有益补充，它是生态补偿制度创新的主要方向，具有补偿主体的多元化、补偿主体的平等自愿性、补偿机制的市场激励性等特点。市场补偿方式的优势领域在于那些能够明确界定私人环境资源产权的物品。当然，市场补偿份额占生态补偿总额比重不大有政府的原因，但更深层次的原因在于信息不对称、交易成本过高等。一般而言，规模较大、补偿主体分散、产权界定模糊的生态服务适宜于政府补偿，规模较小、补偿主体集中、产权界定清晰的则适宜于市场补偿。目前，中国市场化程度发育不成熟，各级政府需充分调动市场资源参与生态补偿机制之中。具体可以从以下两个方面着手：

一是逐渐淡化政府在环境保护中“主要责任者”的角色。随着市场化程度的提高，浙江省各级政府将以“弱干预”的方式给予补偿，为市场补偿的发育提供保障，而市场在生态补偿中的地位将日益凸显。

二是完善竞争与激励机制。在利润最大化目标下，如果没有外部约束和激励机制，要企业拿出资金为公共事业的发展服务难度很大。充分利用市场资源筹集生态补偿资金的途径包括：通过生态成本内置为企业内部成本，实现资源环境有偿使用，通过约束机制来促进企业形成生态保护、生态建设和生态补偿的资金来源；通过政府政策引导，如减免税、贴息、优惠的政策性贷款等，利用激励机制，引导社会资金成为生态补偿资金的来源，以弥补政府补偿方式的缺失（任勇等，2008）。

4. 进一步健全生态补偿法律法规

（1）加快推进国家层面的生态补偿制度立法。浙江省要积极呼吁国家层面的生态补偿制度立法，切实解决生态补偿制度推行所面临的上位法缺失问题。国家层面，应尽快通过立法程序将生态补偿制度的原则具体落实到政策法律制度的框架中；明确各方权责利相统一的办法；规范补偿资金来源的渠道，提高生态补偿运作的稳定性，切实保障生态补偿制度有法可依。

（2）加快完善生态补偿制度的地方性立法。浙江省在已有的生态补偿制度政策文件体系与地方法规的基础上，需要依据“谁受益，谁补偿”、“谁破坏，谁赔偿”的基本原则，进一步修改完善《浙江省生态补偿环保财力转移支付试行办法》，抓紧起草《浙江省生态补偿资金使用条例》、《浙江省生态补偿监管条例》等政策条例，明确生态补偿制度的政策、法规依据。同时，应加强全国政策文件的统一规范，为生态补偿在全国一体化推行创造良好的政策制度环境。

【参考文献】

[1] 沈满洪，魏楚，谢慧明等. 完善生态补偿机制研究 [M]. 北京：

中国环境出版社，2015.

[2] 沈满洪，陆菁. 论生态保护补偿机制 [J]. 浙江学刊，2004 (4).

[3] 马爱慧，蔡银莺，张安录等. 耕地生态补偿相关利益群体博弈分析与解决路径 [J]. 中国人口资源与环境，2012 (7).

[4] 李晓光，苗鸿，郑华等. 生补偿标准确定的主要方法及其应用 [J]. 生态学报，2009 (8).

[5] 王蓓蓓，王燕. 流域生态补偿模式及其选择研究 [J]. 东农业大学学报（社会科学版），2009 (1).

[6] 沈满洪. 环境经济手段研究 [M]. 北京：中国环境科学出版社，2001.

[7] 耿雷华，李原园，黄昌硕等. 水源涵养与保护区域生态补偿机制研究 [M]. 北京：中国环境科学出版社，2010.

[8] 郑海霞，张陆彪. 流域生态服务补偿定量标准研究 [J]. 环境保护，2006 (1).

[9] 郭少青. 论我省跨流域生态补偿机制构建的困境与突破——以新安江流域生态补偿机制为例 [J]. 西部法学评论，2013 (6)：23—29.

[10] 浙江省林业厅. 浙江省森林资源及其生态功能价值报告 (2013) [N]. 浙江日报，2014-01-17.

[11] 浙江省环保局生态处. 浙江：生态补偿机制的先行者 [J]. 环境经济，2006 (7).

[12] 祝梅，何晓玲，陆阳. 浙江提高公益林补偿标准 [N]. 浙江日报，2014-09-12.

[13] 胡月华. 管理创新，只为护住这一湖秀水 [N]. 钱江晚报，2014-08-15.

[14] 陈锦其. 浙江生态补偿机制的实践、意义和完善策略研究 [J]. 中共杭州市委党校学报，2010 (6).

[15] 沈满洪，谢慧明，周楠. 排污权制度改革的“浙江模式” [J].

中共浙江省委党校学报.2013（6）.

[16] 葛颜祥，王蓓蓓，王燕等.水源地生态补偿模式及其适用性分析［J］.山东农业大学学报，2011（2）.

[17] 沈满洪，谢慧明，王晋等.生态补偿制度建设的“浙江模式”［J］.中共浙江省委党校学报，2015（4）.

[18] 王金南，张惠远.生态补偿机制五问［J］.时事报告，2006（6）.

[19] 沈满洪.生态文明制度建设的“浙江样本”［N］.浙江日报，2013－07－19.

[20] 王健.我国生态补偿机制的现状及管理体制创新［J］.中国行政管理，2007（11）.

[21] 王金南，万军，张惠远.关于我国生态补偿机制与政策的几点认识［J］.环境保护，2006（10）.

[22] 周子贵，盛萍萍.浙江省重点生态公益林建设及发展对策研究［J］.浙江林业科技，2008（5）.

[23] 韩志福，张鸿铭.生态补偿机制与政策设计［M］.北京：中国环境科学出版社，2006.

[24] 吴国庆.完善生态补偿和奖惩机制的对策建议［J］.政策瞭望，2013（11）.

[25] 任勇，冯东方，俞海等.中国生态补偿理论与政策框架设计［M］.北京：中国环境科学出版社，2008.

（**本章执笔：**张迅，浙江省生态经济促进会副会长兼秘书长；王晋，浙江省经济信息中心；沈满洪，宁波大学校长、浙江省生态文明研究中心主任）

分论之三：浙江排污权制度建设及改革报告

党的十八大报告要求“积极开展节能量、碳排放权、排污权、水权交易试点”（胡锦涛，2012）。《中共中央关于全面深化改革若干重大问题的决定》进一步强调，“发展环保市场，推行节能量、碳排放权、排污权、水权交易制度，建立吸引社会资本投入生态环境保护的市场化机制，推行环境污染第三方治理。”① 这意味着推进市场导向的环境治理机制是大势所趋。排污权交易是运用市场机制促进污染减排、提高环境容量资源配置效率的有效手段，是推进环境保护体制创新的重要突破口，也是地区环境保护制度创新的一个典型。嘉兴市秀洲区早在2002年就自主探索并首创排污权有偿使用制度，浙江省于2009年在全省范围内试行排污权有偿使用和交易制度，是财政部和环保部确定的三个省级试点地区之一。浙江省在排污权交易试点过程中始终遵循环境资源“有限、有价、有偿”的理念，将试点严格置于污染物总量控制制度下，通过市场和政府调控，着力建立反映市场需求和资源价值的制度体系②。本部分内容通过分析排污权制度的理论基础及其内涵，回顾了浙江省排污权制

① 中共中央关于全面深化改革若干重大问题的决定．人民日报．2013－11－16，http：//paper.people.com.cn/rmrb/html/2013－11/16/nw.D110000renmrb_20131116_2－01.htm.

② 排污权交易的“浙江样本”．中国财经报．2014－06－13，http：//www.mof.gov.cn/zhengwuxinxi/caijingshidian/zgcjb/201406/t20140613_1098729.html.

度建设的改革发展历程，阐述了该制度建设的基本特征，从环境效益、经济效益和社会效益这三大效益出发评价了该制度改革的初步成效，总结了该制度建设的基本经验，并就浙江排污权制度建设存在的突出问题提出有针对性的对策建议。

一、排污权制度的理论基础及其内涵

1. 排污权制度的理论基础

新制度经济学创始人科斯认为，产权的明晰界定可以有效解决经济发展过程中所产生的外部性。这一理论的提出为环境保护经济学提供了一种新的发展思路。1960 年科斯在《社会成本问题》一文中提出：在某些条件下，经济的外部性或非效率可以通过当事人的谈判而得到纠正，从而达到社会效益最大化。这就是科斯定理的原始思想。后人把这一思想命名为科斯定理。科斯定理又可分为科斯第一定理和科斯第二定理。科斯第一定理是指，在交易成本为零的情况下，权利的重新安排并不能改变资源的配置效率，通过市场交易和资源协商达到资源的最优配置，但是权利的界定必须明晰。正如科斯本人所说，权利的界定是市场交易的基本前提。科斯第二定理认为，当交易成本不为零时，产权的初始界定有利于提高效率，不同的权利配置会带来不同的资源配置，制度安排与选择是重要的。也就是说，交易费用的存在会使权利重新界定，从而必然会对经济效率产生影响，如果交易费用过高，从社会角度看，权利的重新界定就有可能是不值得的（费尔德，2002；沈满洪等，2005）。科斯定理发现和澄清了交易费用和财产权对经济的制度结构和运行的意义，突破了传统的“庇古税”理论指导下的由政府征税或补贴来解决环境外部性内部化的思路，强化了市场是解决环境问题、改善环境质量的有效途径的思想。

基于科斯定理的排污权制度的推出要明确两个问题：第一，初始产权问题。科斯定理通过排污权制度将污染的外部效应予以内部化，强调资源配置的优化与权利配置无关，但是权利的界定必须要明确，即“允许排污”或“禁止排污”作为一种权利归属界定要清晰，通过权利的清晰界定提升资源配置的效率，合法权利的界定是启动市场配置资源的根本前提（吴玲，2007）。在排污权交易制度中，任何企业或组织只有拥有了排污许可，才拥有了按规定排污的权利，这种权利的获得是通过购买排污权来实现的，企业或组织获得排污资格可以自行治理污染以及出售排污权，这便使得排污资格得以产权化。第二，交易费用问题。科斯第一定理假设交易费用为零，但现实经济生活中交易费用不可能为零，所以科斯第二定理强调了交易费用的重要性。交易成本的高低会影响排污权制度的安排（包括资源配置方式和手段），不同的制度安排将产生不同的资源配置效率结果。排污权制度制定者应围绕如何降低交易费用而展开，以保证资源配置的效率（胡民，2008）。在实际经济活动中，交易费用往往被视为市场经济中的噪音，但它又存在于环境资源配置的每一环节，对于排污权政策制定者而言，交易费用的存在会使得初始产权分配影响市场配制的最终效率。

排污权交易制度的关键是建立一个有效的排污权交易体系，以保证将环境容量资源使用中的外部性充分内部化，同时激励环境容量资源的所有者更有效地使用或转让环境容量，调动排污单位治理污染的积极性，从而实现环境容量资源的高效配置。总之，科斯定理为排污权制度的建设与实施提供了坚实的理论基础。

2. 排污权制度的内涵

排污权理论由美国经济学家戴尔斯于 1968 年在《污染、财富和价格》一书中最先提出并发展而来。他认为传统的环境管理除了政府干预外，并没有给企业任何的激励措施去保护，如果能建立一个排污权交易市场，企业就会发现，只要有效减少了排污，他们就能同污染排放较多的企业进行交易而获得资金（戴尔斯，1968）。具体而言，政府作为社会的代表及环境资源的拥有者，可以把排放一定污染物的权利像拍卖行中的拍卖品一样卖给出价最高的竞买者。污染者既可以从政府手中购买这种权利，也可以向拥有污染权的污染者购买这种权利，同时污染者相互之间也可以出售或者转让污染权。鲍莫尔和奥茨在理论层面上证实了戴尔斯的设想，同时提出了许可证交易体系。蒙哥马利（Montgomery）利用应用数理经济学的方法，证明了排污权交易机制具有污染控制的效率成本，即实现污染控制目标最低成本的特征（蒙哥马利，1972）。20世纪70年代美国环境保护署首先将排污权交易理论付诸实践，将其运用于大气污染源及河流污染源管理，并取得了巨大成功。Tietnberg（2008）提出，相比于传统体制，排污权交易更具可行性，企业可通过改变治理方式减少成本，提高污染治理的积极性。

根据戴尔斯理论，“免费的”环境资源转换为有偿使用的排污权在排污者之间进行交易是治理环境问题最有效的手段。从经济学意义上来看，排污权是指排污单位对环境容量资源的使用权①。排放污染物使用了环境资源，而环境容量资源是稀缺的，因此，排放的污染物总量不能超出环境容量。从法学意义上来看，排污权实际上是一种行政许可性权利。排污者必须向环保部门申请排污许可，在许可的范围内排污超过是要受到惩罚的。综上，排污权是指在一定区域的允许排污总量在环境容量决定的前提下，排污单位按照排污许可所取得的排污指标向环境排放污染物的权利（沈满洪等，2009）。实质上，排污权制度是政府用法律制度将排污权与市场交易机制相结合，使政府这只“有形之手”和市场这只“无形之手”紧密结合来控制环境污染、解决环境资源问题最有效率的机制（吴玲，2007）。基于戴尔斯理论，排污权制度的内涵主要体现在以下三个方面：

第一，基于环境容量确定排污总量。排污总量的控制是实施排污权交易的前提条件。戴尔斯理论提出的直接目的是为了控制污染物排放，即要进行排污权交易必须先对污染物排放总量进行控制，没有排污总量的限定，排污权的有偿使用与交易就没有意义（张荣社，2016）。排污总量控制与环境容量的大小是紧密相连的，政府要根据某个地区要实现

① 环境容量指的是在人类社会和自然环境不致受害的前提下某一区域所能容纳的污染物的最大负荷量。

的环境质量目标，确定该地可容纳的污染物总量，采取措施使得排入的污染物总量不超过可容纳的污染物总量，以保证实现环境质量目标（沈满洪等，2009）。一个区域的环境容量越大则该区域所能核定的排污总量就越大，反之，则越少。只有污染物排放总量在环境容量之内，污染物质才不会积累，环境质量才不会恶化，从而促使环境资源在质的方面实现可持续利用。

第二，基于排污总量进行权利分配。排污权的初始分配是实施排污权制度的基础。戴尔斯认为，政府是社会的代表及环境资源的拥有者。因此，排污权的初始分配应由政府依据公平性和有效性原则进行，即实现对环境容量这一公共资源使用权的分配（胡民，2008）。排污权初始分配模式主要有三种：竞价拍卖、政府无偿分配和固定价格出售。不同的分配方式各有其特点和优势，在排污权交易的实践中各国均有采用。因此，各地应根据具体情况，选择适合于本地区实际的分配方式。排污权的初始分配完成后，由政府颁发初始排污权的许可证给排污单位，排污许可证是排污单位得到的排污权的具体体现。

第三，基于分配所得实施排污权交易。排污权交易是实施排污权制度的关键。根据戴尔斯理论，排污权交易可以在政府之间、政府与排污单位之间以及排污单位之间互相进行。排污权交易有广义和狭义之分，广义上的排污权交易是政府之间、政府与排污单位之间以及排污单位之间的排污权交易，其中政府之间、政府和排污单位之间的交易属于排污权交易的一级市场。狭义的排污权交易仅指排污者之间的排污权交易，属于排污权交易的二级市场。污染物排放单位将持有的排污权重新分配，实际上是重新分配了污染物排放削减责任，使削减成本低的污染物排放单位持有较少的排污权，削减较多的污染物排放量，使得排污单位单纯的治理污染物行为转变为自觉的经济行动，促使企业通过改造技术或排污治理腾出一定量的排污权（沈满洪等，2009）。

综上所述，排污权制度是指排污权有偿使用与交易的制度，是指在区域污染物排放总量控制的前提下，面向合法排污单位进行排污指标初始分配，允许具有不同边际治污成本的排污单位进行排污权交易，以此实现污染减排与环境治理目标的制度安排。

二、浙江省排污权制度改革与发展的历史回顾

1. 自主探索阶段（2002—2006）：区级层面尝试

“十五”以来，作为经济先发地区的嘉兴市秀洲区，一方面面临经济发展的新一轮跨越，另一方面又遭遇环境容量资源的严重不足：水环境容量已近饱和；水环境质量尚未达标；水污染结构发生变化（沈满洪，2006）。粗放式的经济发展模式必然导致秀洲区需要更多的环境容量资源，而特殊严格的环境保护政策却又要求秀洲区减少污染的排放，环境经济矛盾日益凸显。因此，调节经济发展与环境保护之间的平衡对于当地政府而言已经迫在眉睫。

2001 年秀洲区环保局领导从环境统计结果中找到了突破口，打算采取“环境容量置换法”，即通过工业排污指标的有偿使用为生活废水的处理筹集资金，而通过生活废水处理削减污染量，部分削减指标可用于工业经济的发展（郭荣根等，2002）。事实上，这种方式就是把环境容量当做一件特殊商品，使得排污者不得不有偿排污，从而控制污染物总量。2002 年 4 月，秀洲区政府出台了《秀洲区水污染排放总量控制和排污权有偿使用管理试行办法》，确定以企业环境影响评价批复中规定的污染物排放量为基准并参照 2000 年太湖流域治理达标时企业拥有的污水处理设施的处理能力来分配初始排污权，并以固定价格出售（旧企业价格优惠），有效期为 50 年。同年 9 月，秀洲区率先在省内推出《污染物总量控制和排污权交易试点办法》。环保部门根据两条原则向企业分配初始排污权：一是企业环境影响评价批复中规定的污染物排放量，二是参照 2000 年太湖流域治理达标时企业拥有的污水处理设施的处理能力。在确定排污权有偿使用价格时，秀洲区环保局参照建造日处理一万吨级生活污水集中处理厂的投资成本，计算出每吨废水的排污权购买价格为 300

元[①]。同年10月，来自秀洲区洪合、王店等镇的泰石漂染厂等11家企业在“全区首批废水排污权有偿使用启动仪式”上办理了排污权有偿使用手续，合同成交金额约143万元，实际到位资金近百万元，开创了中国排污权有偿使用的先河。

经过四年的探索，秀洲区在2005年共有54家污水排放企业购买了排污权，交易金额达720多万元（杜德荣，2006）。“秀洲模式”实现了“多赢”目标：通过环境经济制度创新，实现了预定的环境保护目标，全区工业废水的排放量低于嘉兴市下达的排放指标；通过设置“经济壁垒”促进了产业结构调整，高附加值的优质产品增多；通过有偿使用制度，拓宽了环境保护融资渠道（沈满洪等，2010）。

这一阶段中，“秀洲模式”实质上为地方政府提供了一个强大的内在融资激励：行业减排成本越低，政府从置换中得到的融资越多，收益越大；闲置的排污权越多，政府回购的排污权也越多，出售排污权的收益也越大（沈满洪等，2010）。因此，地方政府具有极强的制度创新动力，这为排污权制度在地市层面乃至更广阔地区推广创造了条件。

2. 深化实践阶段（2007—2009）：地市级层面应用

“十一五”时期，国家开始实施主要污染物总量控制并下达减排任务。浙江省人民政府要求嘉兴市以2005年环境统计为基准，在“十一五”期间每年完成COD和SO_2分别削减3.5%和3.6%的任务。为完成约束性减排任务，缓解经济发展中的环境压力，嘉兴市在秀洲区自主探索排污权有偿使用制度的基础上，开始在市级层面推广应用排污权制度。2007年9月，嘉兴市人民政府正式颁布实施《嘉兴市主要污染物排污权交易办法（试行）》；2007年11月，嘉兴市排污权储备交易中心正式挂牌运行，“秀洲模式”扩展至“嘉兴模式”。2007年11月到2009年11月，已有890家企业参与排污权有偿使用和交易，总交易额达1.49亿元。

① 浙江嘉兴秀洲试水“排污权”调查．中国水网．2005－8－28，http：//www.h2o－china.com/news/40040.html.

随后，浙江省内其他地市也相继开展试点，树立了多个排污权制度的实践典型。2007 年，绍兴市试点排污权制度。其特色是在处理新老污染源关系时，采取老污染源排污入网费自动转换为排污权有偿使用金的管理方式，顺利解决了老污染源的问题，并在排污权抵押贷款制度方面先试先行。2008 年，湖州市启动排污权制度试点。其特色是根据太湖流域污染防治的实际情况，增加了氨氮、总磷两项排污权交易指标。2009 年，台州市启动排污权交易制度试点。其特色是在跨产业排污权交易方面进行了尝试，将农村环境综合整治过程中形成的污染物减排量通过交易作为企业发展之用。县级市的试点成效也十分显著，如桐乡市积极推进刷卡排污制度，平湖市开展排污权租赁工作，南湖区确立排污权回购制度和排污权拍卖机制，兰溪市全面开展排污许可证发放工作，建立“一企一档案”制度等。

据中国环保新闻网报道，截至 2015 年 6 月，嘉兴市排污权有偿使用和交易累计金额达 11.96 亿元，总金额占全省三分之一。其中，初始排污权有偿使用企业累计 2188 家，有偿使用金额 8.18 亿元；排污权交易累计 2419 笔，交易金额 3.04 亿元；企业间交易 124 笔，交易金额 0.66 亿元；临时排污权交易累计 468 笔，交易金额 0.08 亿元。而且，嘉兴市排污权交易制度改革的探索不断深化，先后实行排污权抵押贷款机制、排污权公开竞价方式等。截至 2015 年 6 月，全市累计完成排污权抵押贷款 106 次，发放排污权贷款 3.76 亿元。南湖区、平湖市、海宁市已多次开展公开竞价，全市参与拍卖企业达 108 家次，成交金额 2908 万元，平均成交价分别为：化学需氧量 20 万元/吨以上，二氧化硫 2.1 万元/吨，氨氮 11.94 万元/吨，溢价高的达十余倍①。一些地市积极开拓创新，如 2014 年 11 月绍兴市在全国首创排污权淘宝网拍卖模式，引来 112 次竞价，完成交易 863 笔，交易额 1.96 亿元；其中企业与企业交易 81 笔，交易金额为 1.4 亿元。这一鲜明的对比揭示出排污权制度的开展具有内

① 嘉兴排污权交易额累计达 12 亿占浙江省三分之一. 中国环境信息网. 2015-09-08 日，http://jiaxing.cepnews.com.cn/news_528492.html.

在动力。截至 2015 年底，浙江省 11 个设区市及 90 个所辖县均已开展排污权交易试点的工作，走在了全国前列。

市级层面排污权有偿使用与交易制度的顺利推广，充分发挥了价格机制的作用，也展现了市场机制用于治理污染问题的有效性。与区级层面尝试阶段相比，市级层面的探索阶段中政府推进制度创新的动力不再局限于排污权有偿使用费的融资激励，更在于如何运用市场机制来实现地区排污总量控制的目标。尽管排污权制度在推行过程中一度饱受质疑，但这一制度创新会因其具有制度移植和推广的内在动力彰显自身的魅力，从而更加顺应地区经济社会的可持续发展。

3. 全面推广阶段（2009—2016）：省级层面推行

自开展排污权制度探索以来，各级政府从有偿使用中获得了更多可以支配的有偿使用资金，企业在排污权制度下取得了排污权及排污权的升值收益，浙江省的经济社会实现了在总量控制下的减排目标。排污权制度所显示的综合效益使得该制度在浙江省全省范围内不断地被推广移植，有力促进了全省生态文明建设。

2009 年 3 月，浙江省按照环境保护部、财政部批准的《浙江省主要污染物排污权有偿使用和交易试点工作方案》正式启动全省排污权有偿使用和交易试点工作。2009 年 3 月 2 日，浙江省排污权交易中心正式挂牌。同年，省人民政府出台了《关于开展排污权有偿使用和交易试点工作的指导意见》，为制定全省排污权制度及政策确定了方向。2010 年，浙江省人民政府相继出台了《浙江省排污许可证管理暂行办法》和《浙江省排污权有偿使用和交易试点工作暂行办法》，规定浙江全省都将参与二氧化硫排污权有偿使用和交易试点；除宁波、舟山和丽水外，太湖流域、钱塘江流域和温州、绍兴、台州都将参与化学需氧量有偿使用和交易试点。2011 年以后，全省各地均实施了排污权有偿使用和交易制度。2012 年，浙江省建立了省级排污权交易平台，开创了排污权交易电子竞价机制。2014 年起浙江省在全省逐级建立排污权指标基本账户，实现对各地排污权指标的收入、支出和结余情况通过电子平台实行网上信息统一管理，有效解决了排污权指标的来源问题。同年出台的《中共浙江省委关于建设美丽浙江创造美好生活的决定》提出，要建立环境资源市场化配置机制，完善排污权有偿使用和交易制度，将其作为生态文明体制机制改革的重要突破口。2015年，根据国家环保部要求，氨氮和氮氧化物也将纳入总量控制，嘉兴市积极响应国家政策，已经将这两项指标新增至主要污染物交易指标。至此，浙江省开始全面推行排污权有偿使用和交易制度。

据浙江省排污权交易中心消息，截至2015年底，累计开展排污权有偿使用17862笔，有偿使用费37.88亿元，排污权交易6885笔，交易金额12.77亿元；排污权租赁504笔，交易额1178.53万元；另有555家排污单位通过排污权抵押获得银行贷款145.07亿元。2015年新增有偿使用4591笔，有偿使用金额17.42亿元，新增交易1960笔，交易金额3.88亿元。随着省级交易平台的搭建，从嘉兴市秀洲区区级范围到嘉兴市全市范围再到浙江省全省范围“自下而上”的排污权制度“浙江模式”初步形成。

浙江省在省级层面推行排污权制度是对该制度的一次综合。这一综合过程中，政府机制推动的特征显著，无论是在实施细则、操作规范还是排污权定价原则上，国家环保局、财政部和浙江省人民政府以及环保厅的积极筹备都是排污权制度在全省范围推广的最直接决定因素。同时，省级层面深入探索阶段中，各个地级市纷纷积极响应和贯彻执行排污权制度，市场机制的功能已初步显现，在推广应用阶段其功能更得到了充分发挥。

三、浙江省排污权制度改革与发展的基本特征

1. 以总量控制为前提，开展排污权有偿使用与交易

排污权制度是在总量控制的前提下推进污染减排的一项环境制度创新。总量控制是相对于浓度控制而言的，是以环境质量目标为基本依据，对区域内各污染物的排放总量实施控制的管理制度（沈满洪等，2014）。

排污权制度的开展是旨在以总量控制为前提，达到污染减排、环境改善、促进区域内经济社会环境协调发展的目的。

浙江省探索实行排污权制度并非允许企业“付了钱就可以随便排污”，而是要求在总量控制的大前提下开展排污权有偿使用与交易，企业能否取得排污权以及能购买多少排污量都要经过评估（顾春，2007）。浙江省环保厅明确规定，新建、扩建、技改项目新增主要污染物排放量，必须在总量平衡条件下寻找替代削减指标，就是在污染物排放总量控制条件下，新增的主要污染物排放量必须从已经占有环境资源的老企业在完成规定的减排任务后，从多削减下来的减排指标中解决，并规定新建、扩建、技改项目根据不同的行业以 1∶1.5 和 1∶1.2 的削减指标审批项目（蔡翡燕等，2010）。

在总量控制前提下，初始排污权的分配根据“新老划断、区别对待”的原则及“尊重历史、推进改革”的精神实行差别化的政策。假定历史上 t 期企业 i 的污染物排放量记为 $E_{i,t}$，那么整个地区污染物排放量记为 E_t，而且 $E_t = \sum E_{i,t}$。此时，每个企业在当地排放的污染物占地区污染物排放量的比重为 $r_{i,t} = E_{i,t}/E_t$。当在 $t+1$ 期实行总量控制政策后，整个地区污染物排放总量为 E_{t+1}。当减排目标设定为 $\alpha\%$ 时，那么此时这个地区所能够排放的污染物总量即为 $(1-\alpha\%)E_t$。如果区域内原有企业都参与了排污权初始分配，并且没有新增企业，那么本着尊重历史的原则，在总量控制政策下原有企业所能分配到的排污权数量为：

$$E_{i,t+1} = E_{t+1} \times r_{i,t} = (1-\alpha\%)E_t \times r_{i,t}$$

根据《浙江省排污许可证管理暂行办法实施细则（试行）》（浙环发〔2010〕65 号）的规定，浙江省鼓励排污单位采取先进的经济、技术和管理手段，持续削减主要污染物排放总量。排污单位削减的主要污染物排放总量指标，除满足县级以上人民政府下达的减排要求以外，经县级以上环境保护行政主管部门核定后可以储存，供其自身发展使用。在实施排污权有偿使用和交易试点的地区，削减的总量指标需满足交易试点的相关规定。

2. 以政策先行为保障，完善与排污权制度相关的政策法规体系排污权制度的推行与实施需要一个较为完善的政策体系作指引，制度运行必须拥有配套的总体实施办法、总量核算与分配技术方案、资金收支管理办法、交易规程规范等。浙江省排污权制度正是在一系列政策法规的指引下逐步开展实践并将之推广的。自 2002 年 4 月秀洲区出台《秀洲区水污染排放总量控制和排污权有偿使用管理试行办法》以来，各地区试点所出台的相关政策法规不计其数，如表3－1所示。

根据三个阶段的划分，标志性的政策法规如《嘉兴市主要污染物排放权交易办法（试行）》、《浙江省排污权有偿使用和交易试点工作暂行办法》等。从表 3－1 可以看出，截至 2015 年，浙江省 11 个地级市均有出台排污权交易机制的政策法规，表明排污权制度在浙江省得到了广泛的应用与推广。同时，排污权的政策文件一直在不断扩充与完善。该制度实施环节众多、步骤繁杂，在地方试点的过程中需要地方政府对每一个环节和每一个细节作出具体说明和详细规定。这些政策文件作为顺利开展排污权制度试点工作的有力保障，为浙江省省级层面政策法规体系的建设打下了坚实的基础。

表 3－1　浙江省各地市排污权有偿使用和交易制度相关政策法规一览表

地区	政策法规	出台年份
杭州	《杭州市主要污染物排放权交易管理办法》	2006
	《杭州市主要污染物排放总量控制配额分配方案》	2007
	《杭州市主要污染物排放权交易实施细则（试行）》	2008
	《杭州市污染物排放许可管理条例》	2008
	《杭州产权交易所主要污染物排放权交易规则（试行）》	2009
	《杭州市人民政府办公厅关于开展环境资源配置量化管理推动经济创新发展的实施意见》	2013
	《杭州市主要污染物排放权抵押贷款管理办法（试行）》	2014
	《杭州市建设项目和排污权交易总量审核管理暂行规定》	2015

续表

地区	政策法规	出台年份
宁波	《宁波市镇海区污染物排放总量有偿使用管理办法（试行）》	2008
	《宁波市镇海区排污许可证管理实施办法（试行）》	2008
	《宁波市镇海区污染物排放总量有偿使用管理工作相关具体规定及办法的通知》	2008
	《宁波市镇海区污染物排放总量核定办法（试行）》	2009
	《宁波市镇海区污染物排放总量有偿使用费专项资金征收使用管理（暂行）规定》	2009
	《宁波市排污权有偿使用和交易工作暂行办法实施细则（试行）》	2013
	《宁波市排污权有偿使用和交易工作暂行办法》	2012
	《宁波市排污权回购管理暂行办法》	2015
	《宁波市排污权租赁管理暂行办法》	2015
温州	《温州市排污许可证发放管理办法（试行）》	2009
	《温州市排污权有偿使用和交易试行办法》	2011
	《温州市排污权有偿使用和交易规则（试行）》	2011
	《温州市工业企业环境资源（排污权）配置综合评价激励实施意见（试行）》	2015
	《温州市储备排污权出让电子竞价程序规定（试行）》	2016
湖州	《湖州市主要污染物排污权有偿使用和交易管理暂行办法》	2008
	《湖州市主要污染物排污权交易实施细则（试行）》	2009
	《湖州市主要污染物排污权有偿使用和交易实施细则（试行）》	2010
	《湖州市本级排污权有偿使用和交易资金管理暂行办法》	2013
嘉兴	《嘉兴市主要污染物排污权交易办法（试行）》	2007
	《嘉兴市主要污染物排污权交易办法实施细则（试行）》	2007
	《关于进一步规范排污权交易工作的通知》	2008
	《嘉兴市商业银行排污权抵押贷款管理办法（试行）》	2008

续表

地区	政策法规	出台年份
嘉兴	《关于开展主要污染物排污权分配量核定工作的通知》	2009
	《关于进一步明确排污量核定过程中有关问题的通知》	2009
	《嘉兴市主要污染物初始排污权有偿使用办法（试行）》	2010
	《嘉兴市主要污染物初始排污权有偿使用实施细则（试行）》	2010
	《嘉兴市市级排污权有偿使用资金管理暂行办法》	2010
	《嘉兴市排污权储备与回购管理办法（试行）》	2015
	《关于加强建设项目主要污染物总量准入和事中事后监管的实施意见》	2015
绍兴	《绍兴市区排污权有偿使用和交易实施办法（试行）》	2008
	《绍兴市区排污权有偿使用金管理办法（试行）》	2008
	《绍兴市区排污权交易实施细则（试行）》	2009
	《绍兴市排污权抵押贷款管理办法》	2009
	《绍兴市区排污权有偿使用和交易试点工作实施办法》	2012
台州	《台州市主要污染物排污权交易办法（试行）》	2009
	《台州市工业企业排污总量核定意见（试行）》	2009
	《台州市可交易排污权认定工作程序（试行）》	2009
	《台州市排污权交易规则》	2010
	《关于台州市初始排污权有偿使用费征收标准的通知》	2013
	《台州市排污权交易实施细则》	2015
舟山	《舟山市主要污染物排污权交易管理办法（试行）》	2012
	《舟山市主要污染物排污权有偿使用和交易管理办法（试行）》	2012
丽水	《丽水市排污权有偿使用和交易管理办法（试行）》	2013
	《丽水市排污权有偿使用和交易规则（试行）》	2014
	《丽水市排污权有偿使用和交易管理办法实施细则（试行）》	2014

续表

地区	政策法规	出台年份
金华	《金华市排污权有偿使用和交易试点工作实施办法》	2012
	《金华市区排污许可证发放及规范化管理实施方案（试行）》	2012
	《关于切实加强排污许可证发放工作的通知》	2014
衢州	《衢州市排污权有偿使用和交易暂行办法》	2012
	《衢州市排污权有偿使用和交易实施细则》	2013
	《衢江区排污权有偿使用公告》	2015

资料来源：根据《浙江省排污权交易相关政策汇编》整理而成。

自2009年省级层面的排污权制度建设以来，浙江省开始推动排污权地方立法，坚持在省级层面推广排污权制度以政策法规为先行。截至2015年，省级层面共制定政策文件17个，形成了一整套独具特色、相对完善的排污权制度政策体系。自此，浙江省排污权有偿使用和交易政策法规体系的框架已基本建立。这些都为浙江省排污权有偿使用和交易试点工作顺利开展提供了政策保障，确保了试点工作积极稳妥推进。表3－2为省级层面推行排污权制度的部分代表性政策法规。

表3－2　浙江省省级层面推行排污权制度的部分代表性政策法规

年份	政策法规	类别
2009	《关于开展排污权有偿使用和交易试点工作的指导意见》	试点基础
2010	《浙江省排污权有偿使用和交易试点工作暂行办法》	
2011	《浙江省排污权有偿使用和交易试点工作暂行办法实施细则》	
2010	《浙江省排污许可证管理暂行办法》	保障条件
2010	《浙江省排污许可证管理暂行办法实施细则》	
2013	《浙江省储备排污权的收储、出售和出让管理暂行办法（征求意见稿）》	

续表

年份	政策法规	类别
2010	《浙江省排污权有偿使用收入和排污权储备资金管理暂行办法》	收益管理
2010	《浙江省排污权抵押贷款暂行规定》	
2011	《浙江省初始排污权有偿使用费征收标准管理办法（试行）》	
2011	《浙江省环境保护厅排污权交易报批程序规定（试行）》	内部程序
2011	《浙江省排污权交易中心排污权有偿使用和交易程序规定（试行）》	
2011	《浙江省环境保护厅排污权交易内部审查程序规定（试行）》	
2015	《浙江省排污权指标基本账户核算与登记试行规定》	
2015	《浙江省储备排污权出让电子竞价程序规定（试行）》	
2013	《浙江省企业刷卡排污总量控制管理平台技术要求》	技术依据
2013	《浙江省企业刷卡排污总量自动控制系统（废水）建设技术要求》	
2013	《浙江省企业刷卡排污总量自动控制系统（废气）建设技术要求》	

资料来源：根据浙江省环保厅公布的排污权制度相关政策法规整理而成。

3．以市场定价为导向，完善排污权交易的市场机制

一个完善的排污权交易市场机制，需要以市场定价为导向，但同时，市场定价又是排污权制度建设和实施的一大难题所在。排污权有偿使用的价格与排污收费的价格是截然不同的，前者属于环境容量以内的环境容量资源的价格，后者属于超标排污所造成的外部成本的定价：前者是排污权稀缺性的具体化，后者是外部成本内部化的惩罚性价格（沈满洪等，2010）。这就决定了排污权有偿使用的价格不能完全由政府制定，否则将会阻碍市场机制在排污权交易中的运行。

秀洲区自 2002 年开始探索排污权有偿使用制度，但截至 2006 年 8 月，秀洲区还没有发生一起正式的排污权交易。没有发生排污权交易的根本原因在于政府通过数量管制和价格管制两套指标把市场机制给束缚住了（沈满洪，2006）。这里的价格管制就是指排污权交易纯粹由政府指导定价。

政府定价往往依据成本加成定价，而排污权价格的核心是反映排污权的稀缺程度，而不仅仅局限于污染治理成本。随着固定价格出售问题的显现，部分地区开始推行指导价格下的拍卖制度。不同消费者的愿意支付价格和不同消费者的排污权数量的组合共同构成了排污权的市场需求。从离散的拍卖中可以得到折线形的需求曲线，而每一次拍卖时排污权供给量是固定的，由此就形成了不同拍卖场合不同的排污权市场价，如图 3－1 所示。图中，Q_1 和 Q_2 分别表示两次拍卖时的排污权拍卖数量，P_1 和 P_2 分别代表两次拍卖时需求者的愿意支付价格，A 和 B 分别代表两次拍卖时的均衡价格。两次拍卖价格的不一致并不表明排污权市场的一般均衡发生了变化，而是局部均衡的一种规律性变化，这恰是排污权市场定价的初步，也是排污权交易市场机制进一步完善的基础。

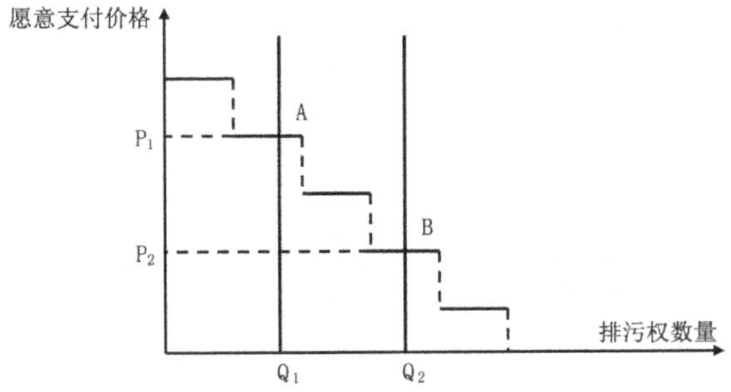

图 3－1　排污权拍卖价格离散分布示意图

截至 2015 年底，浙江省排污权交易中心已举办六期政府储备二氧化硫排污权指标电子竞价，共出让 2337.8 吨二氧化硫排污权指标，成交金额 2995.5 万元。表 3－3 所示的是浙江省排污权交易中心公布 2014 年第一期和第二期政府储备二氧化硫指标电子竞价情况。由表 3－3 可知，拍卖形成的成交价格受到竞价次数的影响，竞价次数越多，表明需求越旺盛，由此形成的成交价格相对越高。例如，竞价 15 次形成的成交价格为 13000 元/吨，而竞价 2 次形成的成交价格仅为 6000 元/吨。不同的成交价格如上文所述，是一种离散的局部均衡。同时，成交价格也呈现出一定的规律性，基本保持在 10000 元/吨上下浮动。这也说明，随着排污权交易市场的不断完善与需求者的不断增加，拍卖机制下形成的排污权交易价格将越来越显现市场机制的作用，使得成交价格更加接近市场均衡价格。而这种导向既符合浙江省要素市场化改革的要求，也是排污权制度发挥作用的关键。

表 3－3　2014 年浙江省政府储备二氧化硫指标电子竞价情况①

成交期次	竞价次数	竞拍成功企业名称	拍得 SO_2 数量（吨）	成交价格（元/吨）	期限（年）	成交总金额（万元）
一	15	龙游县金怡热电有限公司	153.56	13000	5	199.628
	7	新凤鸣集团湖州中石科技有限公司	111.2	11000	5	122.32
	3	浙江红狮水泥股份有限公司	20.52	8000	5	16.416
	2	浙江哲丰能源发展有限公司	136.8	6000	5	82.08
二	11	杭州萧山城市建设投资集团有限公司	105.3	12000	5	126.36
	7	嘉善伟明环保能源有限公司	175.82	12000	5	210.36
	5	浙江红狮水泥股份有限公司	218.88	11500	5	251.712

资料来源：浙江省排污权交易中心。

浙江省排污权制度建设中的排污权价格定价基本以政府为指导。随着越来越多的地区开始通过拍卖方式对排污权进行定价，以市场定价为导向的排污权制度正在逐渐铺开，它不仅是制度不断革新的内在要求，更是浙江省在全省范围内统一排污权有偿使用和交易制度的迫切需要。

4. 以监测技术为基础，加强排污权交易的检测管理

检测技术是实施排污权总量控制、明确排污主体相关权责、推进排污权有偿使用与交易的重要基础，是环境监测管理的重要手段和环境执法的重要依据。浙江省在实施排污权制度的过程中十分重视环境监测技

① 2015 年浙江省排污权交易中心没有举办政府储备二氧化硫指标电子竞价。

术的运用，包括重点企业安装在线监测设施、核发排污许可证与全面推行污染源“三量”台账建设、投入使用环境质量自动监测系统等。2008年底，浙江省投资6.5亿元建成省级环境质量自动监控系统和重点污染源在线监控系统，其中包括水质自动监测站82个，覆盖全省八大水系等主要水体的所有县界以上交界断面；包括空气质量自动监测站160个；建成对1452家重点企业的实施监控在线监测系统，并实现了省市县三级联网。2012年开始，浙江省环保厅门户网可以查询前一天全省563家国有控股企业相关污染物在线监测的日均值。截至2013年初，已有近3000家企业和省厅监测平台联网，在线监测系统建设及运行投入超十亿元。2015年，全省共监测重点污染源2278家，其中废水重点源1104家、废气重点源234家、污水处理厂244家、危废企业666家、规模化畜禽养殖场30家。扣除企业停产、关停等因素，全省监测完成率为100%。

在地市级层面上，2007年10月份，嘉兴市在全省率先完成了污染源自动监测监控和大气、地表水自动监测两大系统建设，对全市90%的污染物排放总量和整个水环境、大气环境进行全天候实时数据和图像监控（徐学勤，2010）。在绍兴市，日常监督管理、数据信息管理、数据档案管理、考核奖惩管理等均被纳入排污权监测系统。

2010年，浙江省实施了《浙江省主要污染物排放权指标核定和分配技术方法（试行）》，试行方法实质上对监测技术作出了相关说明。浙江省第一个对排污权监测技术的规定是台州市的《可交易排污权监测技术规定（试行）》。该监测技术规定对使用范围、引用标准、术语和定义、监测准备、监测采样、流量测定、监测项目和分析方法、质量保证、可交易排污权监测结果评价和可交易排污权申请单位环境保护能力评价等十个方面作出了细致的规定。

刷卡排污系统是桐乡市排污权制度实施的最重要特色。该系统由企业端的刷卡排污总量自动控制设备、各级环境保护行政主管部门中心端的管理平台和数据安全传输网络三部分组成。系统运作包括刷卡环节、定量环节、关闸环节、开闸环节四大环节。当企业排污量接近核定量的80%时，系统会以短信形式向企业联系人发出提示；接近核定量的 90% 时，系统会发出警告提醒；达到核定量的 100% 时，系统会自动关闭企业排污口。

桐乡市在 2008 年试点该系统，2009 年全面推开应用，截至 2012 年 7 月，桐乡市污水排放量在 500 吨/日以上的 114 家企业均已安装了刷卡排污自动控制系统。在此过程中，有效搭建了在线监控与排污刷卡数据平台，将在线监控和排污刷卡数据进行实时传输、有效整合，并建立了 24 小时值班制度和监控数据日报制度，对超浓度排放和超水量排放企业采取切实可行的措施，制止违法排污行为。截至 2012 年 8 月，桐乡市已对超浓度排放的 145 家企业发出了限期整改通知，对 72 家企业实施了行政处罚；对临超水量企业发出短信警告 632 厂次，对 59 家企业实施限产限排措施；对超总量排放的 13 家企业追缴排污费 18.3 万余元，有效控制了污染物排放总量。2015 年，桐乡市完成对 63 家企业的刷卡排污新系统的升级和安装工作，全部实现与省级平台联网，并建成刷卡排污管理平台。2016 年初，《桐乡市排污单位刷卡排污自动控制系统运行管理办法》正式出台，进一步加强了污染源监督与管理，推动了主要污染物总量控制与污染减排工作。刷卡排污系统对企业排污形成倒逼机制，为环境监管从单一浓度控制向浓度总量“双控”转变提供了技术支撑。

绍兴县是全省开展刷卡排污工作的 3 个试点地区之一。截至 2015 年底，全县共安装刷卡排污总量自动控制系统 210 套（废水 198 套，废气 12 套），涉及企业 210 家，总投资 1260 万元，基本实现了对全县印染、电镀、造纸、制革、化工等五大行业的全覆盖。从刷卡排污控制系统安装以来，全县废水排放得到了有效控制，县域水质达标率有较大提高，废水排放总量从 2011 年最高时的 76 万吨/日下降到 2012 年的 50 万吨/日左右，2012 年 1—9 月，工业污水日均排放量为 48 万吨/日，比 2011 年同期下降 10%；县域 40 个水质断面达标率为 52.5%，比 2011 年同期上升 10 个百分点。

从试点情况看，刷卡排污是实现企业排污总量控制的有效途径，是激活排污权交易二级市场的有力抓手。一方面，可以落实企业环保主体责任，规范企业排污行为，提高企业依法依规排污的自觉性；另一方面，可以丰富环保部门的监管手段，打开环保自动化监控的新局面，实现对企业排污从浓度控制向浓度、总量双控制的转变。基于有效的试点经验，省环保厅在2013年前分两个阶段实施完成全省市控以上重点污染源刷卡排污总量自动控制系统建设。2015年8月28日省排污权交易中心在杭州组织召开全省刷卡排污管理平台培训会，为有效发挥刷卡排污系统在总量管理、污染减排中的作用奠定了基础。

5. 以体制创新为推力，推进排污权有偿使用与交易

排污权有偿使用和交易制度是将市场机制引入环境治理与生态保护的一项环境经济制度创新，这一制度创新改变了“资源免费”的错误环境观，树立了“资源有价”的正确环境观。这一制度从根本上扭转了政府全权支配自然环境资源的初始格局，通过引入市场机制和搭建服务平台来推动政府职能的转型和排污权市场的形成并促使相关衍生制度创新，从而为构建完整的环境经济制度体系提供了经验借鉴。

（1）逐步实现初始排污权有偿使用。初始排污权分配，是指一定区域的排污控制总量在排污单位中的第一次分配，分配模式主要可以分为无偿分配模式和有偿分配模式两种，其中有偿分配模式又可以分为政府东家模式、拍卖模式等（沈满洪等，2009）。无偿分配模式有利于实现排污权交易机制和现有排污收费制度的对接，且可操作性强，在实践中易于推行（陈庆能等，2009）。

浙江省排污权制度试点地区采取不同方式推进初始排污权有偿使用。例如，杭州市对新老企业一视同仁，规定初始排污权“无偿使用至2010年12月31日，以后均实行有偿分配”。嘉兴市起初采取“一刀切”的办法赋予企业初始排污权，规定2007年10月1日前成立的企业已经取得排污权；新建企业或者需要扩大产能的企业则必须取得从其他企业减排出来的部分排污权才能投产（姜妮，2011）。但按时间期限“一刀切”的做法无论在有效控制排污总量还是对待新增、存量企业之间的公平性问题上都有失偏颇（沈满洪等，2012）。随后，嘉兴市及时地调整了思路，通过新老企业价格差别对待（老企业价格6折优惠）、制定回购制度

（老企业回购价格为新企业购买价格的75%）、多种购买（一次性付清、分期付款、租赁）等方式推行排污权有偿使用。由无偿分配向有偿分配逐渐过渡的做法不仅有利于减少推行排污权制度的阻力，而且有利于在长期中实现排污权的优化配置。

（2）搭建交易服务中介平台。排污权交易服务中介平台的搭建有助于排污权市场的有序运行、强化政府对交易的调控与监管、真正发挥市场在资源配置中的基础性作用，促进排污权的高效运行。

浙江省各试点城市在推行排污权制度中的一大亮点便是通过引入市场机制和搭建服务平台来推动政府职能的转型和排污权市场的形成。据浙江省排污权交易中心统计，已有嘉兴市（包括嘉兴市下辖的两区、三市、两县）、绍兴市（包括绍兴市下辖的诸暨市、新昌市、上虞市、嵊州市）、金华市、衢州市、丽水市等地成立排污权交易中介机构。在这些中介机构中，大部分是以排污权交易中心的形式运作。截至2015年底，全省共设排污权交易机构28个，其中省级1个，市级10个，县级17个。编制41名，工作人员122名。尚未成立交易管理机构的地区，也暂将相关管理职能放在环保部门，并依托现有的产权交易所或公共资源交易中心开展排污权交易，例如杭州市依托杭州产权交易所开展排污权交易，成立了排污权交易中心对排污权交易进行管理，还在全国首创了第一家排污权登记中心，排污权交易后均要通过排污权登记中心这个第三方机构进行登记，以保障交易的公平、公正。浙江省各地排污权交易中介平台按照分级管理、逐步推行的原则形成了省、市、县三级交易平台组织机制，较大程度地推动和规范了各地排污权制度试点。

（3）推出环境金融创新举措。浙江省排污权制度的开展还推动了相关衍生制度创新，推出了系列金融政策创新、交易方式创新及相关制度完善等措施，为排污权有偿使用和交易制度在更广的区域和更高的层面推行提供了诸多便利和多种保障，为构建完整的环境经济制度体系提供了经验借鉴。

浙江省在排污权制度探索发展过程中所创新的辅助体制主要有排污

权抵押贷款政策、排污权网络拍卖、排污权强制回收等。排污权抵押贷款政策是为了在推进排污权交易制度的背景下帮助企业摆脱资金短缺困难而制定的。2008 年 9 月 28 日，浙江省嘉兴市推出了这项面向中小企业的贷款新政，并完成了对 5 家企业 2200 万元人民币的初始授信。此后，绍兴、诸暨、宁海、南湖等市区先后开展了此项工作（程凌香，2010）。排污权网络拍卖是一项交易方式创新。2012 年 3 月，南湖区成功举行了首次排污权网络电子拍卖活动，标志着南湖区排污权交易工作进入电子信息时代（沈蓓莉等，2012）。截至 2015 年初，自南湖区在全国率先探索推出排污权网络电子拍卖机制以来，已成功举办排污权网络电子拍卖 6 次，拍出化学需氧量指标 18.1079 吨，成交额达 221.82 万元。2015 年，杭州市主要污染物排放权登记交易系统正式上线后，8 月份举行首次排污权网络竞价交易，总成交额达 1689.54 万元。此外，排污权强制回收是针对企业惜售排污权问题的一项制度设计。2015 年 1 月 15 日嘉兴市开始实施《嘉兴市排污权储备与回购管理办法（试行）》，根据此文件规定，工业企业闲置期超过 3 年的排污权指标，将被强制回收或回购。

四、浙江省排污权制度建设的初步成效

浙江省排污权制度建设取得了显著的成效。虽然这些成效的取得并非全部由排污权制度所致，但是包括排污总量控制、初始排污权有偿使用和排污权交易等在内的排污权制度在其中起了关键作用。

1. 排污权制度建设的环境效益

（1）污染减排效果显著。浙江省排污权有偿使用与交易的标的物主要是二氧化硫（SO_2）与化学需氧量（COD）。图 3－2 反映的是浙江省 2000—2015 年两项污染指标的排放情况。该图显示，15 年来浙江省二氧化硫排放呈现出倒“U”型环境库兹涅茨曲线的走势。排放下降年份与排污权制度试点年份较为接近。图 3－3 反映的是排污权制度实施较早的嘉兴市和较晚的宁波市在 2005—2015 年二氧化硫排放走势。该图显示，两市在 2005—2008 年二氧化硫排放量差距逐渐缩小，2008—2011 年间二

氧化硫排放量差距逐渐扩大，虽然2011—2015年两市二氧化硫排放量差距又逐渐缩小，但整体看来，主动并较早推行排污权制度改革的嘉兴市比被动并较迟推行排污权制度改革的宁波市的污染减排成效更加显著。

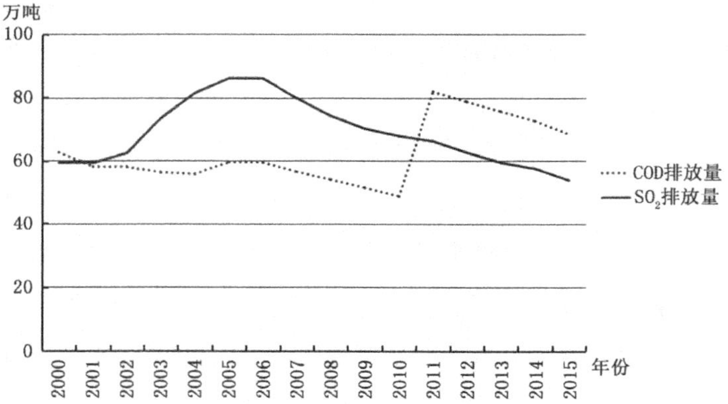

图 3－2　2000—2015 年浙江省 SO_2、COD 排放量

数据来源：浙江自然资源与环境统计年鉴（2015）、2015年度浙江省环境状况公报.

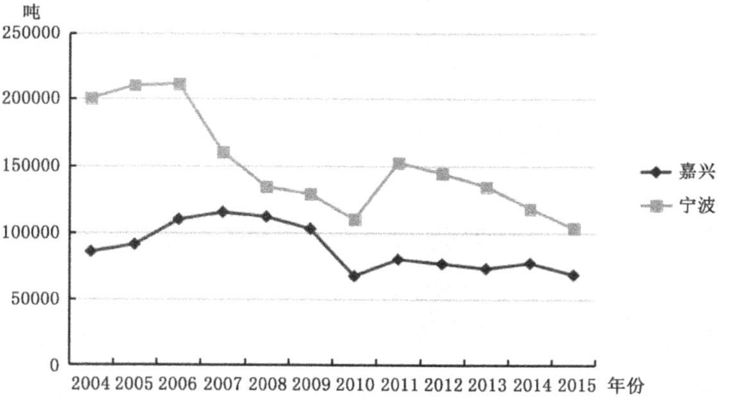

图 3－3　2004—2015 年嘉兴、宁波市工业二氧化硫排放情况比较

注：2015年度《嘉兴市环境状况公报》中并未公布工业二氧化硫排放总量。

数据来源：嘉兴、宁波统计年鉴（2005—2015）. 2015年度宁波市环境状况公报、嘉兴市环境保护局.

排污权制度的实施还保障了浙江省污染减排目标的实现。表 3－4 所示的是 2000—2015 年浙江省化学需氧量与二氧化硫减排成效。该表显示，浙江省万元 GDP 排放强度持续降低，虽然 2011 年略有回升，但连续四年继续保持下降趋势。其中“十一五”期间，浙江省化学需氧量和二氧化硫两项约束性指标累计减排 17.87% 和 21.04%，分别超额完成减排任务；同时实现了年均 11.8% 的 GDP 增长。“十二五”期间，浙江省化学需氧量和二氧化硫两项约束性指标累计减排 16.47% 和 18.79%，年均 GDP 增长 8.2%。可见，浙江省排污权制度自建设以来取得了较好的环境效益，同时也保持了较高的经济增长速率。

表 3－4　　2000—2015 年浙江省主要污染物减排情况

年份	GDP（亿元）	化学需氧量			二氧化硫		
		排放量（10^4t）	削减率（%）	万元 GDP 排放强度（千克/万元）	排放量（10^4t）	削减率（%）	万元 GDP 排放强度（千克/万元）
2000	6141.03	62.60		10.19	59.28		9.65
2001	6700.00	63.16	－0.89	9.43	59.19	0.15	8.83
2002	7670.00	57.86	8.39	7.54	62.36	－5.36	8.13
2003	9200.00	56.20	2.87	6.11	73.43	－17.75	7.98
2004	11648.70	55.65	0.98	4.78	81.40	－10.85	6.99
2005	13417.70	59.47	－6.86	4.43	86.00	－5.65	6.41
2006	15718.47	59.27	0.34	3.77	85.90	0.12	5.46
2007	18753.73	56.40	4.84	3.01	79.70	7.22	4.25
2008	21462.69	53.86	4.50	2.51	74.06	7.08	3.45
2009	22998.58	51.38	4.60	2.23	70.13	5.31	3.05
2010	27747.65	48.68	5.25	1.76	67.83	3.28	2.45

续表

年份	GDP（亿元）	化学需氧量			二氧化硫		
		排放量（10^4t）	削减率（%）	万元 GDP 排放强度（千克/万元）	排放量（10^4t）	削减率（%）	万元 GDP 排放强度（千克/万元）
2011	32363.38	81.83	-68.10	2.53	66.20	2.40	2.05
2012	34739.13	78.62	3.92	2.26	62.58	5.47	1.80
2013	37756.58	75.51	3.96	2.00	59.34	5.18	1.57
2014	40173.03	72.54	3.93	1.81	57.40	3.27	1.43
2015	42886.50	68.35	5.78	1.59	53.76	6.34	1.25
“十五”累计削减/下降率			5.84	52.98		-45.30	27.41
“十一五”累计削减/下降率			17.87	53.47		21.04	55.13
“十二五”累计削减/下降率			16.47	36.97		18.79	38.72

数据来源：浙江自然资源与环境统计年鉴（2015）、浙江省统计年鉴（2001—2015）、2015年浙江省国民经济和社会发展统计公报、2015 年度浙江省环境状况公报.

（2）环境质量总体改善。在外在减排压力与内在经济利益的联合驱动下，企业逐渐由被动治污转向主动提高环境污染治理能力，浙江环境质量总体改善，部分环境指标明显好转。环境包括大气环境、水环境、海洋环境、辐射环境、自然生态环境等。排污权制度建设对浙江环境质量改善的贡献主要体现在水环境质量和大气环境质量两个方面。

浙江省水环境质量从静态看总体良好。如表 3-5 所示，2015 年，据全省 221 个省控断面监测结果统计，水质达到或优于地表水环境质量Ⅲ类标准的断面占 72.9%（其中Ⅰ类占 9.1%、Ⅱ类占 33.9%、Ⅲ类占 29.9%），比 2010 年上升 11.8 个百分点；Ⅳ类占 15.8%，Ⅴ类和劣Ⅴ类占 11.3%（其中Ⅴ类占 4.5%，劣Ⅴ类占 6.8%），劣Ⅴ类断面比 2010

年下降9.9个百分点。县级以上集中式饮用水源地水质达标率为89.4%，比2010年上升1.2个百分点。从动态看水质局部改善，水环境状况总体保持相对稳定，局部有所改善。主要体现在不同类水的比例发生如下变化：Ⅰ类水比例从2005年的2.9%上升到2015年的9.1%，Ⅱ类水比例从2005年的27.5%上升到2015年的33.9%；劣Ⅴ类水比例从2005年的14.1%下降到2015年的6.8%，Ⅴ类水比例从2005年的6.4%下降到2015年的4.5%，以上变化均表明水质有明显改善。

表3-5　　2005—2015年浙江地表水水质变化状况　　单位:%

年份	Ⅰ类	Ⅱ类	Ⅲ类	Ⅳ类	Ⅴ类	劣Ⅴ类
2005	2.9	27.5	34.5	14.6	6.4	14.1
2006	4.7	31.0	26.3	17.0	7.0	17.0
2007	4.7	28.6	33.9	11.7	4.7	16.4
2008	4.1	32.7	33.9	9.9	6.4	12.9
2009	3.5	28.7	42.7	7.6	8.2	9.4
2010	6.4	36.3	31.6	15.2	2.9	7.6
2011	6.8	25.8	30.3	12.7	5.9	18.6
2012	6.8	27.6	29.9	17.2	4.0	14.5
2013	9.1	27.1	27.6	15.4	8.6	12.2
2014	9.5	28.1	26.2	17.7	8.1	10.4
2015	9.1	33.9	29.9	15.8	4.5	6.8

资料来源：浙江省环境状况公报（2005—2015）.

浙江省大气环境质量从静态看城市空气环境较好。2015年浙江省空气质量较往年有了较大的改善。一方面，设区城市环境空气质量状况改善如下：11个设区城市日空气质量（AQI）优良天数比例为59.7%—90.8%%，平均为78.2%。优质天数比例为11.4%—35.6%，平均为

20.7%。PM2.5年均浓度范围为30—57微克/立方米，平均为47微克/立方米，较2013年下降23%，灰霾发生频率明显下降。二氧化硫（SO_2）年均浓度范围为8—27μg/m³，平均为16μg/m³。另一方面，县级以上城市环境空气质量状况改善如下：2015年，全省69个县级以上城市空气质量有13个达到国家二级标准，占城市总数的18.8%；日空气质量（AQI）优良天数比例为59.7%—99.4%，平均为85.0%，优天数比例为8.5%—69.3%%，平均为27.1%。PM2.5年均浓度范围为25—57微克/立方米，平均为43微克/立方米。二氧化硫（SO_2）年均浓度范围为4—29μg/m³，平均为14μg/m³；从动态看城市空气环境质量局部改善。从2005年到2015年，二氧化硫年均浓度由24微克/立方米改善为2015年的16微克/立方米，有较大幅度的下降；二氧化氮年均浓度由34微克/立方米变为2015年的37微克/立方米，虽略有上升，但整体而言基本保持稳定。2013年以来，浙江省城市空气环境二氧化硫和二氧化氮年均浓度均有明显下降趋势，见图3-4。浙江水环境、大气环境质量的总体改善表明排污权制度建设的环境效益十分明显。

2. 排污权制度建设的经济效益

（1）环境金融市场雏形形成。第一，排污权市场不断完善。随着试点工作的推进及交易方式的创新，浙江省排污权市场逐渐成熟。从全省总体情况来看，自2009年全省统一推广排污权制度以来，排污权有偿使用及交易的数量、金额均呈现递增趋势，如图3-5、图3-6所示。与2009年相比，2011年排污权有偿使用笔数增加了138.5%，交易笔数增加了210.5%；有偿使用费增加了639.1%，交易金额增加了127.3%。据排污权交易中心最新消息，截至2015年底，浙江省已累计开展排污权有偿使用17862笔，排污权交易6885笔，排污权有偿使用和交易金额累计突破50亿元，有偿使用和交易量的递增趋势不仅反映了浙江省排污权制度试点工作的不断深入，也反映这一制度创新符合社会价值导向，具有强大的潜在市场。

从地市层面来看，浙江省各试点地区的排污权有偿使用及交易情

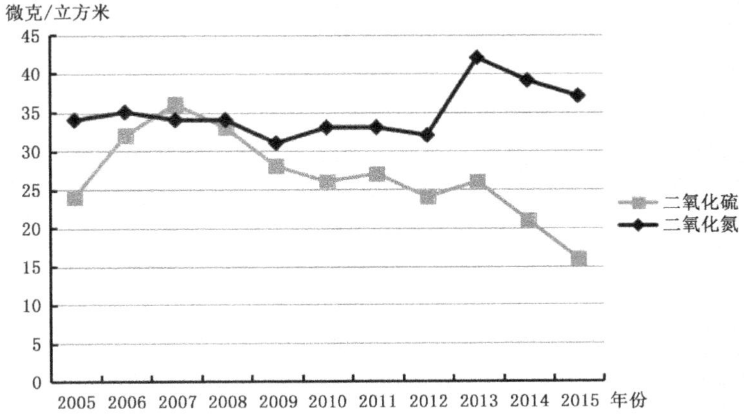

图 3-4　2005—2015 年浙江城市空气环境二氧化硫和二氧化氮年均浓度变化

资料来源：浙江省环境状况公报（2005—2015）.

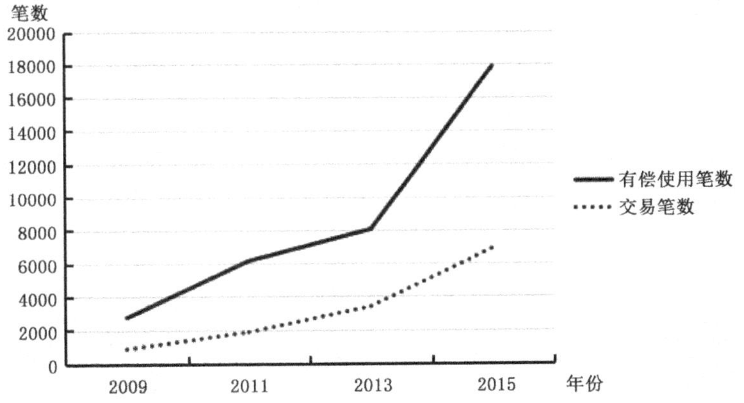

图 3-5　2009—2015 年浙江省排污权有偿使用及交易笔数

数据来源：浙江省排污权交易中心.

况呈现出制度探索先发地区带动后发地区齐头并进的局面。由表 3-6 可以看出，嘉兴、绍兴等地排污权有偿使用和交易量和金额均显著高于其他地区；杭州、宁波等地的排污权有偿使用和交易金额相对较高；金华、温州、台州、湖州等地的排污权有偿使用与交易工作也正在有序展开。

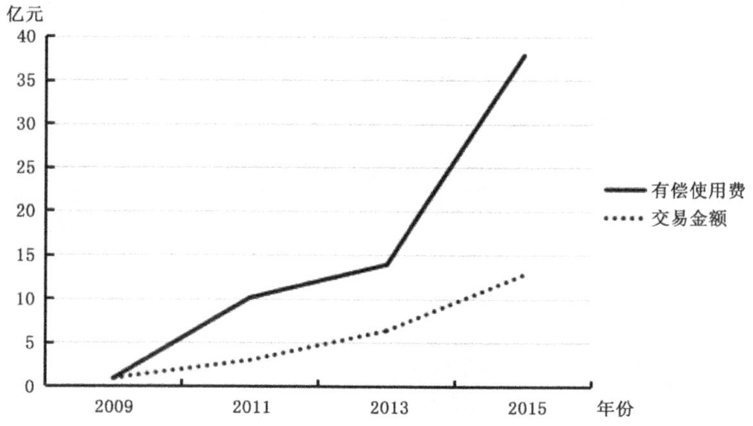

图3-6 2009—2015年浙江省排污权有偿使用及交易金额

数据来源：浙江省排污权交易中心.

表3-6 浙江省各地排污权有偿使用和交易情况（截至2015年底）

省/市	有偿使用笔数	有偿使用金额（万元）	交易笔数	交易金额（万元）
省本级	44	29665.83	32	3621.20
杭州	993	106715.00	173	15952.45
宁波	1487	45722.57	217	17972.17
温州	2000	8596.01	650	5939.83
湖州	553	15967.04	601	5026.14
嘉兴	2647	82374.07	2702	39442.90
绍兴	4976	51262.17	905	22795.07
金华	2274	9952.07	576	2943.00
衢州	524	10776.93	189	1170.93
舟山	341	3551.34	100	633.49
台州	1448	12475.20	621	12051.08
丽水	575	1739.71	119	152.98
合计	17862	378797.94	6885	127701.23

资料来源：浙江省排污权交易中心.

第二，绿色金融制度实现创新。较为成功的是排污权抵押贷款业务。从排污权抵押贷款业务开展较为成功的绍兴和嘉兴两地看，绍兴市自试点以来至2016年2月已累计办理排污权抵押贷款811笔，贷款金额达到160亿元，占浙江全省排污权抵押贷款总额的96%。截至2012年6月末，嘉兴银行全行排污权抵押授信余额10500多万元，累计发放排污权抵押贷款2亿多元，累计发放户数41户。2015年11月，嘉兴市已累计完成排污权抵押贷款114次，发放排污权贷款金额4.40亿元。从全省范围看，截至2015年8月，浙江省排污权抵押贷款超过109亿元，有效拓宽了企业的融资渠道，促进了服务经济转型升级。

第三，环境污染责任保险在探索中前行。为分散排污企业风险，保障污染事故受害者得到及时赔偿，环境污染责任保险制度在浙江开始试点。其中，宁波市已试点近八年，嘉兴市、绍兴市等地试点也近七年。各试点地区纷纷根据国家和省级相关文件精神积极探索，积累了丰富的实践经验。2011年，在嘉兴市人保参保环境污染责任险的企业有15家，保费合计21.8万元，环境污染责任保险市场初现端倪。截至2012年12月10日，嘉兴23家企业积极开展环境污染责任保险工作，保费43.55万元，保额7372.7万元，投保企业数量和保费同比大幅增长。

（2）经济结构调整初显成效。第一，淘汰落后产能与高污染企业。排污权的有偿使用提高了重污染建设项目的环境准入门槛，客观上限制了“两高一资”（高污染、高耗能和资源型）和产能过剩行业新上项目，也使得原有重污染企业有了被淘汰的危机感。2005年较2001年，秀洲区纺织印染企业户数减少了1/3，工业增加值增长了一倍多，对全区工业增加值的贡献率保持在70%以上。2006年，该区谢绝了数个总投资在3000万美元以上的有污染项目，转而引进意大利等地拥有较优环保技术、设备的公司，提升了产业和产品档次（浙江省发改委调研组，2008）。

第二，新兴产业不断发展壮大。一方面，与排污权制度推行相关的技术、设备研发等环保产业发展迅速。另一方面，低污染的先进制造业及高新技术产业得到优先发展。在最先探索排污权有偿使用的秀洲区，2009 年新增国家重点支持高新技术企业 10 家，高新技术产业增加值占工业增加值比例达 11.5%，科技进步变化情况综合评价位居全省第三，再次获得全国科技进步考核先进区称号。截至 2014 年 10 月，秀洲区共有 46 家国家重点扶持高新技术企业。

第三，“招商引资”向“招商选资”转变。率先探索排污权制度的秀洲区正在着力打造浙江科技孵化城（嘉兴），搭建科技孵化和产业化公告服务平台。其中，中关村长三角创新园等“一心八园”项目全部开工建设，完成投资 8.1 亿元，吸引众多低污染高技术的企业。

3. 排污权制度建设的社会效益

（1）有利于政府、企业和公众转变观念。对于政府而言，政府既为治理面源污染、农业污染等筹集到了足够的资金，又实现了强制性的减排约束，并使得地区经济发展的可持续性不断增强。对于企业而言，它们尝到了排污权交易以及收益增值的甜头，从而具有参与排污权有偿使用和交易的内在动力。对于社会公众而言，排污权制度的推行增加了他们对地区环保事业的参与度。

（2）有利于推进生态文明制度建设。党的十八大报告系统阐述了生态文明建设，将其纳入中国特色社会主义事业“五位一体”的总体布局，把加强生态文明制度建设作为我国生态文明建设的四大任务之一，并明确指出推进节能量、碳排放权、排污权、水权交易试点工作。排污权有偿使用与交易制度的探索与推行是浙江省环保机制创新的大胆尝试，自下而上的推进模式充分发挥了地方在制度探索中的主动性，有效地创新了生态文明制度建设的形成机制。

（3）为全国试点起到示范作用。浙江省排污权制度的探索为排污权制度在我国的全面推行树立了一个范例，同时证明这一制度是可行的。在制度探索过程中，浙江省不断创新机制，解决排污权制度建设所面临的许多现实问题，为其他地区的制度移植和推广应用提供了宝贵经验，更有助于排污权制度的发展与完善。

五、浙江省排污权有偿使用和交易制度的基本经验

1. 严峻环境形势倒逼机制推动排污权制度不断创新

排污权制度改革是由环境容量供求矛盾所引致的，排污权有偿使用和交易制度创新主要是在环境资源有限供给的前提下由环境资源需求压力倒逼形成。一方面，浙江省以往粗放型经济发展模式使得环境污染形式日益严峻，环境污染和生态破坏使得环境容量等自然资源的供给不断减少，稀缺性日益加剧。另一方面，浙江省经济发展仍然处在工业化的中期，居民收入水平有待进一步提高，在产业转型升级的过程中工业化依然需要排放更多的污染物，环境容量资源的需求日益迫切。因此，作为稀缺环境资源的排污权市场中供求矛盾凸显。

严峻的环境形势表明，增加污染物排放的供给量是不可能的。国家已明确采取污染总量控制的政策来治理环境，不允许过度排放，否则，会给浙江省环境带来灾难性后果。

环境资源不能无限供给，应对供求矛盾的方式唯有调整环境资源的需求结构。采取排污权制度这一“需求侧管理”制度是浙江省环境保护的唯一选择。排污权制度便是建立在污染总量控制的基础上运行的。排污权制度改革是一种“需求侧管理”，是针对资源稀缺情况下而展开的制度创新。这意味着在排污权供给有限的情况下，排污权制度改革的中心是作为需求者的企业如何通过技术创新提高排污权效率，并通过市场机制优化配置稀缺的排污权资源。这一制度的精髓是：根据环境保护目标确定区域排放总量及其排污权指标；根据环境容量的稀缺性通过有偿使用方式配置排污权指标；根据企业之间污染减排边际成本的差异性实施排污权交易制度。从而把稀缺的排污权配置到最有效率的企业，让有限的排污权产生最高的环境经济效益。

排污权制度改革的中心是作为需求者的企业。在市场经济体制的分析框架下，浙江省排污权有偿使用和交易制度创新主要是由严峻环境形势倒逼形成的。高质量的环境是一种高档商品。高档商品的需求会随着

收入水平的上升而增加。浙江省若不采取有效措施，环境资源供需矛盾终将激化，最终会严重影响经济发展、生产生活与社会和谐稳定。为了缓解环境资源的供需矛盾，有效治理污染、改善环境质量，浙江省开始寻求环境制度创新，并成为我国排污权有偿使用和交易制度的一个典型。

经过一段时间的探索与实践，浙江省排污权制度改革取得了显著的成效，最初由倒逼机制推动的排污权制度越来越成为地方政府招商选资的重要方式。由此可见，浙江省排污权制度改革是一个从被动到主动的过程。

2. 政府、市场和社会机制的耦合使排污权制度不断推广

浙江省排污权制度在探索的不同阶段上具有某种主导性的机制安排：浙江省排污权制度改革的“秀洲模式”阶段，也可称为自主探索阶段，政府机制占主导地位；“嘉兴模式”阶段，也可称为深化实践阶段，市场机制初显魅力；“浙江模式”阶段，也可称为推广应用阶段，政府机制和市场机制互相耦合十分明显。从十余年探索过程可以看出，浙江省排污权有偿使用和交易制度在不同的阶段上具有某种主导性的机制安排，而这一机制安排是这一项制度之所以能够从一个区级层面的探索过渡到一个地市级层面的深化以及直至在全省层面推开的内在机制。

从 2002 年到 2015 年，浙江省排污权有偿使用和交易制度不断被移植和推广，在政府机制和市场机制背后，社会机制的作用也十分关键。社会机制的作用主要体现在隐性一致同意的公众意识助推了排污权制度的实施（沈满洪等，2010）。排污权有偿使用和交易制度之所以能够被认可并被确定下来主要是因为排污权有偿使用和交易制度创新符合整体社会的价值取向，存在“隐性一致同意”现象。隐性一致同意意味着排污权制度实现了排污权制度的法规、规章等正式制度与公众所期盼的优化排污权等资源的非正式资源的完美匹配，这正是社会机制的应有之意。

排污权制度改革的核心是市场机制。在排污权制度改革的初期，政府推动力和公众参与力都是不可或缺的。因此，政府机制、市场机制和社会机制在浙江省排污权制度的创立、推广和应用上发挥了重要作用。

不同阶段上机制的匹配如图 3 - 7 所示。

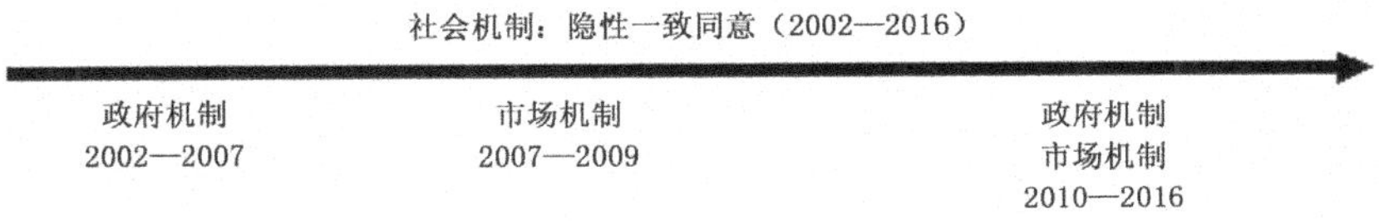

图 3 - 7　浙江省排污权有偿使用和交易制度演变的三个阶段和主导机制

3. 环境技术创新和环境制度创新使得排污权制度不断完善

建立健全排污权制度既离不开产权界定、排污许可、产权交易等制度创新，又离不开环境监测、环境统计等技术创新。浙江省在十余年探索的过程中，无论是在省级层面还是在地市级层面均出台了一系列的法规和文件以明晰产权。同时，环境监测技术的发展与应用成为浙江省排污权制度推行的重要保障。如果没有环境监测技术的支持，排污指标无法计量，排污权有偿使用与交易制度也就没有任何基础可言。重点污染企业的在线监控技术、刷卡排污等环境基础设施建设的“桐乡经验”均为排污权有偿使用和交易制度奠定了坚实的技术基础，也为环境技术创新奠定了制度基础（沈满洪等，2010）。

排污权有偿使用和交易制度具有内在张力。在十余年探索过程中，浙江省排污权实现了有偿使用，并通过交易机制实现了减排成本的节约和环境质量的改善等目标。但是排污权有偿使用和交易制度创新不仅仅局限于有偿使用和排污权交易两个环节，内化在地区试点特色中的其他衍生制度创新也是排污权有偿使用和交易制度不断完善的内在要求，如排污权抵押贷款制度，排污权租赁制度等。当将排污权有偿使用和交易制度与排污权抵押贷款制度、排污权租赁制度、绿色信贷制度等相互关联时，一个创新的环境经济制度体系就形成了，而这些制度的联结点就在排污权。优化其他衍生制度并将之与排污权有偿使用和交易制度相匹配能为进一步完善排污权有偿使用和交易制度提供制度性保障。

在线监控等环境基础设施的建设为排污权有偿使用和交易提供了技术条件。在十余年探索中，浙江环境监测管理部门已经在监测方式、污染源的核算与监测管理体制等方面做了大量的技术性工作：重点企业已经安装了在线监测设施，排污许可证核发与污染源“三量”（污染源增量、减量、变量）台账建设已经全面推行，环境质量自动监测系统投入使用。这些为排污权有偿使用过程中明确排污主体的相关权责提供了技术支撑。伴随着环境技术的进步，排污权有偿使用和交易制度实施的基础就能更完善，基础数据也就更准确，制度实施过程就能更严密，制度安排也就会更合理。

4. 自下而上“试”与自上而下“推”保证了排污权制度在全省推行

从浓度控制到总量控制、从开放产权到封闭产权、从无偿使用到有偿使用、从不可交易到可以交易，都是环境保护史上的“革命”。不开展自下而上的“试”可能增大制度创新的风险；不及时自上而下的“推”可能面临排污权制度改革裹足不前。浙江省排污权制度的探索历程主要是以“自下而上”的模式开展的，这也是排污权制度“浙江模式”的重要特征。在秀洲区等地区的试点与推行中，虽然对排污权制度改革褒贬不一，但是始终得到了上级政府的宽容、理解和支持。经过实践检验，初显成效的排污权制度改革更得到了上级政府的支持与保护，最终得到了国家环境保护部、财政部的中央部委的肯定，并得以在全省推行排污权制度。这表明，上级政府应给予下级政府一定的自主权，充分发挥下级政府的主动性、创新性；同时，“自下而上”模式通过实践检验后，应及时转向“自上而下”推行，使得“自下而上”与“自上而下”相结合。排污权制度自下而上的“浙江模式”有效地创新了生态文明制度建设的形成机制，充分发挥了地方在制度改革中的能动性。

六、浙江省排污权制度建设的主要问题

1. 制度运作尚缺严格的总量控制政策

（1）总量核定面临技术问题。浙江省污染源总量核定主要依靠项目环评、“三同时”验收、排污申报、环境统计、污染源普查等多渠道获取，还未形成统一的总量核定方案，使得数据存在不衔接问题。同时，

总量核定与控制工作也面临技术困难，尚无法科学、准确地确定一个区域的最优排污量①，使得排污权有偿使用与交易工作的成果还处于减排层面。

（2）总量调整面临多重冲突。排污权制度是以总量控制为前提的，而这一前提并非是一成不变的，需根据区域环境质量的变化适时地进行调整。严格的总量调整下，污染排放与环境质量的关系主要表现为四个阶段：排放总量递增，环境污染加剧；排放总量递减，环境污染仍在加剧；排放总量再减，环境质量改善；排放总量稳定，环境质量满意且稳定。然而，总量调整工作的落实却牵涉多重矛盾冲突。例如，生存权和发展权的冲突；各排污主体的利益冲突；公平与效率的冲突等。多重冲突的存在使得在浙江省乃至全国更大范围推广排污权制度面临阻碍。

（3）总量分配面临公平失效。由于排污情况存在行业、地区差异性，因此，排污权总量分配需要考虑的因素较多。例如，不同污染源排污现状的差异、不同污染源治理现状的差异、污染源对区域或城市经济的贡献程度、污染源的布局、污染源的环境影响等。如何在排污权指标分配上体现效率和公平的原则仍是需要继续思考的问题。浙江省在排污权分配方面，采取渐进、有偿使用的模式，新老污染源区别对待等手段，兼顾了总量分配的公平和效率问题，但忽视了污染排放的地区和行业差异、污染源的环境影响、总量分配方法及过程的公开性等问题，在一定程度上造成了由总量分配而带来的政府与企业、企业与企业的利益冲突。

2. 排污权制度相关法律体系尚不健全

（1）排污权制度缺乏上位法。有些法律制度的建设需要全国联动。排污权制度的试点尚缺乏上位法，至今尚未正式出台排污许可证管理办法，还没有国家层面上的排污权交易法律法规与技术指南；排污权内涵、排污权交易规则、交易主体的权责利、交易纠纷裁决、交易行为的税收优惠措施、排污权折旧等问题均没有解决。这使得排污权有偿使用与交

① “最优排污量”一词来源于“最优污染模型”，最早由皮尔斯在《世界无末日》一书中提出，根据边际私人净收益与边际环境成本确定最优污染量。

易制度的开展单纯依靠地方政府的政策推动，制度运行缺乏法律支撑与保障。

（2）排污权制度的地方性法规不完善。浙江省在“自下而上”地推行排污权制度的探索过程中，各试点城市纷纷出台相关政策文件，为地区排污权有偿使用与交易制度运行提供了政策支持。但由于各试点地区开展工作的时间不同，各自做法不尽相同，有些与省里出台的政策不一致，在一定程度上阻碍了排污权制度在浙江省的推广应用与统一开展。同时，由于浙江省只有杭州、宁波两地政府拥有立法权，其他地方制度试点的规范以计划文件为主。地方性法规的缺失在一定程度上造成了政府及企业对排污权制度及其所涉及的收益预期不稳定，也影响了试点工作的深入开展。

3. 排污权制度实施尚缺有效监测监管

（1）环境监测体系尚不完备。浙江省排污权市场中环境监测体系的不足主要为污染源监管力量分散，污染源监管基础设施不完备，环境监测技术薄弱等。具体体现在：浙江省虽已实现重点污染企业的排污在线监控，但大多数中小污染企业尚未被纳入监控范围；监测设备缺乏运行管理及维护，人工和机器相结合的方式来监测排污状况使得造假比较容易；监控设备安装成本较高，监测设备还无法全面应用；排污监控技术停留在污染浓度控制与总量控制并行的层面，尚未实现两大技术的有机结合。

（2）环境监测体制存在政府失灵风险。由于现行的环境监测体制主要是单一的以命令—控制型为主导，因此环境监测领域存在政府失灵风险，主要表现为：行政干预监测；监测体制条块衔接不足；环境监测中存在企业寻租行为等。环境监测的行政干预问题主要根源于环境测量与监督主体的同一性，不当的行政干预会使监测资料失真，从而引起排污权市场失灵。

（3）环境统计多口径使数据缺乏可比性。浙江省各地在排污权制度进行试点的过程中，所依托的环境统计方法主要来自项目环评、“三同时”验收、排污申报、污染源普查等多渠道。不同的统计口径适用范围不同，但在浙江省排污权制度实施过程中，并未形成相对一致的统计口径，不仅造成统计数据之间互相“打架”，而且使得排污权交易难以有效开展。同时，浙江省排污权制度中的环境统计尚未建立数据质量保证体系，统计数据存在一定程度的失真风险。

（4）环境执法不严使偷排漏排时有发生。排污权制度的有效开展需要环境执法监督的强力配合。环境执法不严会给企业偷排漏排带来机会，更会降低排污权制度的推广度，进而影响污染总量控制计划，不利于环境质量的改善。从浙江省现行的污染源执法监管机制的运行情况看，一些行业、区域的污染源执法监管情况不容乐观，呈现出高投入、低效率，环境执法不严，污染源长效管理效果差的态势。究其原因，主要是排污权制度的运行尚未与环境执法有效衔接，环境执法尚未为排污权制度提供强有力的支持。

4. 排污权交易市场运行机制尚不顺畅

（1）排污权的政府定价影响市场均衡价格的形成。根据《浙江省初始排污权有偿使用费征收标准管理办法（试行）》（浙价资〔2011〕176号）规定，浙江省初始排污权有偿使用费征收标准按照“统一政策，分级管理”的原则，由政府价格主管部门会同环保主管部门制定。各地市排污权价格如表 3－7 所示。由表 3－7 可以看出，浙江省初始排污权政府定价存在原则不一、地区差异显著、行业加成系数各异等问题，例如二氧化硫的价格杭州、嘉兴市为 2 万元/吨，而湖州市和台州市为 1 万元/吨，这会造成均衡价格的扭曲，也不利于统一的交易市场的运作。

表 3－7　　浙江省排污权价格一览表

地区	主要污染物权交易价格
杭州	SO_2：2 万元/吨；COD：2 万元/吨 × 价格系数（造纸、酿造、发酵 COD 排污交易市场参考价价格系数为 2；纺织、印染 COD 价格系数为 3；化工、制药等重污染行业 COD 价格系数为 4；其余行业价格系数为 1）
湖州	SO_2：1 万元/吨；COD：2.5 万元/吨 × 价格系数（石油加工、化工、医药、制革、印染（含砂洗）、造纸等高污染工业项目，系数 1.5，食品制造、饮料制造、化纤、电镀（含酸洗）等工业项目，系数 1.2，其他轻污染项目，系数 1）；NH_3-N 和 TP：5 万元/吨

续表

地区	主要污染物权交易价格
嘉兴	COD：8 万元/吨，SO_2：2 万元/吨；南湖区对老污染源在统一有偿分配原则下，给予一定幅度优惠，以新污染源 60% 的价格执行，即 COD 4.8 万元/吨，SO_2 1.2 万元/吨；回购价格为 COD 6 万元/吨，SO_2 1.5 万元/吨
绍兴	新污染源：基准价 2 万元/吨。废水纳管的新污染源，COD 排污权按日纳管废水量计算，其 COD 排污权有偿使用费基准价为 1000 元/吨。行业污染系数按以下方式确定：排放生活废水为主的轻污染项目，系数按 1 计算；排放一般性工业废水的项目，系数按 1.2 计算；排放高污染工业废水的项目，系数按 1.5—2.0 计算。其中生物制药、印染等项目系数按 1.5 计算；化学合成制药、化工、电镀等项目系数按 2.0 计算。老污染源年 SO_2 排污权有偿使用金基准价为 1000 元/吨，新价 2 万元/吨
台州	收购价：COD 为 5 万元/吨、SO_2 为 1 万元/吨；出让价：COD 为 8 万元/吨、SO_2 为 2 万元/吨
诸暨	老污染源：8000 元/吨/年；电镀企业达标废水量，为年排放量 4 元/吨；新污染源：20000 元/吨，电镀企业达标废水量，为年排放量 10 元/吨
兰溪	老污染源：2000 元/吨，电镀和蓄电池行业废水为年达标排放量 2 元/吨。新污染源：1 万元/吨，新建企业（含新建、扩建、改建和技术改造）新增的排污总量，一律按市场价有偿获取排污权，并应取得同行业污染物减排替代指标
舟山	COD：0.4 万元/吨/年；NH_3-N：1 万元/吨/年；SO_2：0.1 万元/吨/年；NO_X：0.1 万元/吨/年

资料来源．浙江省排污权交易相关政策汇编．浙江省排污权有偿使用和交易试点工作亮点和典型案例分析．排污权交易机制研究．

表格中污染物名称缩写对应为：SO_2（二氧化硫）、COD（化学需氧量）、NH_3-N（氨氮）、TP（总磷）。

（2）成本过高阻碍了排污权市场交易。排污权交易市场信息不充分会导致排污权交易费用过高。在市场信息不充分的情况下，排污权市场参与主体的搜寻成本越高，其所面临的市场不确定性也就越大，可能直接影响排污权交易市场的效率，降低排污权交易的市场成交量、压抑排污权交易市场的供给与需求。总体上看，浙江省排污权交易大多局限于政府部门通过“拉郎配”方式实现，反映出排污权市场交易成本较高的现状。

（3）排污权增值预期导致企业“惜售”。企业得到初始分配后，在特殊严格的环境保护政策条件下，排污权的增值预期会出现企业“惜售”排污权的现象，从而使排污权最终成为一种稀缺商品，基本上是有价无市。以嘉兴市七洲漂染有限公司为例，2002 年 COD 排污权的价格是每吨 200 元左右，2005 年市场交易价格飙升至每吨 600 元①。然而在强势升值预期的作用下，考虑到企业的发展需求，企业也不会轻易出让有限的排污权。

（4）排污许可证期限不一致。浙江省“自下而上”地探索排污权制度改革，各地纷纷出台政策，由此导致“政出多门，各不相同”的现象。在排污权制度探索之初，浙江省各地自主推行排污权制度相关政策，设计了不同期限的排污许可证制度。例如，嘉兴市为 20 年（闲置期不得超过 5 年），绍兴市为 8 年，诸暨市为 10 年，兰溪市为 5 年。排污权许可证期限如果太长，将会加大环境管理难度，存在管理后遗症风险；如果期限太短，企业难以根据发展计划来购买配额，同时行政管理成本提高（沈满洪等，2009）。2010 年《浙江省排污许可证管理暂行办法》规定排污许可证最长期限为 5 年。虽然全省有了统一的排污许可证期限，但已有制度下的许可证有效期限面临衔接问题。

（5）排污权交易中心性质不统一。浙江省各个地区已建成的排污权储备交易中心的性质主要有两种，一种是国有企业性质，例如，嘉兴市、桐乡市、平湖市、杭州市等地的排污权交易中心；另一种是事业单位性质，如南湖区、衢江区、龙游县、丽水市等地的排污权交易中心。交易中心的两种性质各有利弊。企业性质的排污权交易中心虽然更能够发挥

① 嘉兴排污权指标紧俏．经济观察网．2007－08－06，http：//www. eeo. com. cn/eobserve/Politics/by_ region/2007/08/06/79201. html.

市场机制，但面临较大税收压力；事业单位性质的排污权交易中心虽然能够最大化地得到政府的支持，但资金进入财政专户，价格审批时间长，影响企业开展排污权交易的积极性。如何统一交易中心的性质，并对相关制度安排做改进，使交易中心更好地发挥中介服务平台的作用，是一个值得关注的问题。

七、浙江省进一步加强排污权制度建设的对策建议

1. 管理目标：实施最严格的逐年递减总量控制制度

（1）规范与统一总量核定工作。基于现有不同口径的污染源排放核算方案，浙江省应尽快组织专家编写详细的核查规范及技术手册，建立一套统一规范的核算体系；加强对核查人员的业务技术指导与培训；加强对排污项目现场核查与监督；加大对超总量排污企业的查处力度。

（2）严格实施总量控制与污染减排。浙江省在总量核查工作规范与统一的基础上，应逐步推进逐年递减的总量控制制度，逐渐从目标总量控制向容量总量控制转变。具体实施过程中，可根据区域历史排污状况与污染减排目标制定总量控制指标，并据此对指标总量核定指标制定逐步削减计划。

（3）力使总量分配模式公平与合理。严格的总量控制制度还需结合公平合理的总量分配模式。浙江省在完善总量分配体系时，应结合地区及行业的排污差异性，合理确定并统一排污权有偿取得的条件、程序、时限要求、分配方法、价格形成机制、付款方式、资金使用与管理等，实现政府分配行为的公平、公正、公开。

2. 管理依据：建立健全排污权制度的法律保障体系

（1）加快推进国家层面的排污权制度立法。排污权制度是一项以最低的成本实现环境保护目标的政策手段，全面推进排污权制度建设需要健全的法律保障。在国家层面上，应尽快立法明确排污权有偿取得和排污权交易的法律地位，切实解决排污权制度推行所面临的法律规范缺失问题；明确相关主体的责权利与相关违法违规惩处办法，规范排污权交

易制度的一级市场和二级市场，提高排污权交易市场运行稳定性，切实保障排污权制度推行有法可依。

（2）加快完善排污权制度的地方性立法与执法。要实现政策的统一，就需要法规的统一，浙江省在已有排污权制度相关的政策体系与地方法规基础上，需进一步修改完善《浙江省主要污染物排污权有偿使用和交易试点工作方案》，抓紧起草浙江省排污许可证管理办法、浙江省排污权有偿使用和交易管理办法，研究制定排污权核定技术办法等政策条例，明确排污权有偿使用和交易的政策、法规依据。同时，中央已经决定全面推进自然资源产权、环境资源产权和气候资源产权制度的改革。浙江省作为市场大省，具有明显的制度优势，应该在广义排污权制度改革的地方性法规建设上走在全国前列。

此外，以"轻小集加"为特征的浙江经济发展模式，如忽视政策法规的统一完善，就会使排污权制度建设大打折扣。在全省环境质量普遍不容乐观的情况下，应加强全省政策文件的统一规范，全面推进排污权制度改革，防止在省域范围内出现一些试点排污权有偿使用、有的地方试点排污权无偿使用现象。只要环境产权界定成本处于可行范围之内的非重点污染源应全部纳入排污权制度改革的范围，为排污权制度在全省一体化推行创造良好的政策制度环境，进而加大排污权制度在全国范围内的推进力度。

3. 管理手段：构建立体化的污染源监测监管网络体系

（1）全面推广刷卡排污系统。桐乡市的刷卡排污系统在污染总量控制方面有着较好应用，能够实现对排污单位的"既监又控"，值得在全省范围内推广应用。浙江省环保厅在刷卡排污推进工作中已明确部署，2013 年年底前分两个阶段实施完成全省市控以上重点污染源刷卡排污总量自动控制系统建设。在刷卡排污系统全面推广的过程中，应注意加强技术监管与监测质量控制。一方面，继续推进刷卡排污技术的改良，注重处理数据的效用问题、系统验收问题、长效维护管理等，进行排污总量与浓度双重联合监控的技术创新；另一方面，要制定统一的刷卡排污系统的技术标准与要求，建立刷卡排污质量监管体系，确保系统建设规范、数据可靠、运行稳定，真实反映企业排污现状。此外，对于没有安装污染监测设备的企业，采取流量计核查和手工监测比对的方式，或是采取统一的物料衡算方法核定。

（2）促进环境监管体制完善。环境监测工作应推行条块结合的行政体制，弱化环境监测的行政干预成分。浙江省应建立并完善省、市、县三级监测机构监督体系，加强上级监测机构对下级监测机构的指导与监督；进一步明确各级监管主体及职责，建立环境问责制度，严肃查处环境监测工作中弄虚作假、修改数据和谎报瞒报的失职渎职行为等。

（3）夯实环境统计基础工作。浙江省在做好污染源普查的基础上，应加大构建污染源基础数据库、排污权交易账户平台管理的力度，完善企业污染物排放台账制度；进一步统一与规范环境统计指标体系、环境数据统计方式，构建环境统计数据质量评价体系，提高统计数据的准确性；建立并实施环境统计相关信息的公开制度，提高社会参与度。

（4）提高环境执法监督力度。浙江省在加强环境监管的基础上，应提高环境执法力度，提高污染企业和超总量排污的违法成本：严把排污权交易审批和许可关；加强对排污权交易过程的监管，及时制止滥用转让权及非法转让的买卖行为，保障交易过程规范有序地进行；加大监督检查与违规排污的惩罚力度，视情节轻重给予责令改正、经济处罚、扣押许可证等惩处。

4. 管理机制：规范与完善排污权交易市场运作环境

（1）放松政府对排污权价格的管制。浙江省排污权交易价格形成应在政府指导定价的基础上增加市场调节机制，并将政府在排污权制度实施中的工作重心由行政控制转变到努力培育排污权交易市场、为市场服务上来，包括明确交易主体资格、制定交易规则，防治出现交易价格垄断，杜绝蓄意囤积等扰乱市场的行为。同时，浙江省在改革完善排污权价格机制过程中，要注重各地排污权指导价格的相对统一性，为排污权制度的推广创造公平、公正的市场环境。

（2）加强排污权交易市场的规范统一。为推进建立全省统一的排污权交易市场，浙江省应进一步明确排污权交易的条件和市场规则，规范相关审核程序、技术标准和方法，并逐步形成全省统一的交易规范细则。在此基础上，建立排污权制度实施信息公开共享制度，提高交易的透明度，尽可能简化交易程序，降低排污权交易费用。此外，还应加强网上交易监管、环境金融监管和环境财政监管，进一步活跃排污权交易市场，丰富排污权交易的内容以及完善排污权有偿使用和交易制度。

（3）建立排污权交易供给的激励机制。针对企业普遍存在的“惜售”现象，政府应建立有效的激励机制：对积极投入减排技术研发、减排设备使用与参与富余排污权交易的企业，给予一定的政策优惠和专项补贴；允许企业进入排污治理设施建设和经营领域，共同分享减排收益；加强政策推动与保障，确保排污权时限的政策衔接与排污权价值的折旧、摊销等问题得到有效处理，降低企业预期的不确定性。

（4）衔接许可期限推动统一市场发展。浙江省已在省级层面出台条例规定了排污许可证的最长时限为5年，各试点地区应在已有实践的基础上，制定许可证时限衔接制度。一方面，可以考虑对已核发的许可证采取回购—再出售的方式进行期限调整；另一方面，应充分考虑许可证到期后的相关利益调整问题。通过渐进式的调整，逐步统一全省排污权许可证期限，从而推动排污权制度在全省范围的深入试点，推动全省统一的交易平台的发展壮大。

（5）完善排污权交易中介平台的建设。鉴于浙江省已成立的排污权交易中心性质不统一且各有利弊的状况，应在排污权交易中心由事业单位性质向企业性质转变的探索过程中不断克服体制弊端，使其逐渐向中介服务机构发展，一方面为交易企业提供交易规则、交易行情、交易顾问等服务，另一方面提供排污权交易的核定和登记等管理服务。在全面推进排污权制度改革的情况下，全省需要统一规定排污权交易中心的性质甚至整合排污权交易机构、统一规定排污权的期限、统一确定排污权的定价方法、统一制定排污权交易规则等，从而规范排污权交易市场的运行。

【参考文献】

[1] 胡锦涛. 坚定不移沿着中国特色社会主义道路前进 为全面建成小康社会而奋斗 [M]. 人民出版社, 2012.

[2] R. H. Coase. The Problem of Social Cost [J]. Journal of Law and Economics, 1960.

[3] 约瑟夫·费尔德. 科斯定理 1-2-3 [J]. 李政军译. 经济社会体制比较, 2002.

[4] 沈满洪, 赵丽秋. 排污权价格决定的理论探讨 [J]. 浙江社会科学, 2005.

[5] 吴玲. 排污权交易制度研究的理论基础 [J]. 中国农学通报, 2007.

[6] 胡民. 中国构建和实施排污权交易制度研究 [D]. 西南财经大学博士学位论文, 2008 年.

[7] J. H. Dales. Pollution, Property & Prices [M]. Toronto: University of Toronto Press, 1968.

[8] Montgomery. Markets in licenses and efficient pollution control programs [J]. Journal of Economic Theory, 1972 (5).

[9] Tietenberg T. H. The Evolution of Emissions Trading [J]. AEA Conference Papers, 2008.

[10] 沈满洪, 钱水苗, 冯元群等. 排污权交易机制研究 [M]. 北京: 中国环境科学出版社, 2009.

[11] 张荣社. 排污权有偿使用和交易的基层实践——以绍兴市为例 [J]. 环境保护, 2016 (13).

[12] 沈满洪. 水权交易制度研究——中国的案例分析 [M]. 杭州: 浙江大学出版社, 2006.

[13] 郭荣根，许海忠，张建明. 关于排污权有偿使用机制的探讨 [J]. 中国环境管理，2002 (5).

[14] 杜德荣，徐文祥，孙东明. 首创排污权有偿使用的“秀洲模式”——来自秀洲区的报道 [J]. 今日浙江，2006 (3).

[15] 沈满洪，谢慧明. 生态经济化的实证与规范分析——以嘉兴市排污权有偿使用案为例 [J]. 中国地质大学学报，2010 (6).

[16] 沈满洪，周树勋，谢慧明，等. 排污权监管机制研究 [M]. 北京：中国环境出版社，2014.

[17] 顾春. 排污权如何“买卖” [N]. 人民日报，2007—12—04.

[18] 蔡翡燕，金兴华. 嘉兴市排污权交易实践及改进建议 [J]. 水利经济，2010 (2).

[19] 徐学勤. 嘉兴市排污权交易的实践与思考 [J]. 现代商业，2010 (9).

[20] 陈庆能，沈满洪. 排污权交易模式的比较研究 [J]. 生态经济，2009 (10).

[21] 姜妮. 排污权交易：地方实践风生水起 [J]. 环境经济，2011 (6).

[22] 沈满洪，黄文若. 工业化进程中环保促调的实践探索——以嘉兴市秀洲区为例 [J]. 环境污染与防治，2012 (5).

[23] 程凌香. 排污权抵押贷款法律问题探析 [D]. 湖南师范大学硕士学位论文，2010.

[24] 沈蓓莉，周颖. 创新交易模式，完善市场机制——南湖区网上拍卖排污权 [N]. 中国环境报，2012—07—30.

[25] 浙江省发改委调研组. 积极稳妥推进排污权有偿使用改革的思考与建议——关于嘉兴市秀洲区推行排污权有偿使用改革的调研报告 [J]. 中国经贸导报，2008 (10).

(**作者：**沈满洪，宁波大学校长、浙江省生态文明研究中心主任；周楠、沈玲佳、赵容丽，浙江理工大学经济管理学院研究生)

分论之四：生态文明公众参与制度建设的浙江实践

党的十八届三中全会提出，建设生态文明，必须建立系统完整的生态文明制度体系，用制度保护生态环境。在生态文明制度体系中，生态文明公众参与制度是不可或缺的重要组成部分。本部分旨在通过理论和实践两个层面的探讨，着力阐述浙江生态文明公众参与制度的总体框架、制度绩效及对策措施。

一、生态文明公众参与制度概述

1. 生态文明公众参与的界定

（1）生态文明公众参与的内涵阐释。“公众”是一个为多学科所使用的概念，法学、管理学、政治学、社会学、传播学等不同学科都有其各自的学理解释。本部分中使用的“公众”一词，并非严格意义上的学术用语，而是一个具有实践应用性的范畴，它仅作为参与生态文明建设的社会组织、大众传媒和公民的集合来使用。同样，本部分研究和讨论的“生态文明公众参与”概念也是如此，它指的是社会组织、大众传媒和公民参与生态文明建设的全领域和全过程，可以分为立法层面的公众参与、公共决策层面的公众参与和公共治理层面的公众参与。同时，需要特别说明和强调的是，作为提供公共服务的政府组织，其在生态文明建设中扮演的是主导者和引导者的角色，政府参与的效度直接决定着公众参与生态文明的效度。为此，本章在论述中，将政府参与放在公众参与的大视野下一并讨论，以充分体现生态文明公众参与制度框架和实践展开的完整性。

（2）生态文明公众参与的理论基础。“公众参与”起源于西方民主政治建设，最早是作为一个政治概念使用的，其后被逐步应用于社会公共领域。“生态文明公众参与”是“公众参与”在生态文明领域的发展，是传统生态文明发展缺位和工业文明反思的产物，生态文明公众参与有其自身的理论依据和发展基础。

首先是环境权理论。1960 年，一名德国医生向欧洲人权委员会控告向北海倾倒放射性废物的行为违反了《欧洲人权条约》，由此迅速掀起了欧美社会关于环境权是否应该纳入基本人权的大讨论。在激烈的讨论中，美国学者约瑟夫·萨克斯以“共有财产”和“公共委托”为依据提出了系统的环境权理论，日本学者随后又提出了“环境共有原则”和“环境权为集体性权利原则”。1972 年，《人类环境宣言》宣布：“人类有权在一种能够过尊严和福利生活的环境中，享有自由、平等和充足的生活条件的基本权利，并且负有保护和改善这一代和将来世世代代的环境的庄严责任”。环境权理论在世界范围内得到承认。该理论所指的公众环境权主要表现在四个方面：一是了解自身环境状况信息的权利；二是对污染的主张及污染产生时听取情况的权利；三是从污染主体那里获得赔偿的权利；四是关于处理污染物的民主参与权利（Hannigan，1995）。从人类生存发展的角度看，环境权是一项基本的公共权利，公众有权参与到生态文明建设中来。

其次是民主治理理论。20 世纪 90 年代以来，伴随着“治理危机”的出现，民主治理理论出现。民主治理理论的核心是治理主体多元化，第三部门、公民都是治理主体，政府与多元主体在多元治理体系中相互制衡、相互依赖、相互合作，各自发挥优势，实现共同目标。正如罗茨所说，“统治的含义有了新解，意味着一种新的统治理念，意味着有序统治的要素已不同于以前，或是以新的方法来统治社会……作为社会控制体系的治理，它指的是政府与民间、公共部门与私人部门之间的互动与合作”等（俞可平，2000）。生态文明公众参与的实质，就是民主治理在生态文明领域的表现形式，公众作为民主治理的重要主体，广泛参与到生态文明建设中来，可以发挥多元主体的作用和优势，既保障公众的治理权，同时又提升生态文明发展的整体成效。

再次是利益相关者理论。利益相关者理论是一个经济学理论，20 世纪 60 年代由斯坦福大学研究院最先提出。20 世纪 80 年代，美国经济学家弗利曼将利益相关者定义为“能影响组织行为、决策、政策、活动或目标的人或团体或是受组织、行为、决策、政策、活动或目标影响的人或团体”（姜仁良，2012）。利益相关者理论的核心是：在公司发展中，由只强调股东利益向最大地满足利益相关者利益转变。在工业文明发展模式下，作为利益相关者，公众的利益受到损害。随着生态问题区域化甚至全球化的出现，利益相关者理论被逐步应用于生态环境治理中。毫无疑问，当前的环境危机影响公众生存和发展的切身利益，生态文明必须把公众纳入利益相关者，公众通过参与其中来维护自身的利益。

（3）生态文明公众参与的治理结构。生态文明建设的参与主体有政府、民间环保组织、大众传媒、公民等。各主体在生态文明建设中各司其职，形成政府主导、公众参与、社会协同的生态文明治理结构。

在生态文明建设中，政府应扮演主导者和引导者的角色，这样才有利于重新塑造和构建人与自然之间的和谐关系、为将来的经济社会发展留出可以依托的生态环境、为中华民族的伟大复兴以及“中国梦”的实现奠定稳固的生态基础。各级政府生态责任的基本内容，主要包括发展理念的形成、发展方向的引领、发展偏差的扭转以及发展质量的提升等。政府承担生态责任的实际内容，主要体现在制定生态规划、完善法规政策、转变发展方式、实施生态治理和弘扬生态文化等方面。政府生态责任的履行到位与否，直接决定着能否实现生态文明建设方向、战略，为此，必须切实加强政府职能转变，不断提升其在生态文明领域的服务能力和水平。

民间环保组织在人与自然、经济社会环境协调发展方面起了重要作用。这主要体现为：环境决策民主协商，兼顾代内和代际公平，促进人与自然和谐共生；教育公众、收集社情民意，将公众理念纳入社会决策过程，提高决策的科学性、民主性；解决环境问题和生态问题，以促进可持续发展；有效解决公众提升生活质量要求与政府投入不足之间的矛盾等。民间环保组织是推进生态文明建设的第三方力量，其技术专业性、主体多样性、内容针对性等特点，既能弥补政府服务和市场服务的不足，又能更大范围地发动公众参与，需要加快推进民间环保组织的发展。

各种大众传媒，不管是传统媒体（电视、广播、报纸、刊物等）还是新媒体（互联网、手机 APP 等），都可以在公民、民间环保组织和政府之间，建立起有效通畅的互信、互动和交流平台，构建现代生态文明价值坐标，有效化解各类生态危机事件，促进社会稳定。大众传媒的职责有：着力监督政府生态责任的履行、着力促成经济运行方式的转变、着力引领绿色生活方式的培育。在相对具体的可操作、可执行层面，大众传媒参与生态文明建设，可以在不同的层面实施不同的行动策略，即四个方面的“强化”：强化现代理念引领、强化舆论监督宣传、强化多方参与互动、强化生态文化培育。大众传媒更多地表现为一种生态价值理念和生态精神文明的引领，正好弥补当前生态文明建设在思想上、认识上的缺位，营造全民参与生态文明建设的良好氛围。同时，也需要引导大众传媒的有序发展。

公民是生态环境的直接消费者，其作用的发挥直接关系到生态文明建设的每一个细节。在生态文明的建设中，公民一要做直接的实践者，自觉地提升自身的环保意识、参与到身边的生态环境保护、发动身边的人参与一定区域的生态文明建设；二要做间接的参与者，广泛参与政府的生态文明决策、民间环保组织和大众传媒组织的生态文明活动，通过规定的法律程序和途径，提出推进生态文明建设的意见和建议，为生态文明建设贡献智慧。人民群众是历史的创造者，生态文明需要公民的共同创造，必须充分尊重公民的主体地位，政府要强化公民参与生态文明建设的保障条件，民间环保组织和大众传媒正确引导，提升公民参与生态文明建设的积极性、主动性和创造性。

2. 生态文明公众参与的渠道

（1）政府发挥引领主导作用。政府参与生态文明建设不是通过行政命令的单一模式来实现，而是通过在全社会引领生态文明价值风尚、为公众参与生态文明建设提供服务等形式来实现。

培育生态价值理念。生态文明的健康发展，生态文明价值理念的形成和认同是前提。从发生学的意义上讲，社会成员的行为转变源自于其在社会生活实践中思想认识和价值理念的根本性变化。而一旦思想认识发生了积极的改变，并且又深深地植根于人们的头脑当中，这样的思想认识就上升为价值理念，可以在有形与无形之间影响和支配人们的行为。中国的生态文明建设在政府层面已成为政策，但是公众认同感还处在较低阶段，政府要做的就是从强化公众的生态文明基本价值理念上着手，通过多方面的努力，帮助和推动人们把这种意识和理念转化为自觉行动，并且在社会生活各个领域当中推动和展开，为生态文明建设集聚持久的动力源泉。政府需要从三个方面培育公众的生态文明价值理念：一是从生态平衡方面，物种之间相互竞争、也相互依存，其他物种是人类存在的必要条件，对生态系统的平衡有积极作用，物种之间需要和谐共处。二是从价值或重要性方面，生态环境是政治经济文化发展的“土壤”，任何发展模式都必须以保持“土壤”肥力为基础。三是从自身特点方面，生态发展不是封闭的，而是开放的，要打破地区、民族、代际界限，推进生态系统发展。

推行环境信息公开。信息公开具有双重功能，既体现了对公众的基本权利的尊重和实现，又能通过公众评价机制集聚公众智慧。当前，在对政府行为的评价上，被公众诟病最多的就是信息公开。为此，要提升生态文明公众参与度，首要的就是推行生态环境信息公开。生态环境信息公开，需要把握好公开和评价两个面。从公开方面来看，可以采用主动公开和依申请公开相结合，在政府掌握的生态环境信息基础上，根据公众的需要掌握收集公开新的环境信息，弥补政府的不足；在公开的制度上，建立新闻发言人制度，规范公开程序，依法公开；在公开的范围上，坚持应公尽公原则，全面推进大气、水等环境信息公开、排污单位环境信息公开、监管部门环境信息公开，扩大公众的环境信息量。从评价方面来看，《中华人民共和国环境影响评价法》（2002 年）第五条规定："国家鼓励有关单位、专家和公众以适当的方式参与环境影响评价。"政府应建立健全环境信息评价机制，建立环境保护网络举报平台和举报制度，健全举报、听证、舆论监督等制度，多渠道获取公众的评价信息。同时，对公众的利益诉求和建议表达，应及时反馈，并作为决策的重要参考，提升公众参与的积极性。

强化生态服务保障。一是要强化法律保障，制定完善环境保护法、环境影响评价法、环境信息公开办法、社会组织登记管理条例等相关法律法规，增加并完善有关公众参与的条款；加快立法进程，探索制定社会组织法等法律法规，扩大公众参与的权利内容；加大执法力度，对阻碍公众参与生态文明建设的行为进行严厉打击，保障公众权利的行驶。二是要强化政策保障，坚持市场化道路，大力推行环保领域 PPP 模式，加快向民间环保组织转移环保公共服务职能，向环保组织、环保企业购买环保公共服务或产品，提升社会资本资源的参与能力；加快制定完善生态文明公共服务计划，提升生态公共服务产品的数量和质量，同时为公众参与生态文明建设提供尽量多的支持。三是要强化舆论保障，转变观念，由直接参与转为参与、监督相结合，制定监督管理办法，对公众参与生态文明的实践进行监督管理和引导，提升公众参与的有效性；强化环保宣传教育，将环保宣传纳入公共文化宣传和国民教育文化体系，组织理论和实践相结合的多样化的环保宣传文化活动，提升公众参与生态文明建设的文化自觉性。

（2）民间环保组织积极参与。民间环保组织伴随着西方工业文明的进程产生、成熟和发展。民间环保组织的出现，在于应对工业革命以来市场和政府在生态环境领域的双重失灵。生态环境是公共产品，而经济学的“经济人”假设建立基础是个体“理性选择”，这种“理性选择”对个体是生态原则，对社会不一定是生态原则。在现实中，政府着力实现社会生态原则，但限于其能力的有限性、局限性，不可能满足所有社会成员的多样化和个性化需求，只能满足普通公众的一般需求，难以从公共政策上维护生态的平衡。面对双重的失灵，在共同环境利益的驱动下，同类公众为了追求共同的利益，组成社会组织，而民间环保组织正是由于公众生存环境共同利益而产生的社会组织。从当代中国发展来看，“中国社会正在由过去那种高度统一和集中、社会连带性极强的社会，转变为更多带有局部性、碎片化特征的社会”（孙立平，2004）。在这种社会转型作用下，生态环境主体多元化、利益多元化、价值多元化，民间环保组织顺应这种多元化而产生，与政府缔结“合作伙伴关系”，共同推进生态环境治理。

民间环保组织参与生态文明主要有以下渠道：

影响政府决策。在与政府的关系方面，民间环保组织遵循“帮忙不添乱、参与不干预、监督不替代、办事不违法”的原则，大力与政府合作（周青，2011）。民间环保组织是独立的第三方，可从多角度、多层次构建平台，在此平台上实现政府与公众沟通、对话。2002 年北京某机构打算在顺义湿地建设高尔夫球场，民间环保组织“绿网”获得这一信息后，积极组织公众座谈，向相关部门反映情况，最后这一机构放弃了在此地修建高尔夫球场的打算。民间环保组织保护了北京平原地区这块唯一的湿地。

提升科学认识。民间环保组织对环境保护信息予以收集、编纂、处理、传播，借助传统媒体（报纸、电视、广播等）和新媒体（微信、微博等）等手段及时对公众传播科学环保理念，并通过策划、组织活动与公众进行沟通、交流，增强公众的环保意识，公众环保意识的增强会使公众更自觉地参与环保活动，实现良性循环。许多民间环保组织通过出版著作来吸引公众眼球，引起社会关注。比如中国著名民间环保组织“自然之友”、“地球之友”、“绿色和平”等都出版过著作，以记录、梳理、总结各自组织开展环保活动的历程和经验。

进行环境协商。对有重要影响的环境问题，民间环保组织进行实地调查，掌握一手资料，认真分析项目利弊得失，向相关政府部门提供决策建议，推动相关政策的调整。如2004年9月开始动工的北京圆明园昆明湖湖底防渗漏工程，当时的国家环境保护总局举行听证会，“自然之友”、“地球纵观”、“地球村”等民间环保组织在实地调查基础上在听证会上进行了发言，建议对昆明湖湖底防渗漏工程进行整改，最终结果是有关方面接受了建议，恢复了水面（刘逢等，2006）。

实施环保行动。公众是环境保护的重要力量。浙江绿联公益网络曾开展“小鱼治水”——清源洁水行动项目，联合政府部门、新闻媒体、企业单位、公众共同探索公众参与水环境保护新路径。“陕西妈妈环保志愿者协会”围绕政府西部开发战略部署，在10个试点县的一万余农户中开展了“绿色家园环保示范户”创建工程，引导农村妇女发展无污染、无公害生态农业和建设以秸秆、人畜粪便综合利用的农村庭院沼气再生能源，开拓了一条贫困家庭依靠发展保护生态环境的绿色经济脱贫致富的新路径（任秀芬，2007）。

（3）大众传媒传播分享信息。大众传媒主要通过报纸、杂志、广播、电视、网络等载体传播分享生态文明信息。当前，大众传媒飞速发展，传播分享信息速度快、范围广、影响大，逐渐成为公众获取生态文明信息的主要渠道。

第一，传播生态价值理念。现代生态价值理念是公众参与生态文明建设的思想武器。作为公共信息的平台，大众传媒以其独特的优势扮演着现代生态理念播种机的角色。大众传媒传播生态价值理念，主要有四个方面：一是系统整体的社会发展理念，引导公众将人类社会视为一个贯通着自然—人—社会这三个层面基本元素的“整体复合系统”，并去深入把握自然界的持续运行、人类行为活动的展开和经济社会的发展与社会文明进步这三者的内在联系。二是尊重自然的生态伦理理念，引导公众由人类中心主义生态伦理理念向非人类中心主义生态伦理理念转变，形成道德主体覆盖整个生命界的伦理认识，关注自然权利，努力追求人与自然的和谐。三是权利平等的生态正义理念，引导公众确立和秉承生态正义理念，在生态领域倡导和践行公正公平、利益共享和风险分担的行动准则，对那些在发展进程中为了发展成就的实现而付出了代价和损失的国家、地区、区域乃至群体，给予必要的生态补偿，实现人与人之间生态发展的公平正义。四是自我约制的人类幸福理念，引导公众形成追求人与自然的和谐、人类社会自身内部的关系和谐价值取向，人类要有效地对其自身欲望及欲望满足方式和途径的调节，实现自我的身心和谐和长久幸福。

第三，报道生态环境事件。大众传媒是生态环境的“显微镜”，通过其敏锐的洞察力和超大的覆盖面，抓住每一个细小的生态环境事件或细节，解剖其内在本质，在传递信息、引导公众认识、舆论监督等多方面发挥作用。大众传媒广泛关注交通拥堵、大气污染、森林砍伐、水土流失等环境议题，开辟形式多样的专栏节目（如中央电视台的《人与自然》和《动物世界》，南方周末的《绿色观察》、《绿色圆桌》、《绿色对话》等），多角度多层次解释环境事件的始末，为公众呈现真相。除了揭示真相外，大众传媒聚焦于人与自然环境的矛盾根源，多角度对环境事件进行客观评价和分析，反映公众的诉求和建议，纠正公众的认识偏差，引发全社会对环境问题的关注和警示，调动全社会参与生态文明建设的积极性。新闻报道更是一种舆论监督，通过对一些破坏生态环境的活动、对政府推进生态文明建设中不科学的行为、政府人员不作为乱作为现象等进行实时求是的披露，充分发动公众参与，从反向倒逼政府、社会组织等科学决策、规范行为。如中央电视台的《焦点访谈》节目，近年来开展的《保护区里的乱采滥伐》、《如此退耕 谁来负责》、《假造林真“圈钱”》等报道，形成了巨大的社会舆论压力，督促政府部门及时整改到位，推动了生态文明建设沿着正确的方向前进。

第三，普及生态科学知识。新世纪以来，一系列生态环境群体性事件的背后，都源于别有用心者对一批“不明真相”的公众的煽动和蛊惑，在公众中开展生态环境科学知识的普及是当务之急。而在生态环境科学知识的普及中，大众传媒有其独特的优势。在诸如电视新闻、报纸、杂志等大众传媒的传播中，经常性会有一些解释性的报道，对“温室效应”、“臭氧层空洞”、“核辐射”、“PM2.5”、PX 等专业名词，对关于生态文明建设的法律法规、政策方针等内容进行专业的阐释，使公众面对生态问题时不再盲目，能对环境事件进行理性、准确的分析。为提升科学知识普及的有效性，大众传媒可谓是“费尽心思”，在传统媒介的基础上，充分利用网络平台、QQ、微信、手机 APP 等“互联网 +”形式，通过图片、文字、动漫等多种形式传播生态环境科学知识，激发公众学习科学知识的兴趣。同时，部分媒体探索设立网上对话交流平台，引导广大公众就生态环境科学知识与政府、与其他公众之间，甚至与其他国家和地区政府和公众之间开展科学知识交流和探讨，在交流中加深对生态环境科学的认识。

（4）公民参与生态环境保护。公民参与是生态文明公众参与的最基本形式。20 世纪 60 年代末，西方国家掀起了日益高涨的环境保护浪潮，“公民参与原则”被逐步适用到环保领域并得到国际社会认可。环境保护领域的“公民参与原则”是指在环境法保护领域里，公民有权通过一定的程序或途径参与一切与自己环境利益相关的决策活动，有权提起环境公益诉讼，有权参与环境管理并对管理部门以及单位、个人与生态环境有关的行为进行监督①。

公民参与环境保护，有其内在的必然性：一是维护自身的环境权利。环境权理论认为，环境权利是公民的固有权利，有权享受环境带来的好处，也有权保护环境。公民行使环境权有双重作用，在增强权利意识的同时，提升参与环境保护的积极性。二是推进政府环保决策科学化。公民具有广泛性，能弥补政府视野的不足，公民参与度越高，环保决策的科学性就越大。三是营造社会参与氛围。公民参与环境保护是最好的宣

① 中国法院网，http://old.chinacourt.org/html/article/200809/11/321189.shtml.

传，会起到示范带动作用，集聚环境保护的社会力量。

公民参与环境保护活动，可以通过参与环境实践、参与环境制度建设、参与环境宣传监督等途径来实现。

这里的环境实践是狭义的实践概念，是指公民通过投入劳动力、资金、技术等形式直接参与环境保护行动，是公民参与环境保护的最普遍形式，可分为日常实践和特定实践两种。日常实践主要指公众自觉保持周边环境干净整洁，如垃圾收集分装、保护花草树木、节约用水、减少废弃物或污水排放等。特定实践指公民参与到政府或环保组织开展的公益活动，通过投入劳动力、资金、技术等参与环保产业或环保工程发展，如参加长江防护林工程建设、通过 PPP 模式参与“五水共治”行动、直接投资发展环保产业项目等。

参与环境制度建设指公民参与环保立法、环保执法和环保司法过程。参与环保立法方面，公民通过或直接作为人大代表、政协委员参与立法，通过听证会、座谈会、论证会等形式参与立法的某些环节，将公民的共同意志写进法律条文。参与环保执法方面，政府坚持公平公开原则，在政府行使环保管理和执法权的全过程中保证有序的公众参与，确保环保执法的合法合理。参与环保司法方面，公民有权参与具体的司法实践过程中，确保合法公正地查处涉及环保的案件。

参与环境宣传监督指公民有权宣传环保理念、方针、政策，有权对政府、企业或环保组织行使环保责任的情况进行监督。公民是环保理念培育的直接对象，每一个公民都应该把自己当成环保宣传员，在提升自身环保意识的同时，通过多样的形式去引导影响周围的人，通过社会网格的延伸提升全社会的环保意识和参与环保的能力。公民监督是公民参与环保活动的有效形式，公民对一切污染环境、破坏环境的行为都有权监督，甚至可以提起法律诉讼。公民监督更要注重事前和事中监督，对于环保决策制定和实施的各个阶段和各个环节，公众都要积极参与监督，最大限度地减少决策失误。

3. 生态文明公众参与的要求

（1）不断完善政府环境考核评价制度。党的十八大提出：要把资源消耗、环境损害、生态效益纳入经济社会发展评价体系，建立体现生态文明要求的目标体系、考核办法以及奖惩机制。建立体现政府运行规律、反馈生态环境实际情况和公众参与诉求的政府环境考核评价制度是当务之急。根据中共中央、国务院《生态文明体制改革总体方案》（中发〔2015〕25号），政府环境考核制度重点应从以下几个方面入手：[①]

建立生态文明目标体系。制定生态文明建设目标评价考核办法，把资源消耗、环境损害、生态效益纳入经济社会发展评价体系。根据不同区域主体功能定位，实行差异化绩效评价考核。建立资源环境承载能力监测预警机制。研究制定资源环境承载能力监测预警指标体系和技术方法，建立资源环境监测预警数据库和信息技术平台，定期编制资源环境承载能力监测预警报告，对资源消耗和环境容量超过或接近承载能力的地区，实行预警提醒和限制性措施。探索编制自然资源资产负债表。制定自然资源资产负债表编制指南，构建水资源、土地资源、森林资源等的资产和负债核算方法，建立实物量核算账户，明确分类标准和统计规范，定期评估自然资源资产变化状况。在市县层面开展自然资源资产负债表编制试点，核算主要自然资源实物量账户并公布核算结果。对领导干部实行自然资源资产离任审计。在编制自然资源资产负债表和合理考虑客观自然因素的基础上，积极探索领导干部自然资源资产离任审计的目标、内容、方法和评价指标体系。以领导干部任期内辖区自然资源资产变化状况为基础，通过审计，客观评价领导干部履行自然资源资产管理责任情况，依法界定领导干部应当承担的责任，加强审计结果运用。目前已在内蒙古呼伦贝尔市、浙江湖州市、湖南娄底市、贵州赤水市、陕西延安市开展了自然资源资产负债表编制试点和领导干部自然资源资产离任审计试点。建立生态环境损害责任终身追究制。实行地方党委和政府领导成员生态文明建设一岗双责制。以自然资源资产离任审计结果

① 新华网，http：//news. xinhuanet. com/politics/2015－09/21/c_1116632159. htm.

和生态环境损害情况为依据，明确对地方党委和政府领导班子主要负责人、有关领导人员、部门负责人的追责情形和认定程序。区分情节轻重，对造成生态环境损害的，予以诫勉、责令公开道歉、组织处理或党纪政纪处分，对构成犯罪的依法追究刑事责任。对领导干部离任后出现重大生态环境损害并认定其需要承担责任的，实行终身追责。建立国家环境保护督察制度。

科学的政府环境考核评价制度，离不开公众的评价。考核评价制度中应明确公众参与考核的环节和权限，并进行公开。充分发挥人民代表大会制度的优势，每年对政府环境考核结果通过人民大表大会进行讨论甚至问询，考核结果和问询情况均进行公开，人大或人大常委会负责收集公众反馈，并定期对反馈结果通报同级党委和上级政府，作为政府考核的一个重要指标，倒逼考核的严谨性和真实性。考核前，将当年政府环境绩效进行网上公开，考核中设置公众打分环节，打分结果按一定权重折算到考核总分中。考核程序结束后，由上级政府到当地召开意见征求会，听取公众对考核结果的意见，最大限度地把公众意见纳入政府环境考核中，提升考核的科学性。

（2）加大政府向民间环保组织购买服务力度。政府购买公共服务是指政府通过公开招标、定向委托、邀标等形式将原本由自身承担的公共服务转交给社会组织、企事业单位履行，以提高公共服务供给的质量和财政资金的使用效率，改善社会治理结构，满足公众的多元化、个性化需求（徐家良等，2013）。政府购买公共服务理论有三大理论基础：激励性规制理论、规制理论、法权互动理论。激励性规制理论认为，规制有约束和激励双重属性，政府向社会组织购买服务，形成等价交换，会激励社会组织不断提升服务水平，以提升服务价值。从规制理论发展来看，伴随着政府提供公共服务与公众需求矛盾的日益突出，公共服务理念逐步由规制向放松规制转变，公私合作模式出现，社会组织在提供公共服务方面显示出了比政府更大的优势。从法权互动理论来看，传统法权“互侵”向法权“互动”转变。在政府购买公共服务中，政府将公共服务委托给社会公共服务组织提供，倘若以政府的权力侵及社会公共服务组织的权利，则难以有效激发后者提供公共服务的动力。于是，法权互动的理论力求凸显服务组织的权利，以恰当的法权分配保障社会组织的权利，从而激励主体功能的发挥（骆路金，2012）。

（3）拓展环境保护宣传手段。环境保护宣传是大众传媒参与生态文明的主要方式。有效的环境保护宣传在全社会环保意识培养、环保道德伦理形成、环境行为规范等方面有巨大作用。

强化舆论宣传监督。无论是政府职能部门履行生态环境执法、生态安全监管与保障、生态环境治理等公共职责，还是企业节能减排和推进生态化的技术改造亦或社会公共生活中事关生态环境安全的危机事件的爆发，乃至居民有违绿色环保价值理念和目标要求的行为习惯的改变等，所有这些工作和事务，大众传媒都可以作为一种积极的推动力量介入其中，并发挥舆论监督和引导疏导作用。对于那些因政府决策、企业原因甚至是个人原因而导致的生态环境危机事件，大众传媒及时介入，客观报道，理性发声，以高度的社会责任感参与进来，力图在充分传播完整信息的前提下，澄清虚假的信息，有效引领社会舆论的走向，化解和疏导非理性的公众情绪。同时，在当今传播媒介多元化的社会环境下，报纸、杂志、广播、电视等传统媒体应注重同网络媒体融合，尤其是同互联网络的微博、微信等自媒体协调好关系，以达到更为理想的传播效果。

引导多方协同合作。大众传媒利用自身所特有的信息传播、社会动员和资源整合优势，在政府承担生态文明建设的公共责任、企业承担生态经济运行的主体责任的基础上，穿针引线，使各类社会团体和社会组织以及其他各种社会民间的力量也都可以积极行动起来，将有益于生态文明建设的各种资源要素整合动员起来，协同合作，共促发展。引导政府与企业的合作，发挥市场机制的导向作用，将投资、经营、受益这三者有效结合起来，鼓励多种经济主体参与政府环保项目；引导政府与民间环保组织的合作，政府通过财政购买形式，将一部分环保公共服务交由民间环保组织承担，推进民间环保组织的深度参与；引导政府与公民的互动合作，广开渠道，在公众中广泛征集建设生态文明的意见和建议，引导公众参与到生态文明建设的具体实践中，发挥主体作用。大众传媒注重搭建平台，引导政府、民间环保组织、公民共同参与环保公益活动、生态文明宣传行动等，形成全社会共同推进生态文明建设的局面。

引领绿色生活方式。绿色生活方式除了包含体现生态环保的价值理念并且符合生态环保的目标要求的绿色消费内容之外，还涉及人类社会生活的其他许多方面，诸如整个社会占据主导地位的生产力水平和经济运行形态，主导性的生活方式和流行时尚等。大众传媒倡导绿色生活理念，有利于促进社会公众逐渐养成生态环保的绿色消费行为习惯，在绿色生活中享受人生的价值和意义，使社会成员个人和群体形成简约绿色的消费理念和生活方式，从而为整个社会的生态文明建设培育起坚实的社会基础。具体来说，引导公众食用绿色食品，节能节水节电，注重生活品的重复利用，倡导垃圾分类回收，乘坐公共交通出行，不追求过度的时尚等，在整个生活领域实现低消耗、低污染、低排放，推进生活领域的可持续发展。

（4）提升公民生态意识。作为生态文明建设的基础主体，公民生态意识直接决定公众参与生态文明建设的深度和广度。公民生态意识是公众意识的一种，是公民意识在生态文明建设中的体现。理解公民生态意识，首先要理解公民意识概念。公民意识是社会意识形态的一种，它是一定国度的公民关于自身权利、义务的自我意识和自我认同的总称（姜涌，2001）。包括三个方面：对自我的认识，对他人的认识，对社会和国家的责任感。作为公民意识的一个分支，生态文明意识在表层操作方面包括公民对于生态文明知识的知晓和认识，对生态文明建设的态度与评价以及对生态文明建设的预期与参与程度；在深层的理性认知方面，应该包括公民对自身在生态文明构建中的社会角色、承担的社会责任、享有的社会权利和对社会基本规范所持有的认知与观念（卓越等，2007）。公民生态意识是公民参与生态文明建设的基础价值导向。

公民生态意识细分为五个层次①：生态道德意识、生态忧患意识、生态科学意识、生态价值意识和生态责任意识。生态道德意识是人与自然之间道德关系的要求和体现，把人与自然的关系纳入道德关怀，自觉承担起对自然环境的道德责任。生态忧患意识是人类面对日益严重的生态危机而萌生的对自己前途命运的思考和认识，对于人类来说，最可悲、最可怕的不是遇到了生态危机，而是缺乏对生态危机的觉察，大难临头却不知不觉，甚至盲目乐观。只有觉察到潜在的生态危机，才有可能缓解和彻底消除生态危机。生态科学意识就是要用生态科学的眼光审视自然、指导实践，是生态科学知识的积淀与升华，它的发展同生态科学的成熟及其向整个科学技术领域的渗透相伴随。生态价值意识，即生态价值观念，指人们在实践和认识活动中形成的对地球生态环境的价值评价、价值取向。人们在长期与周围环境的接触中认识自然和改造自然，逐渐产生了有关生态环境的意义、好坏、美丑、利害等观点和看法，从而形成了关于生态价值的观念。生态责任意识指每一个人都对生态保护负有责任，生态能否得以有效保护，关键取决于公民能否意识到自己对生态保护的责任和由此所决定的他们实际参与生态保护的程度。公民对生态保护的责任，一方面是指他们有责任使生态不受破坏，自觉限制各种破坏生态的行为；另一方面是指他们有责任促进生态建设，自觉从事各种有益于生态发展的活动。

二、浙江省生态文明公众参与的历史回顾

1. 政府引领的历史回顾

（1）建立绿色考核制度。在“绿水青山就是金山银山”重要思想的指导下，浙江积极探索政绩考核体系改革，将“青山绿水”的考评项目纳入其中。比如，在以山区为主的丽水市，其半数以上的乡镇不考核工业税收、招商引资，而是考核生态产业、生态环境。这样的考评方式，

① 求是理论网，http：//www. qstheory. cn/st/stwm/201204/t20120416_151374. htm.

传递出的理念是，不要以牺牲资源环境为代价来追求产值，也不要以牺牲未来利益为代价去追求 GDP 增长。这些理念，已渐渐成为浙江各界人士的共识。在绿色考核制度的倒逼下，浙江各地生态建设投入大、见效快。有统计数据显示，近年来，浙江生态省建设累计投入的资金规模早已超过千亿元的层级，就省级财政投入治理污染和生态建设的资金而言，在全国也是最多的，用于生态建设的资金所占 GDP 的比重，也超过全国平均水平。①

增加考核的绿色指标。浙江早在 2006 年任命下属 11 位市长和 58 位县长担任本地区节能降耗的“第一负责人”，将绿色治理的重任直接落到各市县的一把手。2015 年 1 月，浙江省政府办公厅印发的《浙江省大气污染防治行动计划实施情况考核办法（试行）》更是明确指出，从 2015 年起，各设区市的环境空气质量和大气污染防治重点任务完成情况与领导干部的升迁直接挂钩。

为有效推进绿色考核，浙江各地市完善绿色考核制度。省市两级“生态办”负责绿色考核工作，进一步完善考核制度，体现绿色考核内容，严格落实考核要求，确保考核的真实、准确、公平、公正，追求实实在在、没有水分的环境数据和发展数据，将绿色考核真正落到实处。

绿色考核不仅考核政府，也作为企业的监管措施。相关政府部门严把关口，对企业的生产进行全过程监督，如果一家企业污染了生态环境，其所遭受的处罚是严厉的，不仅要缴纳环保罚单，其新上项目也难获审批，申请银行贷款也失去了机会。通过严格的管控，引导企业开展绿色生产。

（2）深化环境信息公开。环境信息公开范围实现全覆盖。从 1997 年起，每年都发布《浙江省环境状况公报》，公报内容包括年度水环境、海域环境、大气环境、酸雨、自然生态环境、制度建设、环境执法、生态经济等领域，客观地反映了各年度环境基本信息及变化情况，有利于

① 新华网，http://news.xinhuanet.com/politics/2012-02/25/c_122752332.htm.

提升公众获取环境信息的广度。同时，从环保规划、总量控制、重点污染源监测、自然生态、建设项目影响评价、环境标准等方面按一定的时间周期进行专项信息细化公开，有利于提升公众获取环境信息的深度。同时，环境信息公开的范围从省逐步扩大到市县，环境信息公开主体从政府扩大到企事业单位、社会组织等，公众环境信息的知情权实现了更高的保障。

环境公开形式多样化。信息公开载体拓展，在传统信息公开的基础上，开辟完善门户网站、官方微博、微信、手机 APP 等多种“互联网 +”信息公开形式，设置各种形式的信息专栏，满足多样化的公众需要。在信息公开模式上，实行主动公开和依申请公开相结合，设置公众信息反馈通道，通过听证会、论证会或社会公示等不同形式广泛听取公众意见和建议，促进了政府、社会和公民的良好互动，保障了公民的环境知情权、表达权、参与权和监督权。信息公开周期灵活化，公开的时间频率从每年扩展到每季度、每月、每周、每日，对 PM2.5 等动态信息更是 24 小时监控并公布。

在企业环境信息公开方面作出了有益探索。浙江省突破单纯政府环保信息公开的狭隘思维，把企业纳入环境信息公开的范围，从 2007 年开始，陆续颁布了《浙江省环境保护厅关于推进企业事业单位环境信息公开工作的通知》等文件，开辟企业自行检测信息公开平台栏目，通过环保部门网站公开、指定地点公开和辅助性公开方式等形式，全面公开全省重点污染源企业的污水、废气排放情况。在 2012 年度分省 PITI（污染源监管信息公开指数）评分结果中，浙江省排在北京、重庆、上海之后，在总共 29 个接受评价的省市中排名第四位；在得分排名前十的城市中，浙江省就有三个城市即宁波、杭州与温州位列其中，特别是宁波市从 2008 年至 2012 年的得分均排名第一。这说明浙江省的企业环境信息公开工作处于全国领先水平①。

① 中国发展门户网，http://cn.chinagate.cn/reports/2015-07/21/content_36111377.htm.

（3）推进环境宣传教育。环保主题宣传形式多样。结合 G20 峰会、“世界地球日”、“世界环境日”、“世界森林日”、“世界水日”、“世界海洋日”、“国际生物多样性日”、“全国节能宣传周”等，联系浙江生态文明建设的实际，在社区、企业、乡村、学校等开展形式多样的环保公益宣传活动，开展“最美环保人”评选、“五水共治”巡回演出、低碳出行、电网环保等环保活动，引导环保社会组织等第三方力量参与环境保护活动，贴近公众实际，引起公众参与生态文明建设的共识。环保教育加快推进。结合当前一系列环境危机实例，通过图片展览、视频播放、新闻报道等形式开展了多样的环保警示教育，引导公众逐步树立尊重自然、爱护自然、人与自然和谐共存的价值理念。把生态环境保护引入学校教育，编写《生态文明知识中学生读本》等教材，纳入生态文明建设和环境保护内容，推广学生和家长参与其中的环境保护实践活动，开展绿色学校评选活动，从孩子抓起，从学校教育抓起，让环保理念根深蒂固。

“生态日”激起公众环保热情。2010 年 9 月，浙江省人大常委会通过决议，决定每年的 6 月 30 日为“浙江生态日”。这是我国首个设立的省级“生态日”①。浙江省环保厅开通了官方微博“浙江生态日”，通过微博的方式进行环境保护知识和生态文明理念的传播，同时利用微博与广大公众积极互动，探索公众参与生态环境保护的有效途径。自 2010 年以来，利用“生态日”这个载体，通过油画展、护林行动、寻找美丽庭院、绿色出行等主题活动，引导公众广泛参与其中，向社会生活中的每一个机构、每一个家庭和每一个个人，都在传递着这样一个基本理念，即生态文明建设是一项与每一位公民息息相关的公益事业，既要坚持党政主导，也要动员社会大众广泛参与。可以说，“浙江生态日”的确立，根本目的就在于将生态文明的理念渗透到每个单位、每个家庭、每个公民，使之成为全社会的自觉行动，发挥生态文化对生态文明建设的引领

① 新华网，http：//news. xinhuanet. com/politics/2012 -02/25/c_122752332. htm.

作用，促进生态文明新风尚的形成。同时，“生态日”已成为一个生态风向标，带动了“世界环境日”、“最美环保人”等系列环保公益活动的广泛开展。

2. 民间环保组织发展的历史回顾

自2013年“邀请环保局长下河游泳”事件以来，浙江民间环保社会组织蓬勃有序发展。据中国环保组织地图显示，浙江民间环保组织已达75家①。浙江民间环保组织整体上机构较为健全、市场化和专业化程度高、社会参与度高、社会舆论影响力大，成为建设“美丽浙江”的进步力量。浙江最具代表性的民间环保组织是“绿色浙江”组织，其他具有代表性的还有温州瑞安市塘下镇环保协会、温州绿眼睛环保组织、浙江绿联公益网络、海达绿色发展联盟等。

（1）“绿色浙江”的发展之路。“绿色浙江”发轫于全国百优志愿服务集体“绿色浙江”团队，2002年4月注册成为浙江省青年志愿者协会绿色环保志愿者分会，2010年1月正式注册成为具有独立法人资格的杭州市生态文化协会，2013年5月由杭州市生态文化协会、中国杭州低碳科技馆、浙江阳光时代律师事务所三家单位和阮俊华、戚志坚、忻皓等自然人联合发起成立浙江省绿色科技文化促进会（简称“绿色浙江”），是浙江首家民间环保组织，中国首家5A级民间环保组织，浙江省规模最大的民间环保组织。目前，作为拥有近40位专职人员的中国首家5A级草根民间环保组织，“绿色浙江”品牌影响力在杭州1.6万家社会组织中位居第一②。

“绿色浙江”的组织架构是“两个系列，三层群体”。“两个系列”是指杭州市生态文化协会和浙江省绿色科技文化促进会这两个正式民间环保组织。“三层群体”是指高效的运营群体、忠诚的会员群体、广泛的联盟群体。“绿色浙江”与政府、企业、其他民间环保组织等进行了合作。“绿色浙江”与政府合作的经验为“合而不从”，选择基层政府机

① 中国环保组织地图，http：//www.hyi.org.cn/go/

② 中国青年网，http：//qclz.youth.cn/znl/201602/t20160204_7606682.htm.

构、主管单位之外的政府部门、具体的业务部门进行合作。“绿色浙江”与企业合作的经验为“合而不谋”，主要合作企业是会员和“绿色浙江”绿足迹企业同盟。“绿色浙江”与其他民间环保组织合作的经验为“合而不同”，主要与不同性质的民间环保组织、异地的民间环保组织合作。

“绿色浙江”参与生态文明建设，实施了公众参与机制、圆桌协商机制、舆论倒逼机制和服务外包机制。“绿色浙江”采用公众参与机制的项目有“钱塘江水地图公众互动型网络平台”、“同一条钱塘江”系列宣传活动、“生态社区”建设等。“钱塘江水地图公众互动型网络平台”是一个基于地理信息的关于钱塘江水环境收集的可视化、互动绘图的网络平台。该项目通过聘请具有专业素质的护水者和数据审核员，对钱塘江全流域的水保护区的水质进行不间断监控。“同一条钱塘江”是由“绿色浙江”和钱塘江管理局共同发起，联合浙江省和杭州市的环保、文化、教育、广电、共青团等单位开展的系列环保宣传教育活动。该活动主要从中小学生、市民、残疾人等群体中征集以保护钱塘江为主体的绘画作品，统一制成画卷。生态社区是“绿色浙江”在上城区西牌楼社区建立的一个生态社区样板，包括太阳能利用、社区雨水收集、餐厨垃圾变肥料、落叶堆肥等项目，还在社区建立了环保服务队，开展废物利用、旧物置换和家庭种植等环保活动。“绿色浙江”联合浙江卫视的《范大姐帮忙》栏目，已经就杭州市的北塘河、瑞安市的温瑞塘河、奉化市的方门江、温岭市的山下金河等浙江省内的多条河流的治理问题举行了“五水共治”圆桌会。在每次“五水共治”的圆桌会上，都会有针对性地邀请当地政府的环保、农林单位的负责人，治水专家、法律顾问、居民代表、企业代表等，就河流的污染原因、整治方案、整治效果等问题进行讨论。“绿色浙江”联合浙江卫视共同策划推出大型新闻行动“寻找可游泳的河”，总共进行了 136 期报道，把这股浪潮转变为持续的、理性的活动。“绿色浙江”连续三年获得了浙江省钱塘江管理局的服务外包项目，从事“同一条钱塘江”的系列宣传教育活动。“绿色浙江”的社区废旧衣物回收再利用试点项目获得了中央财政支持的民间环保组织参与社会服务项目的立项。另外，在理论研究方面，“绿色浙江”还获得了杭州市和浙江省关于企业发展和“五水共治”人才需求方面的项目委托（刘国翰等，2014）。

（2）其他代表性民间环保组织的发展。

浙江省瑞安市塘下镇环保协会：全国首个乡镇级综合性环保协会，成立于2013年6月3日，浙江精湛化油器有限公司董事长何建东是协会第一届会长。何建东为协会无偿提供了总面积1000多平方米的办公场地，在成立日向当地企业主募集到专款1500万元用于环境保护。塘下镇环保协会有志愿者5000多名，先后协助政府组织并参与了5个村4条河流的治水行动。塘下镇环保协会的主体是志愿者，志愿者由企业主、村民等组成。参与流程为成立协会、筹集资金、整治河域（清淤、驳坎、绿化）、联合行动（企业联合出资建立一个集中污水治理池、企业共同出资建立塘下镇酸洗工业污水处理技术指导站）等。参与方式为环境保护宣传（改编环保主题歌曲、编写环保主题瑞安鼓词、安排文艺汇演）、环境保护行动（募集环境保护专项基金、整治河域行动、设立技术指导站、建立集中污水治理池等）等。

温州绿眼睛环境文化中心：以“保护动物打击犯罪和促进公众参与环境运动”为使命的民间保护组织。2000年，16岁的温州中学生方明和成立了青少年自然考察队，2001年加入国际环境教育项目“根与芽”，更名为“绿眼睛野保队”，2003年正式注册为温州绿眼睛环境文化中心（简称“绿眼睛”），目前已成长为支持者近万人的全国性环保网络，其发起人方明和被《南方周末》人物周刊称为“中国环保组织最年轻的掌门人”。该组织以民间力量制衡不公平、不公正的环境公共事务，以实现人类的可持续生存为组织运作理念，旨在发动公众的力量保护野生动物，保持人与动物、人与环境的和谐。该组织主要行动方式是对盗猎行为进行跟踪、调查取证，协助案件查处，组织拯救野生动物的行动，开展一系列保护野生动物的公益活动。据统计，截至2014年，该组织就已经救助野生动物500多只，其中有国家重点保护动物200多只①。

2010年以来，浙江民间环保组织发展模式也由单一发展走上合作共赢道路，民间环保组织联盟逐步出现，旨在强化组织之间的团结合作，壮大环保力量，同时为各组织发展提供更多的支持和服务。比较典型的有浙江绿联公益网络和海达绿色联盟。

浙江绿联公益网络：简称“绿联”，成立于2010年，系支持性公益机构合作平台，其宗旨是为民间环保组织提供专业的能力建设、机构管理、项目运作培训和小额经费支持，在推动民间环保组织发展、公众参与等方面发挥重要作用。2012年，绿联联合浙江省海洋与渔业局、浙江之声、富阳市人民政府以及绿眼睛环境文化中心、阿里巴巴公益基金会、在浙各大高校环保社团，在富阳富春江畔发起了“小鱼治水——清源洁水行动”，举行了放鱼苗仪式，并通过各大媒体、微博等新媒体广泛传播。在绿联的推动下，成立了“清源行动”水环境保护项目组委会，“清源行动”迅速在全省展开，通过广泛组织开展增殖放流、资源修复、清洁水源等公益行动，为全省“五水共治”等环保行动营造了良好的舆论氛围。绿联已成为我省最大的民间环保组织行动网络，现已有全省15家民间环保组织和近20个高校环保社团参与其中，在全省各地推动以生态保护为主的公益行动②。

海达绿色发展联盟：2016年6月5日，浙江省首个绿色发展联盟——海达绿色发展联盟在杭州经济技术开发区成立，区内3家企业成为首批理事单位。海达绿色联盟由管理部门、企业、学校和社会志愿者组成，目标致力于建设成为省内首个促进生态文明普及、推进区域生态经济发展、推动生态文明国际合作的实施机构，助力区域转型发展，辐射带动杭州市及周边区域的生态经济发展。绿色联盟将主要从政府、企业、社会、高校层面推进生态文明建设工作，打造生态文明公众参与平

---

① 新华网浙江频道，http：//www.zj.xinhuanet.com/newscenter/focus/2014-01/16/c_118996162.htm.

② 杭州志愿者网，http：//www.hzva.org/article/fileshow/id/1333.html.

台，充分发挥政府、企业、居民、高校在生态文明建设中的积极作用[①]。

3. 大众传媒传播分享信息的历史回顾

在浙江生态文明建设进程中，大众传媒扮演着重要角色，在生态价值理念构建、引导公众参与、普及科学知识、监督政府履职方面都发挥了重要作用，成为生态文明推进的重要力量。

（1）《今日聚焦》的发展。浙江卫视自2014年3月20日起，推出一档新的栏目《今日聚焦》，每周一至周五的18点53分播出。该节目始终坚持围绕全省中心工作，主要通过暗访的形式，挖掘各地在落实具体工作中存在的问题，用事实说话，客观披露存在的突出问题，倒逼各级政府部门科学行政、依法行政，很快引起社会各界广泛的关注。在《今日聚焦》的节目中，环保领域的比重很大，通过对“三改一拆”、“五水共治”等行动的跟踪调查，对于省内各地包括企业非法排污、城乡生态环境整治不力等在内的新闻事件的监督报道和时政评论，极大地推动了各级各层面的工作，很好地发挥了舆论监督参与并促进生态文明建设工作的积极作用，收到了“用新闻推动社会进步”的积极效果。

2014年10月底，《今日聚焦》栏目组接到青田、定海两个地方群众的投诉后，立即派记者赴实地进行调查，并推出《青田：阀门企业有害废水直排瓯江支流》、《舟山定海区：小展河整治验收后又变成黑臭河》两篇报道。在青田，记者通过暗访，拍摄到多家企业未经任何处理措施、将生产废水排入沟渠的现象，披露了当地生产工艺落后、“三废”处理设施缺乏等问题。在舟山定海区，记者在现场不仅拍摄到触目惊心的污染画面，而且深挖了污染河流的根源，并对当地只美化河岸、未根治污染的做法提出质疑，促进了问题的解决[②]。

（2）其他代表性大众传媒的发展。浙江环保新闻网。浙江环保新闻网是浙江在线旗下的二级网站，是专注浙江省内环境保护开设的绿色网

---

① 浙江日报，http：//epmap. zjol. com. cn/system/2016/06/07/021179685. shtml.

② 浙江广播电视集团网站，http：//www. cztv. com/zrtg/jtdt/2014/12/2014 - 12 - 124576179. html.

络平台，以环保宣传、舆论监督、绿色服务沟通为网站主要内容，致力于为服务百姓、贴近政府、打造美丽浙江服务。该网站开辟了即时报、原创报道、专题策划、环保现场、环保先锋、环保小卫士官网、政策法规等多个专栏，全方位展示浙江省生态文明建设情况，引导公众广泛参与其中，共同推进环保事业进步。

“环保现场”网站：该网站2014年4月特别策划的专栏，至今共开展了19期。栏目设立投诉平台，受理网友电话、微博、微信、QQ等形式的各类投诉，对反映的典型问题采取“一期一事”模式进行跟踪调查，客观披露问题的来龙去脉，并进行回访，全程披露环境问题，使环境问题暴露在阳光下，倒逼相关政府部门、当事者及时解决问题。

“环保小卫士”官网：以学校环境教育为出发点，成立了浙江环保小卫士俱乐部，是浙江省最大的“环保小卫士”环境科学教育活动实践基地。该网站广泛发动各级学校和学生开展形式多样的环境现场教学、绿色课堂建设、环境保护活动等，并开通了绿色学校、名人环保联盟专栏，强化示范带动作用，引导学校大力推进环境教育，引导学生提升环境意识、参与环保实践。

杭州《休闲》杂志。《休闲》是杭州日报报业集团旗下杂志，2003年1月创刊，是全国第一本公开发行的休闲类大型生活期刊，主张休闲生活理念，关注休闲产业发展，传递休闲价值观，力争打造“中国休闲领域第一刊”。自建刊以来，先后成功举办了“中国休闲产业高峰论坛”、“首届浙江省十佳休闲度假胜地评选”、“首届杭州市消费者最喜爱休闲场所评选”、“2006杭州世界休闲博览会圣火传递活动”、“杭州西湖国际高尔夫邀请赛”、“阿迪达斯中国三人制篮球挑战赛”等活动，其发起成立的杭州市高尔夫球运动协会主办和承办了瑞士卢加诺高尔夫循环大奖赛、2010年驻华外交使团高尔夫赛、中华航空高尔夫邀请赛等各项赛事，其举办的“西湖国际高尔夫邀请赛”已被列入西博会项目，广泛传递了休闲生活方式。

“浙江生态日”微博。在2011年下半年，浙江省环保厅开通了官方微博“浙江生态日”，通过微博的方式进行环境保护知识和生态文明理念的传播，同时利用微博与广大公众积极互动，探索公众参与生态环境保护的有效途径。2011年浙江生态日期间，省环保厅联合教育厅、妇联等单位共同举办了“生态文明建设博文·微博”大赛，吸引了约5.3万群众的参与。9月，再次利用微博，向全球发起公开征集“公众参与环境保护和生态文明建设金点子”活动，共征集微博1104条。

4. 公民参与生态环境保护的历史回顾

普通公民的积极参与是生态文明公众参与的落脚点。面对生态问题的现实，公民自身也在反思，加上政府、社会组织和大众传媒的广泛宣传和引导，公民的生态文明参与意识不断增强。从浙江经济社会发展历史来看，新中国成立前，农业一直是经济发展的支柱，宋明两代以来的手工业经济也一直没有摆脱手工作坊的模式，改革开放前以国有企业引领的工业化进程也较慢，社会经济的发展对生态环境造成的影响在可控范围内。改革开放后，浙江民营经济遍地开花，特别是20世纪90年代以来高速发展的工业经济逐步打破人与自然的和谐关系，1992年《21世纪议程》通过后引发的可持续发展浪潮更是席卷了浙江大地，整个社会生态文明意识的觉的醒提高了公民参与环境保护的自觉性。

（1）日常参与：从爱护身边环境做起。面对生态问题，公民最低层次的参与表现为一种“弱参与”，这种参与形式是当前公民参与环境保护的最主要形式。“弱参与”主要体现在参与的力度不强，具有自发性、小范围性、低层次性等特点。这种“弱参与”表现为：公民以居住的房屋为中心，自觉维护家庭环境卫生、小区环境卫生、周边道路环境卫生等，这些区域直接影响到公民的生活环境，公民从自身的利益出发而去保护环境，是较低层次的环境保护，但不可否认的是通过千万公民的这种“利益行动”大大改善了公民的生活环境。公民参与到政府组织的“五水共治”、城乡环境卫生整治、黑烟囱整治、垃圾分类回收处置等环保行动中来，协助政府做一些辅助性工作，为区域性的环境保护贡献自己的力量，在参与过程中公民的整体意识得到提升。参与到政府、民间环保组织、大众传媒发起的环境保护公益行动中来，如近年的“同一条钱塘江”、“绿色出行”、“碧水蓝天”、“小鱼治水——清源洁水行动”等环保公益活动，吸引了数以万计公民参与其中，公民通过亲身实践强化了全社会共同治理环境的意识。

（2）反面参与：以激烈式的抗争倒逼环境决策调整。随着生态文明意识的日益提升，当遇到环境问题对自身生存影响较大而又一时难以解决时，公众可能会采取极端的形式进行抗争，如嘉兴海宁“9·15”环境污染群体性事件、宁波镇海 PX 事件等。海宁“9·15”环境污染群体性事件源于公民对污染企业违法排污的抗议。2011 年 9 月 15 日至 17 日，海宁市袁花镇红晓村部分村民因浙江晶科能源有限公司违法排污而连续三个晚上在公司门口聚集，引发群体性事件，8 辆汽车和 4 名警车受损，部分人员趁机实施“打砸”等违法犯罪行为。宁波镇海 PX 事件源于村民对即将上马的 PX 项目的抗议。2012 年 10 月初，居住在宁波镇海炼化附近的村民不断信访，抗议镇海区引进 PX 项目；10 月 22 日，将近 200 名村民去区政府上访，附近公路被堵住；10 月 26 日 PX 事件扩大，村民与警方产生冲突；10 月 27 日、10 月 28 日，人员集聚在海曙天一广场、镇海甬江隧道附近，多数群众经劝导离开了聚集现场。针对这种极端性的抗争行为，政府一方面严格依法进行了处置，更重要的是响应民意，海宁市人民政府责令企业依法整改，建立公众环保监督员队伍，参与企业的日常监管；宁波市经与项目投资方研究决定，坚决不上 PX 项目。针对类似事件，各级政府注重加强引导，在环保项目推进中引入公众评价环节，避免类似事件的发生。

（3）正面参与：参与深层次生态治理。反面参与只是极少数的情况，参与深层次治理成为浙江公民参与环境保护的主流。公民主动为环境保护工作献计献策，通过多种途径提升环境知识，通过“生态日”等公益活动、生态考核征求意见环节、建设项目环境影响评价等途径广泛提供意见建议，并对政府、企业行为进行监督，政府将公民意见纳入环保决策，形成了公民与政府的良好互动，公民参与环境保护制度建设的有效性得到增强。如，在嘉兴，环保部门为市民参与环境保护开辟了多条渠道：建设项目能不能批，市民代表有否决权；抽查哪家排污企业，市民有“点单权”；在参与环境行政处罚评审时，市民有发言权……群众成为嘉兴市环境监督的重要力量[①]。公民依法参与环境保护工作，依照法定程序参与环保领域立法听证会、论证会等，依照法定程序对环境保护领域违法行为进行追究，依照法律规定对政府环境决策、企业生产经营活动进行监督反馈，依照法律规定开展生态文明活动，有利于依法推进生态文明建设。如嘉兴市第一医院后勤服务中心高级工程师陆培良，作为嘉兴南湖首批“环境公众评审员”，30 年来主持、参与评审各类环境违法行政处罚案件 300 余件[②]。公民积极调整思路，从生态环境中挖掘发展优势，近年来浙江各地农家乐、生态农业园、生态养殖等迅速发展起来，逐步走上了经济发展和环境保护双赢的道路。

三、浙江省公众参与生态文明的主要成效

在公众的广泛参与下，浙江生态文明建设取得了较大的成绩，生态环境质量显著提升，生态经济快速发展，生态文化深入人心，生态文明治理体系逐步形成。

1. 生态环境质量显著提升[③]

（1）自然生态环境良好。自然生态环境质量状况用“生态环境状况指数”（EI）来评价。根据环保部 2015 年 3 月修订的《生态环境状况评价技术规范》（HJ192 - 2015），其计算公式是：EI = 0.35 × 生物丰度指数 + 0.25 × 植被覆盖指数 + 0.15 × 水网密度指数 + 0.15 × （100 - 土地胁迫指数）+ 0.10 × （100 - 污染负荷指数）+ 环境限制指数。根据生态环

① 人民网，http://politics.people.com.cn/n/2013/0518/c70731-21528168.html? crazycache=1.

② 浙江环保新闻网，http://epmap.zjol.com.cn/system/2014/11/06/020344803.shtml.

③ 如无特别说明，数据直接来源于浙江省环保厅官方网站信息公开相关统计材料，或根据该网站数据进行计算得来。参考的主要材料有：2010—2015 年《浙江省环境状况公报》，2010—2015 年《浙江省环境统计综述》，浙江省“十二五”污染减排情况媒体通报会报道摘编，环保部通报浙江省 2015 年主要污染物排放量数据结果等。

境状况指数，将生态环境质量分为5级，即优（EI≥75）、良（55≤EI＜75）、一般（35≤EI＜55）、较差（20≤EI＜35）、差（EI＜20）。从2015年底浙江各地市生态环境状况指数来看，各设区市的生态环境状况指数（EI）分布在66.7—90.7之间，11个设区市中，除嘉兴市和湖州市生态环境状况级别为良之外，其他9市均为优。全省90个县（市、区）生态环境状况以优为主，EI值分布在46.5—93.2之间。其中生态环境状况为优的县（市、区）有61个，其土地面积占全省土地总面积的85.4%；良的有26个，占全省土地总面积的14.5%；一般的有3个，占全省土地总面积的0.1%。

（2）水环境质量稳步提升。地表水质量明显好转。2015年，全省221个地表水省控断面中，Ⅰ—Ⅲ类占72.9%，比2010年上升了11.8个百分点；劣Ⅴ类断面占6.8%，比2010年下降了9.9个百分点；全省145个跨行政区域河流交接断面中，达到或优于三类标准的断面占72.4%。另据2015年上半年监测数据显示，全省地表水省控断面高锰酸盐指数平均浓度为3.27mg/L，比2010年下降了11.4%；氨氮平均浓度为0.85mg/L，比2010年下降了9.6%；全省县级以上城市二氧化硫平均浓度为0.016mg/m^3，比2010年下降了36%；二氧化氮平均浓度为0.03mg/m^3，比2010年下降了6.2%。饮用水质量稳中有升。全省99个县级以上城市集中式饮用水水源地水质达标为89.4%，比2010年上升了2个百分点；其中设区城市主要集中式饮用水水源地水质达标率92.8%，比2010年上升了0.8个百分点，除杭州、嘉兴外，其他9个设区城市主要集中式饮用水水源地水质达标率为100%。

（3）大气环境质量好转。2016年1月1日，《环境空气质量标准》（GB3095—2012）正式实施。根据这一标准，2015年，全省18.8%的县级以上城市达到《环境空气质量标准》（GB3095—2012）的二级标准，日空气质量（AQI）优良天数比例为59.7%—99.4%，平均为85.0%，同比上升了3.9个百分点；11个社区城市中，舟山市环境空气质量达到了国家二级标准，日空气质量（AQI）优良天数比例为59.7%—90.8%，平均为78.2%，同比上升了2.7个百分点；PM2.5平均浓度比2013年下降了23%。灰霾发生频率明显下降，核与辐射安全得到切实保障，大气环境质量总体良好。

2. 生态经济快速发展①

（1）生态产业结构持续优化。加快生态经济发展步伐，生态工业、生态农业、生态旅游业加快发展。生态农业方面，大力发展循环农业，推进"2115示范工程建设"，累计建成现代生态循环农业示范县22个、示范区104个、示范企业101个；积极探索以园区为平台、产业为纽带、企业为载体的农业发展模式，全省累计建成现代农业园区818个，总面积517万亩。生态工业方面，加快科技创新和产业调整步伐，大力发展循环经济、低碳经济等生态经济业态，设立了6个生态工业试点县市，22个省级低碳试点，大力实施园区生态化改造，加快淘汰落后产能，工业经济转型升级加快发展。生态旅游业方面，加快实施《浙江省生态旅游发展纲要（2009—2015）》，累计创建国家级生态旅游示范区5个，浙皖闽赣四省加快共建生态文化旅游示范区，创建了一批国家级绿色旅游饭店、省级旅游度假区、省级生态旅游区示范区等，乡村旅游、休闲旅游等多样化生态旅游加快发展。生态产业结构调整方面，主要农产品中有机、绿色及无公害产品种植面积的比例逐步增加，规模以上工业中高新技术产业增加值占工业增加值的比例由2010年的23.0%上升至2015年的37.2%，第三产业增加值占GDP比重由2010年的44.0%上升至2015年的49.8%，产业绿色化进程加快。

（2）节能减排成效显著。浙江将节能减排作为实施"绿水青山就是金山银山"战略的重点，节能减排卓有成效。2015年，全省化学需氧量排放量68.35万吨，比2014年下降了5.77%，比2010年下降了

① 如无特别说明，数据直接来源于浙江省环保厅官方网站信息公开或浙江统计信息网相关统计材料，或根据两网站数据进行计算得来。参考的主要材料有：2010—2015年《浙江省环境状况公报》，2010—2015年《浙江统计年鉴》，2010—2015年《浙江省国民经济和社会发展统计公报》等。

18.82%；氨氮排放量 9.84 万吨，比 2014 年下降了 4.62%，比 2010 年下降了 16.91%；二氧化硫排放量 53.76 万吨，比 2014 年下降了 6.35%，比 2010 年下降了 21.35%；氮氧化物排放量 60.74 万吨，比 2014 年下降了 11.69%，比 2010 年下降了 28.81%。四项指标均超额完成“十二五”减排任务，11 个地市均完成了减排任务。全省碳排放强度逐年下降，2014 年单位生产总值二氧化碳排放强度比 2010 年下降了 19.8%①。每公顷播种适用化肥量下降。能源利用率提升，万元工业增加值工业用水量由 2010 年的 47.60 立方米降为 2015 年的 39.10 立方米，万元 GDP 能耗由 2010 年 0.62 吨标准煤降为 2014 年的 0.47 吨标准煤。

（3）循环利用成绩喜人。把循环利用作为可持续发展的重点来抓，工业重复利用率由 2010 年的 57.40% 上升至 2014 年的 83.40%，工业固体废物综合利用率由 2010 年的 82.07% 上升至 2014 年的 92.75%，农村可再生资源利用加快推进。全省 98% 的村实现生活垃圾集中收集处理，79% 的村实现生活污水有效治理；城市污水处理率达到 90.1%，城市生活垃圾无害化处理率达到 99.96%。

3. 生态文化深入人心

2010 年 6 月 30 日，浙江省委十二届七次全会审议通过了《中共浙江省委关于推进生态文明建设的决定》，确立了坚持“生态文化日益繁荣”的目标，让生态文明理念深入人心，健康文明的生活方式初步形成，推进生态文明建设的精神支撑更加有力。

（1）生态文化载体深度拓展。坚持浙江经济发展、文化特色和生态环境的有机结合，着力做大做强做优了一批生态文明示范平台和载体，如湖州市成为全国首个地级市生态文明先行示范区，杭州、丽水入选“第一批国家生态文明先行示范区”，安吉成功创建首个国家级生态县、全国首个“联合国人居奖”获奖县等。截至 2015 年底，全省累计建成国家级生态县 16 个，国家环境保护模范城市 7 个，国家级生态乡镇 691

① 浙江省低碳发展“十三五”规划．浙江省发改委网站．http：//www.zjdpc.gov.cn/art/2016/5/20/art_90_1703672.html.

个，省级生态县（市、区）62 个，省级环保模范城市 12 个[①]。

（2）文明创建加快推进。注重示范带动，加快创建了一批生态文明教育基地、省级绿色学校、省级绿色家庭、省级绿色企业、省级绿色矿山、国家级绿色饭店、省级特色文化主题酒店等文明示范点。充分发挥图书馆、博物馆、科技馆、文化馆、体育中心、青少年活动中心、老年活动中心等传统文化载体的作用，加强森林公园、海洋公园、地质公园、矿山公园、遗址公园等的建设和管理，形成了形式多样、生态文化传播内容丰富、公众广泛参与的生态文化建设平台群，形成了全民参与生态文明建设的良好氛围。

（3）绿色生活方式渐成风尚。倡导健康文明的低碳生活方式，开展形式多样的绿色公益行动，引导城乡居民开展节水节能节电，开展垃圾分类处理试点并逐步在全省推广，引导公众绿色出行、绿色消费、健身锻炼等，推行室内公共场所禁烟，大力发展农家乐、休闲度假基地等绿色市场，丰富绿色产品，加强疾病防疫，公众绿色理念内化和绿色享受体验同步上升，生活品质逐步提升。浙江的绿色出行是一大特色，公交、地铁、公共自行车等公共交通系统不断优化完善，网络交通、拼车出行等出行方式越来越多，公众交通意识、交通文明指数逐步提升，公共交通综合管理水平持续进步，运行效能提升。2008 年，杭州在全国率先开发了绿色低碳出行的公共自行车系统，其系统规划设计与公交车站点、地铁、小区、商场等设施统筹考虑，做到设计科学、租用便捷、费用低廉、节能降耗。该市制定了《城市公共自行车管理服务规范》等管理规范，共有 125 个企业标准，管理模式先进，在全国甚至全球掀起了绿色出行的浪潮。2013 年，美国一家专业户外活动网站通过对全球 553 个地区公共自行车项目进行分析和比较，根据 6 个标准进行综合打分，选出得分最高的 16 个地区，杭州夺得第一名[②]。据 2016 年 5 月 30 日浙江经

① 2015 年浙江省国民经济和社会发展统计公报．http：//www.zj.stats.gov.cn/tjgb/gmjjshfzgb/201602/t20160229_169661.html.

② 杭州日报网站，http：//hzdaily.hangzhou.com.cn/hzrb/html/2013 - 10/15/content_1594618.htm.

视新闻报道，目前在杭城分布着3500个自行车服务站点、8.41万辆自行车，公共自行车的日均租用量已超过30万人次，平均出行距离约3—5公里。按照6年累计租用量41376万人次计算，与公交车出行相比，自行车减少二氧化碳排放13.46万吨，与小汽车出行相比，减少二氧化碳排放54.06万吨，相当于每天减少14.14万辆小汽车的出行①。

4. 生态文明治理体系逐渐形成

（1）顶层设计日趋完善。从生态文明发展的规律性、复杂性出发，注重顶层设计引领，精准定位发展方向、准确把握发展方式、科学规划发展路径，引导生态文明走上稳步有序的发展道路。2002年，中共浙江省第十一次代表大会提出建设“绿色浙江”，2003年，省委、省政府作出建设生态省的决定，生态文明建设顺利起步；2010年6月30日出台的《中共浙江省委关于推进生态文明建设的决定》提出未来5年浙江将继续坚持生态省建设方略，并将在强化社会生态文明理念上取得新突破；2012年，省第十三次党代会提出坚持生态立省方略，加快建设“生态浙江”，完善体制机制，加快建设资源节约型、环境友好型社会，努力建设“富饶秀美、和谐安康”的生态浙江。2014年，省委十三届五次全会通过的《关于建设美丽浙江创造美好生活的决定》提出，力争通过一段较长时间的努力，实现天蓝、水清、山绿、地净，建成富饶秀美、和谐安康、人文昌盛、宜业宜居的美丽浙江。

（2）大型行动计划成为常态。从生态发展的长期性出发，开展了持久的环境整治行动，为生态文明不断积累创造制度经验。从2004年开始，浙江省连续实施了三轮“811”行动计划，主题分别是11个地市的8大水系、11个重点环境问题、8个方面目标任务，立体推进生态文明建设。通过前后一脉相承的十年行动计划，实现了从单一治理到区域治理、从政府治理到全民治理、从环境保护到生态文明建设治理模式和观念的转变，展示了浙江省生态环保事业循序渐进、不断深

① 新蓝网—经视新闻，http：//www.cztv.com/videos/jsxw/3189899.html.

入的演进过程，为全面深入推进生态文明建设积累了丰富的制度经验。近日，浙江省美丽浙江建设领导小组制定下发了《“811”美丽浙江建设行动方案》，新一轮“811”美丽浙江建设行动全面启动实施。2005年，浙江省启动发展循环经济“991”行动计划，着力在全省发展循环经济九大重点领域、落实循环经济“九个一批”抓手、实施100个左右循环经济重点项目。通过十年的发展，通过改造传统产业（园区）或新发展循环经济项目，推动了全省生态经济的发展，优化了产业结果，提升了经济持续发展力。

（3）体制改革持续深入。党的十八届三中全会以来，浙江省各级政府为适应生态文明建设形势变化发展的需要，对环保体制进行了局部改革，政府对环保工作的统筹能力进一步加强。党的十八届五中全会提出实行省以下环保机构监测监察执法垂直管理制度，浙江省“十三五”规划建议提出推进环保监测监察执法制度创新，改革后环境监测监察执法工作将实行全省统管，减少市县两级政府的干预，提升环保监测监察执法的效度。利用全省推行政府部门权力清单的契机，对省市县三级环保部门权力事项进行依法梳理公布，加快推进环保执法改革、综合行政执法改革和环保执法的整合提升，环保部门依法行政能力大大加强。

（4）生态立法加快推进。省市加快立法进程，形成了较为完善的生态文明法律体系网络。省级层面，加快制定修改关于生态文明方面的地方性法规和省政府规章，全省层面的生态文明法治保障持续增强。杭州和宁波充分利用具有地方立法权的优势，加快制定修改属地范围内的地方性法规和市政府规章，生态文明法制化轨道加快推进。2015年国家《立法法》修改后，各设区市获得了城乡建设与管理、环境保护、历史文化保护等方面的立法权，浙江省各地市在法律框架下加快立法进程，如湖州市制定了《湖州市生态文明先行示范区建设条例》等。

（5）生态考核制度逐渐成型。浙江省注重建立绿色GDP核算体系，用绿色GDP来考核官员的政绩，进一步强化政府部门及责任人的生态责任。浙江各地根据不同的情况，研究建立生态文明建设的评价指标体系，建立起与生态文明建设相适应的考核评价机制，把生态文明建设的推进情况也一并纳入地方各级领导班子和领导干部的考核评价体系当中，并适时发布评价考核的结果。通过实施分类考核评价和目标责任管理，把生态文明建设与对地方各级领导实绩的分析评价结合起来，引导各地各部门抓好各项工作的落实。同时，注重生态考核责任的追究，层层签订责任状，对生态考核不达标的政府、政府部门或责任人进行通报处理。探索建立领导干部实行自然资源资产离任审计制度，目前湖州市正在开展领导干部自然资源资产离任审计试点工作，试点后将在全省推广试点经验，旨在通过将自然资源纳入审计范围，倒逼领导干部切实履行自然资源资产管理和生态环境保护责任。通过绿色考核和责任追究形成引导生态文明健康发展的指挥棒。

四、浙江省生态文明公众参与制度建设存在的问题

1. 公众缺乏参与生态文明建设的制度平台

公众参与生态文明建设需要良好的制度平台支撑，没有制度平台或者没有健全的制度平台将使公众参与陷入“巧妇难为无米之炊”的境地。其后果是，公众参与生态文明的主体性作用无法体现。更为严重的是，“公众参与得不到满足的需求会变成外部抗争和反对政府的力量”（蔡定剑，2009），公众参与生态文明的诉求会以群体性事件的形式表现出来，影响社会稳定。如宁波 px 项目事件、杭州垃圾焚烧项目建设事件等，均是由于公众参与无法实现后的抗争性表现，如果有完善的诉求渠道和反馈机制，让公众真正参与环保项目建设，很多群体性事件可以避免或是减小损失。

（1）有效参与渠道狭窄。参与渠道是公众参与生态文明建设的路径。浙江省注重公众参与渠道建设，目前已形成了浙江政府服务网、公众开放日等直接参与模式和人大代表、政协委员、社区组织、民间环保组织、大众传媒组织委托—代理参与模式并存的多样化参与渠道。但问题出在渠道的运行机制上，一些渠道停留在字面上，没有严格的程序、

反馈机制，渠道界限模糊，能真正承载公众意志的有效渠道较少。部分公众在参与的过程中“晕头转向”，不知通过哪个渠道参与，也难以得到参与结果反馈；一些政府部门也没有高度重视公众参与，反馈渠道不畅、推卸责任、置之不理等现象仍然存在。其结果是部分公众参与无门，甚至积累负面情绪，损害了公众的环境权，也让生态文明建设的实效打了折扣。

（2）参与内容与形式较少。参与内容形式直接决定了公众参与的广度和深度。在浙江生态文明建设中，各级政府的主导作用仍然比较明显，公众能参与的形式较少，涉及的内容也较少。在公众参与生态文明建设中，公众大多参与的是一些公益活动、宣传教育活动，参与制度建设、发展规划、项目建设等核心活动的机会较少，导致部分公众的参与认同难以凝聚、参与热情难以提升、参与能力难以展现，长此以往，公众与政府在生态文明建设中的共同体将被打破，全民参与生态治理的局面将更难以形成。同时，政府引导公众参与生态文明的形式比较单一，缺乏新意新奇，公众容易产生审美疲劳，参与的积极性将被挫伤。

（3）信息公开平台效能较差。“在环境管理方面，环境信息公开被称为继命令与控制监管以及基于市场的环境监管这两种传统方式之后的‘第三次浪潮’”（马军，2013）。公众参与生态文明的机制是：通过信息公开获取生态环境信息，然后运用自身的价值理念进行判断评价，政府在生态文明实践中对这种评价进行有选择性的吸收并作用于生态环境。可见，获取大量的高质量环境信息是公众参与的前提。浙江省已经建立了环境信息公开制度，形成了以省、市、县环保局的网站成为主的环境信息公开平台，但总体上面向公众的环境信息公开范围较小、时效性较差，正面信息公开多、负面信息公开少，政府信息公开多、企业信息公开少，公众通过环境信息公开掌握的信息质量难以保证，影响公众参与生态文明建设的效能提升。

（4）责任追究制度不够健全。健全的责任追究制度是公众有效参与生态文明建设的保障。其基本运行机制是：政府组织保障公众参与的权利，实行公众参与责任制，对保障不力的按照追责制度进行责任追究，倒逼政府组织及责任人全力为公众参与生态文明建设提供保障。在生态文明建设中，浙江省建立了较为完善的生态绩效考核制度，并公布考核结果，但是考核制度里没有健全的责任追究制度，其涉及的责任追究的内容、程序不完善，可操作性不强，追责难度大。同时，在追责的过程中，由于缺乏责任追究公众监督机制，内部追责、形式追责、免于追责的情况时有发生，追责最终沦为形式主义。

2. 民间环保组织发展缺少可持续性

（1）布局结构不平衡①。浙江的民间环保组织在组织种类、分布地市、关注领域方面都存在不平衡问题。从目前全省75家民间环保组织的种类来看，社会组织29家，占比38.67%，校园组织41家，占比54.67%，基金会5家，占比6.66%，国际组织没有。可以看出，作为中坚力量的社会组织占比不到四成，基金会占比更小，校园组织过半数，而相比而言，社会组织和基金会比校园组织在技术、人才、资金方面都具有明显的优势。同时，国际组织还没有破零，与北京（20家）、上海（3家）、广东（2家）、香港（3家）等地区的差距还较大。从地市分布来看，杭州、温州、金华走在前列，分别有36家，15家，7家，其他8个地市相对较少，呈现地区不平衡状态。从关注的环保领域来看，分散关注了29个领域，且存在单打独斗的情况，民间环保组织之间难以实现资源整合、合作共赢。

（2）队伍整体素质不高。总体而言，浙江民间环保组织人力资源还不够丰富，专职人员的知识和技能还有很大的提升空间。在香港，民间环保组织中工作人员的素质是非常高的，大多数是世界500强公司里面的员工，而且是中层、高层人员。浙江民间环保组织的创立者、领导者、参加者有如下几类：有社会责任感、有爱心的企业家，对行

① 直接来源于中国环保组织地图，或通过地图数据计算得来，http：//www.hyi.org.cn/go.

业有所研究、有社会资源的退休人士，有愿意奉献社会、身体健康、有生态人的价值理念、有善心、有热情的专业人士，也有年轻的志愿者。这些人多是凭着热情和善心去工作，大多未经过专业训练，使得民间环保组织难以开展卓有成效的服务活动，造成了环境保护实践的非专业性和业余性。

（3）服务质量有待提升。总的来看，浙江的民间环保组织提供的公共服务水平较低，多是社区层面的志愿者服务，可持续性较差。啄木鸟组织建立了杭州应季蔬菜清单、常见食品非法添加剂和超量食品添加剂信息数据库，在社区开展食品安全宣传教育活动，但是只限于少数社区，不能惠及多数公众。2014 年开始，杭州部分环保组织与废品回收企业以及民政城管委等部门联合推出公益项目，项目的基本模式就是在杭州众多社区门口放上“大熊猫”，用来收集市民的废旧衣物，然后将收集来的衣物捐到贫困地区。然而，通过一件旧衣服里的跟踪器，发现旧衣物根本没有运到贫困地区或者贫困家庭，而是被运往上海、江苏等地的旧衣服收购站处理，倒卖，一时引起了强烈反响，损害了公益的形象。这足以说明环保民间组织在服务的方式方法、服务质量有待改进提升。

（4）引导公众作用不强。邻避运动①能考验社会组织引导公众能力，而浙江民间环保组织在应对邻避运动时的能力还不足，例如宁波镇海 PX 项目事件、杭州九峰垃圾焚烧发电项目事件的发生。在这两起群体性事件中，如果有民间环保组织参与的话，可能事件的发展就完全不一样了。环保组织在环境抗争事件发生之前可以通过正常路径，与政府进行沟通；可以对 PX 项目上马前的社情民意进行调研，将相关民意呈送政府；在

① 邻避运动：随着城市化、工业化的发展，城市建设日新月异，公众对生活水平的要求不断提高，需要兴建更多公共基础设施、生产更多社会需要的产品。但是如核电站和垃圾掩埋场等基础设施、如某些化工企业等企业在生产过程中会对住在附近的公众产生负外部性影响，这类设施和企业被称作邻避设施 。住在产生负外部性设施和企业附近社区的公众组织起来，采取“弱组织化”的策略，进行环境抗议，或者建议当地政府重新选择邻避设施的选址地，或者建议污染企业离开，从而形成邻避运动。

项目环评公示、公众参与调查、听证会、论证会等工作环节，环保组织全程参与，作为独立第三方进行参与和监督，同时向公众普及相关科学知识，消除误解误读，很好地充当政府和民众的桥梁，就可以避免或大大降低邻避运动产生的概率。

3. 生态文明教育未进入全民教育体系

从西方“教育”概念的起源来看，“教育”一词是内发之意。强调教育是一种顺其自然的活动，旨在把自然人所固有的或潜在的素质自内而外引发出来，变为现实的发展状态（刘艳，2014）。反映到生态文明领域，教育旨在让公众将人与自然和谐共生的理念内化于心，然后把这种理念转化为参与生态文明建设的一种自觉行动。因此，生态文明教育是一种生态理念向生态行动转化的载体，促进人的生态价值观、生态人格和生态公正理念的形成，指引公众按照生态发展规律参与生态文明实践，提升公众参与的合理性和有效性。

生态文明具有整体性、共享性，体现公众的共同利益，需要所有公众的共同参与。为此，生态文明教育也必然是面向所有公众的教育。人类社会发展史证明，生态文明教育的深度和广度直接决定着人类与自然和谐共存的发展指数，有效的生态文明教育能引导人类逐步纠正错误的发展方式，生态文明教育的缺位或者片面发展则将造成人与自然的尖锐对立，影响社会的可持续发展。同时，我们必须看到，生态文明全民教育价值的体现具有隐蔽性、滞后性和长期性，必须坚持长远的全局的评价理念，把生态文明全民教育作为一项长期投资来抓，在生态文明的持续发展中体现价值。

浙江生态文明建设始终把生态文明教育作为提升生态文明发展软实力的重中之重来抓，公众的生态文明理念逐步提升，积极参与生态文明，成为生态文明发展的主力军。但是，也必须清醒地看到，生态文明教育还没有纳入全民教育体系，教育功能发挥不足。

（1）生态文明教育没有纳入教育体系中。学校教育、在职教育、党员干部培训教育、企业教育等没有把生态文明教育纳入教育发展规划。

在实际的教学过程中或多或少涉及生态文明建设，但是关于生态文明发展的教学内容少、分布零散、难成体系，教师的生态文明素质也不高，生态文明理念覆盖面比较窄，也难以真正深入人心。

（2）生态文明教育形式比较单一。在浙江的生态文明实践中，生态文明教育的主要形式是分散的社会教育，通过一些公益活动、文明创建活动等载体，发放一些宣传册、开展一些宣讲等，内容比较单一，教育互动比较少，难以激起公众的兴趣，教育的质量难以提升。

（3）生态文明教育的参与度不高。生态文明教育活动，大多是政府组织主导的，教育活动没有更多地体现公众的需求，实践教育环节不多，效度较差。同时，民间环保组织、大众传媒开展生态文明宣传教育活动的自由度不大，得到的资助不多，积极性不高，生态文明教育的第三方力量不强。

五、浙江省生态文明公众参与制度建设的经验

1. 尊重公众参与生态文明建设的首创精神

法约尔认为，首创精神是人类活动最有力的刺激物之一。人类社会发展历史的持续进步，正是源于人的首创精神化于实践的产物。作为人类文明史上的一种社会形态，生态文明同样是人类与生态环境的相互作用中产生的智慧和力量的产物，这种智慧和力量融入公众参与社会发展过程的积极性、主动性和创造性中。浙江生态文明取得了可喜的成绩，其根本原因就在于最大限度地发挥出了公众的积极性、主动性和创造性。

相对于其他文明形态而言，生态文明是新生事物，是伴随着生态环境破坏、经济陷入转型困境而催生出来的，是人类对自身发展的反思和救赎。但在发展的实践中，国家层面的生态文明发展战略的形成和实践况且经历了长期的思想转变过程，对公众转变认识和参与实践而言，更是一个艰难的转变过程。在浙江的生态文明发展实践中，当初仅仅是一种政府层面的单向行动，公民不理解生态文明的内涵甚至出现一些公民反对政府生态文明行动，民间环保组织更是无米之炊，大众传媒仍然陶

醉在工业经济思维中，生态文明发展举步维艰。在几起群体性事件之后，浙江深刻反思政府单项推进的模式，把公众意识的觉醒和形成放在首位，通过一系列的生态文明宣传活动和实践行动，引导公众从意识上树立人与自然和谐共存的思想、在现实中让公众感受到生态发展带来的好处，公众逐步从冷漠旁观甚至反对的态度中解脱出来，取而代之对生态的发展保持一种积极的态度，自身也逐步尝试着参与到生态文明行动中来。

严格意义上讲，积极性只是一种“温和”的正面反应，只有主动性才是一种质变。主动性表现为一种“我要做”的心理状态，在生态文明的建设中，公众都有自己的“发展蓝图”，他们也期望能把自身规划的蓝图在更大的范围内进行实践，这既是对自身能力的认同，也会在自身同环境的和谐发展中给自己带来利益。在浙江生态文明发展的功劳簿中，公众的主动性作为功不可没。在浙江推进生态文明的具体工作中，政府把公众参与放在首要位置，从具体理念的勾勒到具体方案的实施，都尽可能通过各种不同形式的途径收集公民的意见、发挥环保组织的作用、通过大众传媒进行广泛的宣传，把公众的主动性转化为政府生态文明战略，这种主动性能减少政府决策失误，体现多数人的意志，提升生态文明发展的效度。

可以说，创造性是人类最高级的意识活动。生态文明的发展不仅仅是环境的保护，而是生态环境发展质量和经济社会发展质量的双赢。对浙江而言，其发展生态文明的战略方向是化生态优势为发展优势，形成经济发达、环境优美、文明和谐的社会局面，而这里，最离不开的就是深度挖掘公众的创造性。在浙江大地上，有着浓厚的历史文化传统和文化底蕴，民间智慧发达，是推进生态文明建设的文化软实力。浙江注重民间智慧的挖掘，广大机关干部扎根基层一线，不断积累公众在生态治理、生态经济发展中的金点子、好想法，形成了一批具有浙江特色的经典案例。同时，利用政府职能转移的契机，充分发挥环保组织的服务功能，发挥其专业性特点，为政府服务公众提供新的理念。大众传媒注意转变思路，广泛开展以公众为直接对象的生态文明宣传、生态文明载体创建等，在提升公众参与的凝聚力方面起到了积极作用。

2. 尊重公众对美好生活的向往并与时俱进

习近平总书记说："人民对美好生活的向往，就是我们的奋斗目标。"① 为此，我们推进生态文明建设，其根本目标就是为公众实现这种向往。

美国心理学家马斯洛将人类的需求从低到高分为五个层次：生理需求、安全需求、社交需求、尊重需求和自我实现需求，各阶段需求包含个体主体性彰显的过程，其结果就是个体某一阶段愿望的实现。挪威学者阿兰·奈斯也有类似的观点，他认为，生态智慧的终极性规范是"最大限度的（长远的、普遍的）自我实现"（黄炎平，2002）。这里的"自我"是"大自我"，包括一切生命形式的存在。从生态文明发展的视角看，安全的、优美的生态环境既体现为一种环境安全需求，更体现为一种公众自我实现的需求，其实现的途径就是公众参与生态文明建设的过程。

用国际标准来衡量，浙江整体上处于上中等收入水平，衣食住行等基本需求得到满足，其他各种需求不断增长。体现在人与环境的关系上人对自然的改造征服需求下降，人与自然和谐共生需求在逐步形成和增长。公众的生活模式由单纯追求数量向追求数量与质量并举转变，公众迫切希望通过自身的参与去实现这种需求。在浙江建设生态文明的实践中，公众把对美好生活的向往化为自觉的行动，通过发展农家乐、乡村旅游、生态农业等形式参与到生态文明建设的实践中去；各级政府也充分尊重公众对美好生活环境的愿望，把这种愿望转化为政府推进生态文明的施政理念，一步步助推公众美好生活愿望的实现，生态文明发展健康有序进行。

人与自然的和谐发展是一个长期的历史过程。在生态文明发展进程中，随着社会经济条件的不断变化，公众对美好生活的"理想蓝图"也

① 新华网，http：//news.xinhuanet.com/18cpcnc/2012－11/15/c_123957816.htm.

在变化，公众参与的形式和途径也会不断拓展。在浙江的生态文明建设中，政府充分考虑不断变化发展的公众需求，在公众参与制度设计、公众参与形式、生态服务载体和产品上都开展了有益的实践，为以后生态文明建设中的公众参与指明了方向。

3. 尊重公众在生态文明治理体系中的主体作用

历史唯物主义认为，人民群众是历史的创造者。在生态文明建设中，人民群众承担主体责任，人民群众的主体性发挥是生态文明建设的核心动力。生态文明建设属于社会公共治理的范畴，而现代公共治理十分尊重人民群众的社会治理主体地位，充分发挥社会组织和大众传媒的作用，形成全社会广泛参与的局面，推动生态文明健康发展。国内外的生态文明发展的经验教训证明，公众主体作用的发挥程度决定了生态文明建设的成败或水平，尊重公众在生态文明治理体系中的主体作用是建设生态文明的必然选择。

在生态文明建设实践中，要充分发挥民间环保组织在环境决策民主协商、教育公众、收集社情民意、公众环境维权、影响政府决策等方面的作用，充分发挥大众传媒在传播生态文明价值理念、凝聚公众参与意识、社会舆论监督等方面的作用，充分发挥广大公民在生态文明实践参与、制度反馈、过程监督等方面的作用。公众在生态文明建设中发挥作用需要一定的保障条件，而政府的主要责任就是为公众有效参与生态文明建设提供最大效度的保障条件。在生态文明建设中，政府要注重职能转变，由行政主导逐步向服务转变，加强同公众的沟通合作，为公众参与生态文明建设提供保障条件和激励措施，激发公众参与的积极性，提升公众发挥作用的有效性。

在浙江的生态文明实践中，始终坚持公众在生态文明建设中的主体性地位不动摇。生态省建设以来，浙江民间环保组织如雨后春笋般的发展起来，利用专业优势为政府决策提供重要参考，广泛发起一系列生态文明公益活动，直接提供一部分第三方服务，在公民和政府之间搭起了桥梁；大众传媒准确把握生态文明发展大势，引导全社会形成人与自然、经济与环境和谐共存的生态理念，营造了全民参与的良好范围；广大公民积极发挥自身智慧，投身生态文明建设洪流，其生态文明建设的主体性充分彰显。浙江的实践体现了公众在生态文明治理体系中的主体作用，反过来又促使各级政府更加坚定了服务者的角色，为公众参与生态文明“搭桥”，逐步形成了政府主导、公众参与的良性互动格局，推动生态文明建设走向深入。

六、完善浙江省生态文明公众参与制度建设的对策建议

1. 加强生态文明公众参与的制度平台建设

“制度是一个社会的游戏规则，更规范地说，它们是为决定人们的相互关系而人为设定的一些契约。”（诺斯，1994）在生态文明社会关系中，公众参与反映的是公众和政府、人和自然之间的契约关系，公众与政府的契约关系是人与自然契约关系的前提。只有搭建完善的制度平台，才能使公众参与从体制外走向体制内、从形式走向实质。

（1）拓展有效参与渠道。在已有的线上线下参与渠道的基础上，紧抓渠道拓面不放松，重点抓好网络化、信息化参与渠道建设，凸显方便快捷化、人性化，提升公众参与的积极性。加快渠道运行机制建设，明确公众参与的途径、程序、内容，完善渠道参与的公众反馈机制，强化渠道运行的监督，建立环境保护网络举报平台和举报制度，确保渠道运行畅通，提升公众参与的有效性。注重参与渠道的深度开发，拓展渠道参与的内容，让公众参与从表层的公益活动、宣传教育等活动向深层的参与生态文明制度设计、生态环境诉讼、生态项目建设等形式转变，提升公众生态文明建设的话语权，引导公众逐步成为生态文明建设的主体。

（2）完善信息公开平台。拓展信息公开范围和载体，从大气环境、水环境、土壤环境等生态环境要素信息，到企事业单位、社会组织、社区等排污单位信息，再到监管部门、公众参与、政府环境管理等信息全面公开，政府官方网站、在线传媒、手机 APP 等网络公开平台与政府信息公开栏、社区信息公开栏、环保公益活动等实体公开平台要实现有机

结合，全方位公开生态文明建设信息，最大限度地保障公众关于生态文明建设的知情权。进一步完善环境信息公开制度体系，建立完善新闻发言人制度、建设项目环境影响评价信息公开制度、政府部门环境信息公开考核制度等，建立完善“生态日”、“公众开放日”等环境信息公众反馈沟通制度平台，倒逼环境信息公开常态化、机制化、真实化、互动化，形成政府、企业、公众在生态文明建设中的良性互动。

（3）建立完善的责任追究制度。把责任追究作为倒逼政府组织保障公众参与生态文明权利的重要举措来抓。进一步完善生态文明绩效考核制度，加大公众参与考核的权重，细化考核指标，引入公众评价环节，确保考核兼具科学性和可操作性。强化考核责任追究，推行市县两级党委和政府领导生态文明责任制，把公众参与责任追究纳入生态环境损害责任终身追究制度体系，进一步明确责任内容、追责情形、追责程序，形成较为完善的追责体系，对因保障公众参与权利不力而造成生态环境损害或是发生群体性事件的，视情况予以诫勉、责令公开道歉、组织处理或党纪政纪处分，对构成犯罪的依法追究刑事责任。在责任追究的全过程，设置公众参与环节，充分听取公众意见，作为追责的重要参考。

2. 保障民间环保组织的可持续发展

持续提升民间环保组织参与生态文明建设的深度和广度是未来生态文明建设的必由之路。针对当前浙江民间环保组织可持续发展能力不强的问题，需要从多方面加以解决。

（1）加强规划管理。政府应对民间环保组织的培育进行整体规划，引导民间环保组织的区域布局设计和服务对象布局设计，根据经济社会发展状况、不同服务对象的不同需要、民间环保组织的特点，政府在前一年负责编制下一年度民间环保组织设立的区域、行业导向目录，引导民间环保组织健康有序发展。进一步配优配强民间环保组织政府主管部门力量，完善事前设立审批、事中事后监管制度，优化服务程序和流程，加大信息公开力度，提升服务能力和水平，为民间环保组织发展提供更优质的服务。加大扶持力度，制定相关优惠政策，尤其是在基础设施、土地使用、资金扶持、税收减免、政府购买服务等方面给予更多的支持，推进民间环保组织发展。

（2）推进市场化进程。政府和大众传媒要加强指导作用，引导全社会改变传统的不求回报的公益理念，倡导适度盈利的市场化公益行动，盈利再用于开展更高层次、更大范围的公益服务，通过这种良性循环不断提升公益服务水平，逐步实现社会效益最大化。推进政府职能向社会组织转移，加大对民间环保组织的财政投资，完善政府向民间环保组织购买服务制度，推动民间环保组织与环保企业的市场化合作，激励民间环保组织不断开发多样化的生态服务产品，提供更优质的第三方收费性服务。拓宽民间环保组织的融资渠道，民间环保组织可以通过开展专业性的环保知识培训、企业冠名、广告营销等形式多渠道获取收入，为组织的长久持续发展提供保障。

（3）提升服务能力。完善组织制度建设，完善民间环保组织法人治理结构，推行现代化企业管理模式，提升民间环保组织管理水平。引导民间环保组织拓展思路，在衣食住行、文化娱乐、医疗卫生、情感沟通等方面挖掘潜力，努力提供满足多层次需求的服务产品。强化品牌理念，打造民间环保组织品牌，强化品牌充分集聚人才、设施、技术等优势，注重资源整合和外部环境塑造，加强宣传引导，扩大组织影响力，推进民间环保组织做大做强，持久发展。强化“大组织”概念，推动环保组织之间开展广泛的合作，在更大范围、更广领域进行资源整合，打造更多的组织联盟，提升民间环保组织的整体实力。

（4）加强人才队伍建设。着力探索社会工作者的引进、培养、培训及激励机制，在入职、考核制度、激励机制、薪酬体系等方面制定优惠政策吸引人才进入民间环保组织工作，提升队伍整体素质，保证队伍的稳定性。加快专业化建设，对于在民间环保组织工作没有专业资质的人员，要鼓励、支持他们尽快取得专业资格证书，对年龄较大、考取社会工作者证书较难的工作人员，要强化岗位培训。强化民间环保组织、高校和政府在人才培养方面的合作，环保组织借助高校平台和师资开展人才素质培训，高校可与环保组织开展人才委托培养，政府认同民间环保组织的工作经历等，形成人才培养的良性循环。

3. 将生态文明教育纳入全民教育体系

将生态文明教育纳入全民教育体系，让生态文明价值理念从时间和空间两个维度上深入人心，才有可能形成生态文明永续发展的动力。2016年5月11日，浙江省发布《浙江省低碳发展“十三五”规划》，明确提出：“将生态文明教育全面纳入国民教育和干部教育培训体系，在各级各类教育机构开展低碳教育，普及生活方式低碳化的知识和方法”①。这是一个好的开始，但重在执行。

（1）在对象范围上要实现全覆盖。将生态文明教育纳入幼儿园、中小学、职业教育、高等教育、在职教育、成人教育、家庭教育，传播生态价值理念、宣传绿色生活方式，开展多样化的生态文明教学实践活动。在党员干部培训教育中开展生态文明教育，引导其提升生态价值理念、树立生态发展思维，有效履行生态发展责任。政府要正确把握舆论导向，引导大众传媒正确传播生态文明价值理念，引导环保组织和企业加强成员或职工的生态文明知识、环境保护和生态建设法律法规教育，增强环保组织和企业的生态责任感。通过全覆盖的生态文明全民教育体系，凝聚生态文明发展的思想共识。深入开展广泛的生态公益教育活动，将生态文明教育与生态家庭、生态社区等评选挂钩，逐步形成稳固的生态文明价值认同。

（2）在教育制度上要不断完善。结合浙江生态文明发展实际，制定生态文明全民教育发展规划，出台相关配套政策，完善各阶段国民教育教学大纲修订、教材修订，不断完善党员干部生态文明教育培训体系，鼓励引导社会组织和企业开展生态文明教育，建立动态调整机制，形成较为健全、富有弹性的生态文明教育机制。在教育模式上，要坚持理论与实践相结合，既注重生态价值理念的教育，又注重开展环保志愿者行

① 浙江省发改委网站，http://www.zjdpc.gov.cn/art/2016/5/20/art_7_1703671.html.

动、环保进社区进学校、义务植树造林、生态旅游等实践活动，打造生态文明示范教育基地，使学员对生态文明的认识更加真切、深刻。完善教育队伍培养机制，打造对生态文明价值理念认识深刻、环保专业知识和技术扎实、实践动手能力强的师资队伍，切实提升生态文明教育和教学的质量。

【参考文献】

[1] Hannigan, J. A. Environmental Socioloy: A Social Constructionist Perspective [M]. Routledge London and New York, 1995.

[2] 俞可平. 治理与善治 [M]. 北京：社会科学文献出版社，2000年.

[3] 姜仁良. 低碳经济视阈下天津城市生态环境治理路径研究 [D]. 北京：中国地质大学，2012年.

[4] 孙立平. 转型与断裂：改革以来中国社会结构的变迁 [M]. 北京：清华大学出版社，2004年.

[5] 周青. 近年来中国民间环保组织的活动特点 [J]. 北京：环境教育，2011 (2).

[6] 刘逢，王锐兰，楚俊. 中国民间环保组织的生存现状及发展 [J]. 云南：云南社会科学，2006 (1).

[7] 任秀芬. 发挥环保民间组织作用共同促进环保事业发展 [J]. 福建：海峡科学，2007 (6).

[8] 徐家良，赵挺. 政府购买公共服务的现实困境与路径创新：上海的实践 [J]. 北京：中国行政管理，2013 (8).

[9] 骆路金. 经济法视野下政府购买公共服务的激励分析 [J]. 浙江：宁波广播电视大学学报，2012 (3).

[10] 姜涌. 中国的公民意识问题思考 [J]. 山东：山东大学学报（哲学社会科学版），2001 (4).

［11］卓越，赵蕾．加强公民生态文明意识建设的思考［J］．北京：马克思主义与现实（双月刊），2007（3）．

［12］刘国翰，郅玉玲．生态文明建设中的社会共治：结构、机制与实现路径［J］．北京：中国环境管理，2014（4）．

［13］蔡定剑．公众参与风险社会的制度建设［M］．北京：法律出版社，2009 年．

［14］马军．美丽中国需要公众参与［N］．北京：中国环境报，2013－02－06．

［15］刘艳．从西方"教育"一词的溯源看自主德育工作［J］．重庆：环球人文地理，2014（8）．

［16］黄炎平．阿兰·奈斯论深层生态学的哲学基础［J］．湖南：湘潭大学社会科学学报，2002（4）．

［17］［美］道格拉斯·C．诺斯．制度、制度变迁与经济绩效［M］．上海：上海三联书店，1994 年．

（**作者：**郅玉玲，浙江理工大学法政学院；李一，中共浙江省委党校；陈明刚，湖州市编制委员会办公室）

分论之五：环境法律制度建设的浙江实践

工业文明在带来经济增长的同时，也带来了一系列的环境问题。环境法律制度作为“工业文明”向“生态文明”演进的重要制度保障。设计合理的环境法律制度体系，能够为环境保护和污染防治的实际操作提供一个平台，并充分发挥其在环境治理领域的引导和约束作用。基于此，理性审视和研究浙江省在环境法律制度建设领域的历史沿革、实践和经验，通过完善“源头严控”、“过程严管”、“恶果严惩”三个层次的环境法律制度来推动浙江的生态文明建设，实现“绿色浙江”到“美丽浙江”的战略目标，对于其他省份乃至其他国家和地区的生态文明建设具有一定的借鉴和启示价值。

一、环境法律制度建设的基本内涵

1. 环境法律制度的初步界定

制度，实际上就是明确规定并需要社会成员共同遵守和维护的规则、程序或体制。在人类社会历史发展的进程中，存在不同的社会制度，其制度价值在于为人类经济、政治以及文化等活动提供一定的规则框架。新制度经济学则认为，制度提供的一系列规则由国家层面制定的正式制度、社会普遍认可的非正式制度和实施机制构成。正式制度是指人们有意识创造的、由国家层面正式制定的一系列制度，制度的形成和实施以国家强制力为保障，如政治制度、文化制度、经济制度、军事及法律制度等，均有意识地规范人们的行为。非正式制度是指人们在长期的交往中形成并得到社会普遍认可的规则，具有持久的延续力，并成为传统文化一部分。非正式制度的形成和实施无需依靠国家强制力来保障，而是由社会认可，如意识形态、价值信观念、道德观念、民间风俗等，是人类社会历史发展进程中利益博弈的人以及团体之间相互博弈、相互妥协的产物，这是一个自发的、内生的过程，具有鲜明的时间性、地域性。实施机制，就是指对于违反或遵守规则作出相应的惩罚或奖励的制度，它是促使这些约束性规则得以实现的条件和手段的总称。

法律制度作为“正式制度”，是指在某一特定的法律部门之内，调整特定的社会关系，并且具有相同或类似法律功能的一系列法律规范所组成的整合性的规则系统。① 法律制度作为具有相同或类似功能的法律规范的集合，是连接法律原则和法律规范的中介，在整个法律体系中起着承上启下的重要作用，法律制度设计的科学与否决定了法律实施的效果。

环境法律制度作为一项重要的法律制度，是指为实现环境保护法的目的和任务，遵循环境资源法的基本原则和基本原理而制定的具有普遍意义和起主要管理作用的法律规则和法律程序，是调整某一类或某一方面环境保护社会关系的基本法律规范所组成的体系。体系化和规范化是环境管理制度的显著特征，也是环境法律规范的重要领域范畴。环境法律制度作为环境资源法实效性发挥的关键环节，一方面要统筹兼顾环境法律规范的可操作性和现实针对性，另一方面彰显了环境法律规范的理

① 一般而言，在论及法律制度时通常对其有广义和狭义两种解释。广义上的法律制度基本与“法”或“法律”的含义相同，是指制度化的法律，主要是从宏观法制建设的角度出发，对社会运行的法律依据所作出的整体概括，是一个社会最基本、最权威、最普遍的正式制度；狭义上的法律制度是一部法律或一个法律部门的核心内容。特指在同一法律部门内部，为了实现法律的基本理念和价值，明确合法的权利和义务，调整特定社会关系中的社会矛盾和利益冲突，具有相同或相似法律功能的一系列法律规范所组成的整合性规则的集合或系统。其以现实的可操作性为基础，对符合要求的某类法律规范进行理论范畴的具体归纳。所针对的并不是某一个具体问题或少数特例，而是比较具有一般性的问题。本文所说的法律制度是从狭义的角度而言的。

论意蕴和法律精神。因此，科学完整的环境法律制度是环境法律规范从理论到环境治理实践逻辑转换的制度保障和前提条件。需要注意的是，环境公共物品不同于一般的物品，它具有一些特殊的属性，即共享性、非选择性、非排他性、搭便车、公共供给。在环境这种公共物品利用方面存在公益性与私益性的使用方式，如若不考虑合理公平的方式选择，就可能出现哈丁所说的“合成谬误”及由此导致的“公地悲剧”，从而使“每个牧民破了产”。由于这些特殊属性的存在，使环境问题以及解决环境问题的环境法律制度也具有一定特殊性。因而，不同于环境法基本原则之处在于其具体性和可操作性，也和一般的环境法律规范存在差异性，环境法律制度是具有自身内涵与特征的环境法律规范。

2. 环境法律制度的特征

环境法基本制度是环境法体系的重要组成部分，对于我国环境法律规范的贯彻实施具有很重要的作用。环境法律制度的特征主要有以下几个方面：

（1）环境法律制度在适用对象上具有特定性。环境法律制度不像环境法的基本原则那样具有广泛的适用性，环境法基本原则贯穿环境与资源保护法的整个法律部门始终，具有普遍指导意义和约束力，全面体现环境与资源保护法的内在规定性与本质特征。环境法调整对象中社会关系类型具有多样性。与环境法基本原则不同的是，环境法律制度则是针对特定的社会关系显现出来的外在特征和规范调整的内在要求，对环境法所调整的对象按照一定的标准进行划分，进而选择具有相似性且逻辑体系严密的规则组成的子规则系统。因此，环境法律制度适用的范围具有有限性，无法调整所有环境法领域，主要调整对象为在开发、利用、保护、改善环境领域中的某一子社会关系或者特定社会关系。此外，环境法律制度对产生的同一类型环境问题采取的治理措施以及法律责任都是特定的、具体的，在某种程度上也是法律规范具有相对稳定性的体现。环境法律制度调整对象的特定性，使法律的调整更具有现实针对性，在一定程度上避免适用法律的随意性，从而有利于扩大环境资源法律的实施效果。

（2）环境法律制度具有系统性和相对完整性。法律制度具有严谨规范的逻辑框架，单个规范性条文抑或单个法律内部的规范性条文无法建构一项系统完整的法律制度框架，环境法律制度亦是如此。因此，作为一系列环境法律规范构成的环境法律制度，其内部各构成要素之间不是简单相加，而是相互关联、相互联系、相互制约、相互补充，按照环境保护规律所组成的具有特定调整对象的规则系统。这一规则系统具有条理性、科学性和整体性的内在价值，具有单个规范性条文所不具有的功能，这一功能表现为环境法律制度具有更强大、更集中的法律效力。如果把整个环境法作为大的母系统，那么每一个具体的环境法律制度都可以构成一个小的子系统，通过子系统的有效而有逻辑性的组合，使环境法调整的母系统优势更加充分的得到显现，优化了环境法调整机制的局限性，最终实现 1 +1 >2 的实效。由于环境法律制度的功能在环境问题治理领域发挥的具体性与复杂性，这种两重性决定了环境法律制度系统结构和范畴的复杂性（Gunningham N.，2009）。这一点也是区别环境法律制度与环境法律原则和措施的主要标志。所以，以环境影响评价制度、“三同时”制度等众多环境法律制度子系统为基础，组成了整个环境法律制度的完整母系统，为环境部门法独立部门法地位的形成、调整机制的健全、系统结构的优化提供了重要的子系统支撑。系统性和相对完整的环境法律制度是促进环境管理水平、成效的重要标志，也为“两美浙江”的建设提供良好的制度保障。

（3）环境法律制度具有较强的可操作性。环境法律制度是一个相对务实的理论范畴，它和环境资源法律原则的最根本区别在于，环境法律制度比较具体，包括其适用条件、组织机构、程序以及所采用的措施、法律后果都有比较明确而细致的规定，在出现具体的环境污染以及环境领域的侵权损害行为时，环境法律制度可以发挥其约束和导向功能，可以有效地制止和惩罚环境违法犯罪行为。环境保护缺乏动力，作为市场激励型的环境法律制度，则可以发挥具体的激励功能，如环境税、排污权交易等，从而充分体现环境法律制度的可操作性。作为环境部门法完善与成熟的显著标志，环境法律制度是环境法规范从抽象性规定到精细完备的结果体现，完善的环境立法是环境法律制度具有针对性和可操作性的前提条件。在某种程度上，环境法律制度可操作性的强弱，一方面反映环境法规范的理论内涵，同时也是衡量环境法规范水平高低的尺度。

（4）环境法律制度具有同质性。对外在特征具有相似性、对环境法律规范内在需求相同的特定具体的社会关系进行调整和约束，这是环境法律制度功能的重要呈现，这种内外调整的统一性决定了环境法律制度的构成要素具有同质的法律功能。因此，每一个环境法律制度所引导的环境法律规范在发挥实效以及价值判断的层面上基本上也具有一致性，环境法律制度调整对象的特定性以及环境法律规范的系统整合性是一致性的重要原因。完善的程序、严密的规则体系、规范的权利义务结构是环境法律制度同质性的重要体现，但是环境法律制度的同质性不意味着其向趋同的方向发展，以至于忽视环境法律制度的独立性价值。发挥环境法律制度同质性的特征，既是对规则、程序取舍的重要标准，也是体现环境法律制度整体功能大于各部分功能组成之和的系统优势。

综上所述，环境法律制度作为环境法理论从应然层面到实然层面逻辑转变的关键环节，以及其本身具有的特定性、系统性、可操作性、同质性的典型特征决定了环境法律制度在整个环境规范系统之中占有优越地位。环境法律制度属于法律制度的范畴，对其价值功能的认知不应该仅仅停留在环境部门法内部，而应该超越部门法的边界，树立生态系统思维、整体主义立场、环境正义价值追求、代际公平等的环境法理念，运用环境法理念实现对传统环境法律制度的革新，这既是对工业文明时代环境法律制度的继承，更是对工业文明时代环境法律制度的超越。

3. 环境法律制度的分类

1979 年我国《环境保护法》规定了环境影响评价制度、征收排污费制度和“三同时”制度 ，这三项制度在理论研究中一般称之为“老三项”制度。1989 年第三次全国环境保护会议将环境管理的主要制度归纳为“新五项”制度，即环境保护目标责任制度、城市环境综合整治定量考核制度、排污许可证制度、污染集中控制制度、限期治理制度。经过改革开放后几十年的发展，环境法律制度日益丰富和完善，并在我国环境监督管理中发挥了十分重要的价值。

环境法律制度是由多项制度组成的制度体系，每一种制度的对象、功能、性质和适用阶段也不同，从不同角度，可以对环境资源法律制度进行不同的分类：

根据环境法律制度保护的对象不同，可分为：环境法基本制度、污染防治制度、自然资源保护制度、灾害防治制度等。环境法基本制度主要包括：环境资源权属制度、环境影响评价制度、“三同时”制度、规划制度、行政许可制度、税费制度、奖励制度等①；污染防治制度主要包括：限期治理制度、排污收费制度、排污申报登记制度、环境标准制度、环境保护目标责任制度、城市环境综合整治定量考核制度、清洁生产制度、排污权交易制度等：自然资源保护制度主要包括：自然资源产权制度、自然资源调查制度、自然资源档案制度、资源资源综合利用制度等；灾害防治制度主要包括：防范与预警制度、恢复重建制度等。

根据环境法律制度的功能不同，可分为：预防性制度、基础性制度、

① 环境立法和理论界对环境法基本制度认识存在差异性，蔡守秋教授认为环境法的基本制度包括：环境资源规划制度、环境资源标准制度、环境资源监测制度、环境影响评价制度、环境资源许可制度、“三同时”制度、清洁生产制度、综合利用制度、动植物检疫制度、环境资源税费制等。参见：蔡守秋：环境资源法教程［M］. 北京：高等教育出版社，2004。金瑞林教授把环境法基本制度归纳为：环境保护基本法律制度和自然资源保护基本法律制度，其中环境保护基本法律制度包括：“三同时”制度、土地利用规划制度、征收排污制度、环境影响评价制度、许可证制度、经济刺激制度。金瑞林. 环境与资源保护法学［M］. 北京：高等教育出版社，1999。韩德培教授则认为环境法基本制度包括：环境影响评价制度、“三同时”制度、排污收费制度、许可证制度、限期治理制度、环境污染与破坏事故的报告及处理制度。韩德培. 环境保护法教程［M］. 北京：法律出版社，2003。但是都主张环境影响评价制度、“三同时”制度、许可证制度作为环境法基本制度，在环境法律制度系统中居于核心地位，贯穿于环境问题治理的全过程。

治理性制度等。预防性制度主要包括：规划制度、行政许可制度、环境影响评价制度、“三同时”制度、生态环境破坏事故防范与预警制度等；基础性制度主要包括：监测制度、环境标准制度、自然资源调查制度、自然资源档案制度、排污申报登记制度等；治理性制度主要包括：限期治理制度、生态环境建设制度等。

根据环境法律制度的性质和手段不同，可分为：经济性制度、技术性制度、行政性制度、社会性制度等。经济性制度主要包括：税费制度、奖励制度、经济刺激制度等；技术性制度主要包括：环境资源监测制度、环境标准制度、清洁生产制度等；行政性制度主要包括：行政许可制度、限期治理制度、现场检查制度等；社会性制度主要包括：公众参与制度、污染事故报告及处理制度等。

根据环境法律制度的适用阶段不同，可分为：“源头严控”制度、“过程严管”制度、“恶果严惩”制度。“源头严控”制度主要包括：主体功能区制度、环境影响评价制度、环境标准制度等；“过程严管”制度主要包括：“三同时”制度、生态补偿制度、行政许可制度等；“恶果严惩”制度主要包括：生态环境保护责任追究制度、环境损害赔偿制度等。这一环境法律制度的分类契合了浙江省环境法律制度建设的新方向，通过完善“源头严控”、“过程严管”、“恶果严惩”三个方面的制度有利于推动浙江的生态文明建设，从而实现“美丽浙江”的建设目标。

二、浙江环境法律制度建设的历史回顾

环境法律制度建设是国家和地方的共同职责。因此，本部分把国家和浙江省两级的环境法律制度建设融合在一起予以阐述。

1. 环境法律制度的“初步框架”的形成

（1）“农业文明迈向工业文明”进程中的环境法律制度演变。虽然环境法学理论界对环境发展阶段的认识有所不同，但根据环境问题的演

变规律，其发展主要经历了农业文明和工业文明两个阶段[①]。不同文明阶段对应的环境法律制度的主导思想也有差异。

在新中国成立之后乃至相当长的时期内，中国依然是一个典型的农业国，不合理的环境开发、利用行为普遍存在，导致了洪涝灾害、水土流失等次生性环境问题的产生。基于此，在20世纪70年代，邓小平同志就曾指出："为了保障人民民主，必须加强法制……应该集中力量制定刑法、民法、诉讼法和其他各种必要的法律，例如森林法、草原法、环境比较法、劳动法等相关法律法规，经过一定的民主程序讨论通过，并且加强检察机关和司法机关，做到有法可依，有法必依，执法必严，违法必究。"[②] 这些看法中体现了农业文明时期的环境法制思想：第一，森林法、草原法、环境保护法等，都是保障人民民主，加强环境法制建设所必需的法律；第二，森林法、草原法、环境保护法等，是做到"有法可依，有法必依，执法必严，违法必究"的重要法律依据；第三，在其所列举的中国特色社会主义建设事业所必需的诸项法律中，其主要部分仍是农业和环境领域的法律，体现了解决农业文明阶段环境问题的对策思路。

1978年召开的党的十一届三中全会，作出了工作重心转移的重大战略，开始实行改革开放，标志着我国开始进入了从社会主义计划经济向社会主义市场经济转型的新时期。由此，中国的工业化建设步伐不断加大。但是伴随着经济发展而出现的环境问题特别是工业污染也越来越严重。在这种时代背景下，我国的环境保护和环境法律制度建设顺应了工

① 在环境法的理论研究中，对于环境问题发展阶段的划分，学者们看法有所不同。比如，有学者认为可以将其划分为原始采集捕猎阶段、农业阶段、现代工业阶段，参见韩德培主编：《环境保护法教程》（第四版），法律出版社2003年版；有学者认为可以将其划分为局部环境问题阶段和全球性环境问题阶段，其中局部环境问题阶段又可分为环境问题的萌芽、发展和爆发三个时期，参见吕忠梅主编：《环境资源法学》，中国政法大学出版社2005年版；有学者认为可以将其分为生态环境的早期破坏、近代城市环境问题、当代环境问题阶段，参见张梓太主编：《环境与资源保护法学》，北京大学出版社2007年版。

② 参见邓小平1978年在中共中央工作会议闭幕会上的讲话《解放思想，实事求是，团结一致向前看》，载《邓小平文选》，第136页。

业文明发展的趋势，融入广泛的工业发展领域，工业文明的环境法律制度建设进入了迅速、全面发展的时期，并且《中华人民共和国国民经济和社会发展第七个五年计划》提出了国家环境保护工作的重点工作，并把“防治工业污染”作为这一时期环境保护的基本任务，把工业文明的环境法律制度思想贯彻道路国家规范性文件之中。此外，提出了“严格控制新污染的发展”的环境保护思路，如国务院在20世纪80年代要求环境保护部门和基本建设部门，对于布局不合理，资源、能源浪费大的在建的工程项目须严格审核，对环境污染严重而又无合理的环境治理措施的项目，要坚决停止建设①，通过以国家层面的规范性文件把严格控制新污染的发展，增强环境治理的实效性。这一阶段环境法律制度建设也都具有经济转型时期的性质和特点，因此，可以将这个阶段治理环境的法律制度称之为“改革开放时期的环境法律制度”或“经济转型时期的环境法律制度”。

虽然这一时期实现了由农业文明到工业文明为主导思想的环境法律制度演变，但是对于工业污染尤其是城市“三废”（废水、废气、废渣）的关注程度高，并把这些环境问题的解决作为这一时期环境法律制度的重要使命，“污染防治中心主义”成为这一时期环境法律制度的典型特征，因而其环境保护思想和环境法律制度建设所涉及的范围似乎还很狭窄。与此同时，一方面借鉴国外环境保护的先进经验，另一方面立足于本身环境法律制度建设实践，开始实行排污收费制度、“三同时”制度和环境影响评价制度（老三项制度）。至此，我国环境保护事业开始起步。1989年，我国召开第三次全因环境保护会议，提出了环境管理的“新五项”制度。“新五项”环境法律制度是随着市场经济体制改革不断深入而提出的，凸显了环境法律制度建设的不断深化，亦契合了农业文明为指导的环境法律制度建设到以工业污染防治为中心的环境法律制度建设演变。

① 参见1981年2月24日《国务院关于在国民经济调整时期加强环境保护工作的决议》。

（2）环境法律制度的基本国策的形成。1978 年，修改后的中国《宪法》第十一条第三款规定："国家保护环境和自然资源，防治污染和其他公害。"这是我国根本大法第一次将环境保护工作纳入其中，将环境保护规定为国家的一项基本职责，从国家规范性文件层面给予重视，并且将自然保护和污染防治确定为环境保护和环境法律制度建设的两大领域，从而明确了我国环境法律制度的基本框架和主要内容。此外，这一条款为环境立法提供了宪法依据，使中国环境保护进入法制化轨道。1978 年 12 月，中共中央批转的国务院环境保护领导小组的《环境保护工作汇报要点》指出"消除污染，保护环境，是进行社会主义建设、实现四个现代化的一个重要组成部分……我们绝不能走先污染、后治理的弯路。"将强化环境法律制度建设，完善环境法律规范作为环境保护工作的重要环节之一。1979 年通过的《中华人民共和国环境保护法（试行）》明确指出，要"保证在社会主义现代化建设中合理地利用自然环境，防治环境污染和生态破坏，为人民创造清洁的生活和劳动环境，保护人民健康，促进经济发展。"环境保护工作的方针是"全面规划，合理布局，综合利用，化害为利，依靠群众，大家动手，保护环境，造福人民"。该法的内容全面而系统，是我国环境保护法走向体系化的第一步，也是环境保护法成为独立法律部门的标志（蔡守秋，2005）。1981 年国务院专门作出了《关于在国民经济调整时期加强环境保护工作的决定》，强调合理的开发利用环境是社会主义现代化建设的基本任务。

随着环境问题日益凸显，在表现形式上呈现出整体化、全球化的特征，并产生了生态危机这一新形态。生态危机是新的时代背景下，人与自然矛盾激化的产物，对社会经济发展带来了严重的挑战。由于生态危机这一环境问题的影响，法律生态化实现途径的研究成为环境法理论与实务界共同关注的重大命题。宪法作为法律体系的基础，自然应作出相应的调整，在《宪法》中适当纳入生态保护的内容、逐步转变为"生态宪法"正在成为各国宪法修正的新趋势，我国应顺应这一趋势。有学者认为，宪法生态化有两种基本方式，一是通过环境基本国策，二是通过环境基本人权。1982 年，我国又对《宪法》进行了修改，在第二十六条中规定："国家保护和改善生活环境和生态环境，防治污染和其他公害。"与 1978 年《宪法》相比，此次修改扩大了"环境"这一重要概念的外延，意味着我国《宪法》开始了生态化转型并呈现出"生态宪法"的面相与规范功能①。环境保护是可持续发展的基础条件，是我国经济发展必须面对的首要任务，更是生态文明建设的重要内容。1983 年第二次全国环境保护工作会议首次明确提出"环境保护是一项基本国策"，"这项工作做好了，利在当代，功在后世"。

浙江省作为生态文明建设起步相对较早的省份，在 1984 年召开的全省环境保护会议，突出强调经济建设与生态环境保护协调发展的思路；1992 年，浙江省一方面重点制定社会和国民经济发展规划，另一方面强调生态文明建设，加强环境保护工作的执行，并将这一工作纳入发展规划之中，作为这一时期重要工作。随后颁布了《关于进一步加强环境保护工作的决定》、《关于加强环境保护若干问题的通知》，组织实施了"碧水、蓝天、绿色"三大环境保护工程以及出台了《浙江省污染物排放总量控制计划》等规范性文件，全面发挥环境保护这一基本国策在环境法律制度建设中的指导作用，推动了环境保护的基本国策由抽象理论到具体制度实践的逻辑转变。环境保护基本国策写入《宪法》，从环境法律制度的代际发展来看，体现了我国正在向第二代、第三代环境法转型，由"见人不见物"到"见人亦见物"的方向发展，从一定程度上改变了传统的"人类中心主义观"（陈真亮，2015）。

（3）环境保护"三大政策"的逐步形成。解决环境问题，除了依靠先进的科学技术之外，还要通过调整人与人之间的利益关系来实现。环境政策在本质上就是通过环境权利益的调整来实现其所预期的价值

① 我国《宪法》第五十一条规定：中华人民共和国公民在行使自由和权利的时候，不得损害国家的、社会的、集体的利益和其他公民的合法的自由和权利。该是对公民行使个人权利不得损害公共利益的原则规定，蕴含着防比个人滥用权利而污染环境或破坏生态的规范功能。

目标，在环境问题解决方面具有约束力和导向性，并且是国家所采取的一系列环境管理、利益等方面具体措施的总量相加。作为国家决策者在环境治理方面的意志、能力和取向的重要特征，环境政策具有不可替代的作用（夏光，2002）。1983 年 12 月，国务院第二次全国环境保护会议确定了强化环境管理作为环保工作的中心环节，并确立了我国环境保护的三大政策，具体包括“预防为主、防治结合”，“谁污染、谁治理”和“强化环境管理”，这也成为治理环境污染和加强环境保护的重要手段，从不同的层面推进了环境政策发展思路的转变，一是从单一型向多层次领域的环境政策发展转变，二是从外在定性到内在定量的环境政策发展转变，三是从抽象到具体可操作性的环境政策发展转变。这次会议作为我国环境保护发展史上的重要标志，一方面开创了我国环境保护工作新局面，另一方面推动了浙江省从理论指导思想向具体环境法律制度实践的迈进。

预防为主、防治结合的环境保护政策是对国内外环境污染防治的经验教训的科学总结。从国外看，这种环境问题的控制方法首先在美国、西欧一些国家采用，然后扩展到其他国家。西方工业发达国家大都走了一条“先污染后治理”的道路，这种对待环境问题的态度，不仅使事后的治理代价巨大，而且成效不足。随着人类认识的深化，先污染后治理的事后环境保护策略的局限性已被世界各国所承认，环境保护的策略才逐步从“病重求医、末端治理”的单项治理性政策、反应性政策转变为“预防为主、防治结合、综合治理”的综合性治理政策、预期性政策。[①]该环境保护的政策也是对传统环境保护和环境法律制度建设末端治理思想的突破，是一种跨部门的、多种环境介质的环境保护和管理战略。迄今，预防为主、防治结合、综合治理的环境保护政策在具体的法律法规中已经有了较为清晰的规定，实现了社会效益、经济效益和生态效益的

① 英文中，实行预防和治理的要求，一般被称之为预期性和反应性的环境政策。联合国环境规划署在 1980 年制定的《世界自然资源保护大纲》中指出，要实行“预期的环境政策”，“这种预期性的环境政策······并非企图代替反应性或治理性政策。”

统一。[①] 贯彻这一环境保护政策，对于预防而言，最重要的是从源头上预防环境危害的发生；对于治理而言，采取的治理措施要直接针对环境危害产生的原因，通过以点带面的途径达到综合治理的效果，其中制定和完善预防性的环境法律制度作为关键一环，在环境问题的治理中发挥重要作用。“三同时”制度、清洁生产制度、环境影响评价制度、许可证制度和淘汰制度作为预防性的环境法律制度，是防止产生新的环境污染和破坏的重要保障。

“谁污染、谁治理”的环境保护政策是指对环境造成污染的组织或个人，有责任对其污染源或被污染的环境进行治理。从环境经济学的视角来看，环境资源具有稀缺性和公共性的特征，为了防止“公地悲剧”这一问题的出现，环境破坏的治理成本须由造成破坏的行为人负责，正所谓“利之所归，损之所在。”污染者付费原则作为国际上具有普遍指导意义的环境治理原则，即环境污染问题由行为人承担其损害结果和费用，我国的谁污染、谁治理的环境保护政策与此在价值取向上相契合，体现了环境正义与责任公平的精神，很快被一些国家采纳为解决环境问题的基本政策。对于污染者的责任，我国最早的《环境保护法（试行）》第六条曾规定：“已经对环境造成污染和其他公害的单位，应当按照谁污染谁治理的原则，制订规划，积极治理，或者报请主管部门批准转产、搬迁。”在谁污染，谁治理的环境保护政策指导之下，环境治理的法律制度有排污收费制度、限期治理制度以及清洁生产制度等。

浙江省在强化环境管理方面起步较早，走出了具有本省环境法律制度建设特色的道路。在 1989 年，浙江省开始在全省实行城市环境综合整

① 例如，2008 年修订的《水污染防治法》第三条规定：“水污染防治应当坚持预防为主、防治结合、综合治理的原则，优先保护饮用水水源，严格控制工业污染、城镇生活污染，防治农业面源污染，积极推进生态治理工程建设，预防、控制和减少水环境污染和生态破坏。”自然资源保护法对预防为主、防治结合、综合治理的环境保护政策也有详细的规定，例如 2010 年修订的《水土保持法》第三条规定：“水土保持工作实行预防为主、保护优先、全面规划、综合治理、因地制宜、突出重点、科学管理、注重效益的方针。”而 2001 年出台的《中华人民共和国防沙治沙法》则是对预防为主、防治结合、综合治理的环境保护政策进行全面贯彻的法律。

治定量考核和各级政府任期环境保护目标责任制，以强化各级政府管理生态环境的职能，增强各级政府和领导对本辖区生态环境质量负责的责任感。由于计划经济体制所带来的影响，有相当一部分的环境法律制度是由政府利用行政权力推动实施，具有典型的“命令—控制型”的外在特征，行政管理的色彩比较浓厚。这种环境法律制度在实施过程中权威性、实效性明显，但是随着浙江省市场经济的快速发展，市场激励型的环境法律制度成为环境治理的重要制度支撑。弱化行政管理的色彩，强化市场对环境资源的优化配置是市场激励型制度的重要表现。浙江省典型的市场激励型制度是排污权有偿使用和交易制度、水权交易制度。

2. 环境法律制度的“战略层面”提升

（1）“末端治理向全过程控制”的转变。从环境问题监管及解决的历史看，与稀释排放相比，末端治理是一大进步。这种末端治理不仅有助于消除污染事件，而且在一定程度上减缓了生产活动对环境的污染和破坏程度。相关污染防治的实践经验证明，这种只注重控制排污口，使得污染物符合标准排放的措施，可能在特定时期和地区发挥作用，然而其并不能从根本上彻底解决工业污染问题。一方面，从环境法律制度末端治理的成本上看，“先污染后治理”成本巨大，显然是不经济的，不可能从根本上解决污染问题。“60 年代至 70 年代，发达国家的环境投资一般要占到国民生产总值的 1% 至 2%。日本 1970 年环境投资占国民生产总值的 1%，到 1975 年上升到 2%。欧洲共同体作了一个估算，如通过治理解决环境问题，总投资需占国民生产总值的 3%，若以正常国民经济增长率为 5% 的话，大部分要花到环境投资上去了，这不能不是一个沉重的负担。”（金瑞林，2002）这就要求人类审慎注意人类活动对环境长远的、全局的影响，防患于未然。

另一方面从传统上看，环境法律制度在这些环境问题的解决方面存在明显的末端应对中心主义思维倾向。在这种“末端应对中心主义思维倾向”的指引下，环境问题治理的启动状态呈现出“末端性”、“反应性”的特点，客观上也使环境法律制度的设计与运行陷入“先污染后治理”的模式中。显然，这种“环境问题出现后的事后应对”的“问题驱动型”已不适应现代高风险社会的风险预防的现实要求，更何况许多环境损害一旦发生，就具有不可逆转性，即使传统的环境法律制度运作再精良，也将于事无补。因此，传统的思维及法律制度安排取向，既不利于环境问题的解决，也不利于环境法律制度保障功能的优化，故必须实现相应的突破。在战略选择上，实施“从末端到源头”的全过程治理（钭晓东，2009）。

全过程治理的重点在于源头干预，而所谓源头干预或源头控制，实质就是环境法预防原则的具体化，相对于存在“末端应对中心主义思维惯性”的传统环境法律制度调整机制，源头干预即在污染行为开始之前、开始之初，通过相应的环境法律制度实施干预控制，防止或减少污染后果的最终产生。在从源头到末端的全过程治理中，源头与末端并非割裂的两个阶段，而是相互联系的一个整体中的两个部分。源头治理直接指向末端的污染防治，正是为了缓解末端防控压力、提高污染治理的效果。因此，只要与末端相联系，旨在预先加以控制的各种环境法律制度，都可以认为属于源头干预制度的范畴。在环境法律制度实现战略转变阶段，清洁生产的环境法律制度作为源头控制的重要制度渊源。浙江省立足于现有生产过程中资源效率低下等问题，致力于资源利用效率管理、节能技术应用以及废弃资源的重复利用和循环使用，积极推进清洁生产、循环生产。此外，还将污染物的源头控制纳入区域主体功能规划、产业发展规划、产业准入制度等，从而在源头上杜绝高污染、低效率的新增产能，对新增污染进行了有效的控制和管理。这一系列措施为从源头削减污染，提高资源利用效率，彻底改变过去被动、滞后的末端污染控制策略，为环境从末端治理到全过程治理的逻辑转变提供了法律制度支撑，开辟了污染预防的新途径，从而从根本上控制和改善了环境污染问题。

（2）“浓度控制向浓度与总量控制结合”的转变。随着经济和社会的发展，粗放式经济增长模式导致的工业污染，加上不合理的开发利用，使浙江省许多市县水资源短缺状况日益严重，特别是污染型缺水已成为制约浙江省社会经济可持续发展的紧要因素。针对这一环境问题，浙江省实施了“五水共治”（治污水、防洪水、排涝水、保供水、抓节水）的发展战略，牢固树立“绿水青山就是金山银山”和“山水林田湖是一个生命共同体”的理念，以治水为突破口倒逼经济转型升级、推动美丽浙江建设。浙江省采取了许多制度性措施推进“五水共治”：一是对废水超过排放标准排入污水处理厂的企业，一律责令限期治理；对废水没有达标、直接向环境排放的企业，一律停产整治；对违法排污、严重超标排放的企业，一律按照最高限额进行处罚。二是实行最严格的水资源管理制度，画了“三条红线”，包括对水资源开发利用控制红线、用水效率控制红线、水功能区限制纳污红线。三是实行污染物浓度控制和污染物排放总量控制制度。“五水共治”的关键环节是治理污水，污染物浓度控制和污染物排放总量控制制度作为重要的污染防治法律制度，在其中发挥了重要的作用。

污染物浓度控制是各国在治理环境污染方面较早采用的方法. 从 20 世纪 70 年代开始，为了解决由于污染物数量超出环境容量而导致的生态系统功能退化的难题，各国纷纷将污染物浓度控制方法引入环境法律制度中来，收到了非常明显的效果，至今仍然是很多国家环境管理的重要措施（刘淑青，2009）。浓度控制是一种环境管理的方法体系，该体系以控制污染源排放口排出污染物的浓度为核心，其主要内容为环境污染物排放标准，浓度达标即视为合法。该方法实施简单，管理方便，但在污染控制实践中，无法克服污染物稀释后依然排放等严重缺陷，因而当污染源分布密集，污染物排放数量较大时，由于环境容量有限不能有效控制污染。虽然国家适当提高了主要污染物排放浓度标准，但由于受技术经济条件的限制，唯独依靠控制浓度达标，并不能有效制止环境污染日趋严重化，必须对污染物排放总量进行控制，实行单纯浓度控制向浓度控制与总量控制相结合的方向转变。

污染物排放总量控制制度作为一项重要的污染防治法律制度，是减少环境污染的“总闸门”。因其比浓度控制在污染防治领域具有更多的优势，其在减少污染物排放、减轻环境污染、改善环境质量等方面发挥了一定的作用。第一，总量控制管理对象主要是排污单位，与市场经济体制的规则更吻合。而浓度控制管理则深入到每一个污染源。由于浓度控制缺乏对排放时间的规定，因此不能控制每个源的长期排放量（如年排放量）。此外，总量控制管理的对象并非污染源而是企业，而且总量控制一般只管理到企业的总排放量，并不会在乎企业的哪个污染源是如何排放的。企业通常是按照自己拥有的总量指标来排放，超过该指标的排放则属于违法排放。第二，总量控制更加具有执行性。排放标准的指标有最高允许排放浓度（一般以 mg/ L 表示）、最高允许排放速率（一般以 kg/ h 表示）、单位产品排放量（一般以 kg/ t 表示）。可以看出，浓度标准并不那么严谨。首先最高允许排放浓度本身规定最大持续排放时间，其次监测规范中的监测时间也很短，只有安装连续监测装置，才能知道污染源的最高排放浓度是否超标。而总量控制则一般以年为时间单位，并且只管理到法人单位（企业）。因此，执行尺度的放宽一定会增加其可执行性，从而降低了执法成本。此外，更有利于排污者履行责任，极大程度的减少诉讼，从而提高执法效果。第三，总量控制能够降低污染控制成本以及比浓度控制更能适应政策的变化。不同污染源削减污染物的边际费用通常都具有很大差异，浓度控制却要求它们必须达到某一规定的排放标准，此种做法将不能实现污染源治理投资的帕累托最优；此外，浓度控制忽视了在空间、时间和排放方式上污染源排污行为的差别，一致的污染源排放标准不仅造成资金分配不均，同时减少了资金的使用效率，对有限的财政资源造成极大浪费。由于总量控制只控制到企业，所以企业有权去选择就地削减、购买排污权等成本低的削减污染的方式。此外，在建立与完善社会主义市场经济体制的过程当中，浓度控制对于市场机制的引入弊大于利，其重要因素是浓度控制没有将污染治理责任与治理行动相分割开来。总量控制与之相反，其可以在一定范围内将两者相区分开来，并且总量指标是可分割的，从而总量控制对引入市场机制的环境政策是利大于弊的。

浙江省在对污染物进行总量控制的“五水共治”实践中，颁布了《浙江省环境污染督查管理办法》、《太湖流域管理条例》等规范性文件，弥补了污染物浓度控制制度的不足之处，对总量控制制度进行了一定的完善和创新，使污染物排放总量控制制度历经了单纯的浓度控制到既进行浓度控制又进行总量控制逐层递进发展的过程。主要制度建设如下：一是明确了总量控制的具体指标。浙江省在实行总量控制制度时，明确了企业可以排放的污染物总量、需要减少的污染物排放量以及减排时间。二是严格执行项目准入制度。严格执行国家和省的各项准入政策，严禁新建排放氮、磷污染物的项目。新建项目新增的其他污染物排放量必须按照规定比例与削减指标挂钩。关停没有建设或没有运行环保设施的项目（沈满洪等，2012）。三是完善各项配套制度。通过各项经济政策推动污染物总量控制目标的实现，如通过调整信贷政策，限制高耗能和高污染项目的建设，鼓励各种环保项目的建设和发展。四是严格控制新增总量。浙江省要求新建项目增加排污量必须由排污权交易机构确认并通过排污权交易方式获得，进而使得新增的排污量处在严格的控制之下。

（3）“分散治理向分散与集中治理结合”的转变。环境污染分散治理作为环境污染控制的重要措施，其显著价值在于适用于不同程度的现场条件，能够就地实现污染防治的功能如污水处理，并且投资和治理成本低、周期短。然而此种措施只能部分控制环境污染，我国整体的环境恶化问题日益严重，伴随着生产与环境管理工作的开展，实验证明，单靠分散治理并不能从根本上解决环境污染控制问题。国外在环境污染控制方面，早已向大型化、集中化方向发展，而我国仍处在污染集中控制的摸索和试运行阶段，在环境法律制度实现战略转变阶段全面推进污染集中控制具有重要价值。

所谓环境污染的分散治理，即依据一定的标准和工程技术措施，单独治理某一区域环境或某一企业在生产过程中所产生的污染源，通过点源控制达到控制环境污染的目的。所谓环境污染集中治理，即依据一定的环境质量国标和工程技术措施，集中治理某一区域环境或某一企业在生产过程中所产生的所有污染源，通过面源控制达到控制环境的目的。从分散治理与集中治理概念与模式可以看出：它们的根本区别就在于污染源的分散与集中，这使集中控制与分散治理有着不同的意义：

第一，分散治理着眼于单一污染源的治理与排放，追求的是单个污染源的处理率与达标率。其事实上是一种单一的排放口控制，即点源控制由于工业企业污染物的多元性和污染源的叠加影响，即使排放口达到排污标准，自然生态环境仍然可能由于污染物与污染源的累积而受到污染。然而集中控制从环境容量出发，以区域环境质量为目标，对区域污染源进行集中控制，从而谋求整个环境的质量改善，所以集中控制更能有效地治理环境污染。

第二，分散治理实施点源控制，属于点源管理。集中控制实施面源控制，属于区域性集中管理，因而更有利于环保部门对所属辖区进行有效的宏观环境管理。

第三，分散治理需要建设许多的治理设施，而集中控制只需建设少数几个大型处理设施，因而可以改变污染源不分大小，平均投资的缺点，减少了基建投资及众多设施的运行维护费用。与此同时还能节省土地，改善区域环境卫生。

第四，分散治理运行维护人员数量多而且资质较差，而且人们环境意识的差异及对经济状况的认识不一，处理设施很难保证正常运行。集中治理则可以配备高质量专业技术人员，能够使处理措施发挥最大效益，从而保证处理效果，与此同时实行计算机控制管理现代化，管理人员大幅度减少，更有利于管理，

虽然如此，但考虑到我国的实际状况，分散治理在环境污染控制中依然具有极其重要的地位。因为我国普遍存在污染源过于分散、区域规划不合理、工业企业布局混乱，再加上经济原因，是很难实行集中控制；并且部分污染源有很大危害，例如排放重金属、放射性物质以及一些难于降解的有害物质，只能进行分散治理。综上，在我国污染治理应当采取分散治理与集中控制相结合，以集中治理作为重要发展方向。

3. 环境法律制度的“全面综合决策确立”层面优化

（1）“一个中心”：科学发展观的战略思想。科学发展观坚持以人为本，其重要内容和基本要求之一就是实现人与自然的全面协调和可持续发展，是符合客观规律要求的发展理念。科学发展观要求从社会发展的需要出发，对涉及经济发展、环境保护、资源利用、社会保障等方面的法律制度适时进行理念更新和内容创新，以促进经济社会和人的全面发展。这一中心战略对环境法律制度的理论发展具有重要的指导意义，突出表现为其对环境法律制度的价值取向、立法指导思想和基本原则具有全局性、根本性的影响。在价值取向层面上，主张环境正义，彰显“以人为本”的价值取向。因此，在环境法律制度贯彻和实施中应坚持以人为本，主张社会资源公平分配并永续利用，主张每个人、每个社会群体对环境和自然资源都享有平等的权利，实现广大民众的环境公平，这既是科学发展观以人为本的必然要求，也是新世纪中国环境资源法制建设应当坚持的价值取向。在立法指导思想层面确立整体环境观，构建融合污染防治、资源管理保护和生态文明建设“三位一体”的环境法律制度体系，不断更新、完善的环境法律制度应包括各种调整污染控制与公害防治、生态保护与建设以及自然资源开发、利用、管理和保护的法律制度。在整体环境观的指导下，贯彻全过程控制思想，实行源头控制，做到防患于未然。

浙江省作为生态文明建设的前沿地区，各项环境法律制度实践显著的贯彻了这一战略指导思想，“绿色浙江”、“生态浙江”建设就是这一时期战略思想的发展和升华。2003 年，把“进一步发挥浙江的生态优势，创建生态省，打造绿色浙江”纳入“八八战略”①，通过“绿色浙江”建设，把生态环境保护和实现发展模式的绿色转型统一起来，环保

① “八八战略”是习近平总书记在浙江工作时确定的重大发展方略，2003 年 7 月，中共浙江省委举行第十一届四次全体（扩大）会议，在总结浙江经济多年来的发展经验基础上，全面系统地总结了浙江省发展的八个优势，提出了面向未来发展的八项举措——“八八战略”。

倒逼转型，突出以绿色制度实现污染防治，以环保优化发展，通过制度保障促进经济发展，实现资源低消耗、污染低排放、生产方式循环、经济效益高、环境效益高、社会效益高的绿色浙江发展目标。此外，浙江省出台了《关于建设生态省的决定》、《浙江生态省建设规划纲要》，推进生态工业与清洁生产、生态农业与新农村建设，努力建设以循环经济为核心的生态经济体系、可持续利于的自然资源保障体系。开展“811”环境治理，将重点防治工业污染向全面防治工业、农业、生活污染转变，全面实施生态环境功能区制度，严格执行环境准入制度这些环境治理的具体制度实践充分体现了科学发展观战略思想的具体要求，也体现了预防为主的原则，实现了从传统末端治理与源头控制及全过程控制，从点到面，从单一项目到全行业、产业规制；实施清洁生产，重视环境风险的识别、评价、预防、控制、消除，使现有的环境污染防治法律制度向事前控制方向转变。

（2）“两个关键”：“资源节约—环境友好型社会”与“节能减排”兼顾。建设资源节约型和环境友好型社会的总体思路是：树立和落实以人为本、全面协调可持续的科学发展观；以可持续的增长方式、优化产业结构和大力推进科技创新为主要途径，综合运用法律、政策、管理、经济、教育和公众参与等手段，尽快建立健全促进节约型社会建设的环境法律制度。2007 年，浙江省政府发布了建设资源节约型社会的总体规划，提出浙江省将着力优化产业结构，大力发展对生态环境无害的产业，严格限制对生态环境有害的产业。根据浙江省颁布的《浙江省“十一五”发展循环经济 建设节约型社会总体规划》，全省将重点发展高新技术产业和新兴产业，积极发展高效生态农业和现代服务业，严格限制高耗能、高污染建设项目，发展壮大环保产业。正如时任浙江省委书记的习近平所说：“绿水青山可以连绵不断地带来金山银山，绿水青山本身就是金山银山，我们种的常青树就是摇钱树，生态优势变成经济优势，形成了一种浑然一体、和谐统一的关系”（习近平，2006）。作为“两山”理论的第三个阶段体现了科学发展观的基本要求，体现了建设资源节约型和环境友好型社会的理念。

节能减排定义有广义和狭义之分，广义而言，节能减排是指节约物质资源和能量资源，减少废弃物和环境有害物（包括三废和噪声等）排放；狭义而言，节能减排是指节约能源和减少环境有害物排放。《中华人民共和国节约能源法》所称节约能源（简称节能），是指加强用能管理，采取技术上可行、经济上合理以及环境和社会可以承受的措施，从能源生产到消费的各个环节，降低消耗、减少损失和污染物排放、制止浪费，有效、合理地利用能源。作为东部先发地区，浙江积极推动用能的“腾笼换鸟”，以创建国家清洁能源示范省为契机，利用节能减排的刚性约束手段，加强固定资产投资项目的节能评估与用能审查，从源头上严控新上高耗能项目，加大淘汰落后产能力度。浙江始终把节能降耗，作为绿色发展的重要方针，在加强对工业、建筑、交通等重点领域和用能企业管理的同时，不断深化供给侧背景下的机制改革，推广海宁、富阳等资源要素配置改革地区的试点经验，加快简政放权和加大财政支持力度。作为贯彻落实科学发展观、构建社会主义和谐社会的重大举措，是建设环境友好型、资源节约型社会的必然选择。面对日趋强化的资源环境约束，必须加强危机意识，以绿色、环保、低碳为发展理念，以节能减排为核心，完善激励和约束机制，加速建设资源节约、环境友好的生产方式和消费模式，加强浙江可持续发展的能力。

（3）“三条途径”：“循环经济、清洁生产和可持续发展”协同。传统经济是一种由“资源—产品—污染排放”单向流动的线性经济，其特征是高开采、低利用、高排放，导致了许多自然资源的短缺与枯竭，形成了环境污染以及生态破坏等环境问题。发展循环经济是从根本上减轻环境污染的有效途径，它可以降低经济社会活动对自然资源的需求和生态环境的影响，从而解决保护环境与发展经济两者之间的矛盾。因此，浙江省委和省政府反复要求树立正确的政绩观和生产力观，培养具备现代环保意识的公民。2005 年通过的浙江省“十一五”规划建议明确提出了要大力发展循环经济，强化开展循环经济的评价体系建设以及巩固地方性法规，制定并且实施了一系列循环经济制度，例如资源节约、综合利用总体规划、再生资源回收利用等。2010 年出台的《中共浙江省委关于推进生态文明建设的决定》明确提出，大力发展循环经济，形成循环经济产业链，推动生态省建设，则是可持续发展的必然要求，这也是对“两座山”理论的进一步深化。促进循环经济发展的立法实践和探索，从国家层面的立法，再到浙江省层面颁布的规范性文件，循环经济可以分为三个层面：可持续发展目标（总体目标）→循环经济（具体化战略）→环评审批等环境保护法律法规、节约能源法等节能法律法规、淘汰目录与产业结构调整目录等相关规章与政策性文件（支撑目标、战略实现的保障），在总体上看，还远不能满足发展循环经济的需要，必须加快环境立法以及环境法律制度的建设进程。

开展循环经济应当更加深入创新环境法的制度设计，以科学发展观为指导，在我国环保法制体系的不断发展和完善过程之中，深化我国环境与社会经济制度的协调一致发展。清洁生产、循环经济和可持续发展的提出和实践则创立了环境保护史上“预防污染的新阶段”，将环境保护热潮推向历史新高，赋予其极强的生命力，也为新时期环境法律制度的完善和绿色发展提供了条件。

4. 环境法律制度的“绿色发展”层面转型

（1）绿色发展理念：理论到实践的探索。“七山一水两分地”的地理特征决定了浙江省是一个典型的陆地地域省份、自然资源小省、环境容量小省。资源需求的无限性和资源供给的有限性以及资源效率利用不高的矛盾日益严重，成为制约浙江经济社会可持续发展的瓶颈。如何解决环境问题，成为浙江人民面临的一个重大命题。正是在这样的背景下，2005 年 8 月 15 日，时任浙江省委书记的习近平在安吉考察时旗帜鲜明地提出了“绿水青山就是金山银山”的科学论述，“生态兴则文明兴，生态衰则文明衰”。概括地说，“两山”重要思想包括三层含义：一是反对“只要金山银山，不要绿水青山”的做法；二是要求做到“既要金山银山，又要绿水青山”；三是倡导“绿水青山就是金山银山”（习近平，

2007）。习近平同志以“两座山”作为生动形象比喻，总结了浙江省生态文明建设的已有实践，明确生态环境与社会经济发展的辩证关系，掌握了生态发展和社会经济相互协调的规律，为浙江生态文明建设指明了道路。

“两山”重要思想作为绿色发展理念在浙江的具体体现和形式渊源，在理论与实践层面符合生态价值增值规律。生态环境是有价的经济资源，而不是无价的自由物品，因此生态环境的有偿使用和交易都是符合经济规律的；随着社会不断发展，生态环境资源逐渐匮乏，生态价值处于增值趋势；所以可以和经济投资一样进行生态投资，实现生态价值增值，这就是生态价值增值规律。以“两山”重要思想为指导，在全国率先开展排污权制度、水权制度、生态补偿制度等领域的改革创新。浙江省通过实施排污权有偿使用制度，实现环境容量资源的经济化；通过水权交易制度，实现自然资源的优化配置；通过生态保护投资激励制度，促进自然资本的保值和增值（沈满洪等，2008）。与此同时，浙江省以“两山”重要思想为指导，不遗余力地实施“五水共治”方略。但是，也要看到绿水青山转化为产业意义上的金山银山，是一个逐渐深入的过程。要统筹规划经济、社会、生态三大效益同步发展，换取金山银山决不能以牺牲绿水青山为代价。为此，在绿水青山向金山银山的转化过程之中，应该为其指导更加多元化的路径，创设更加开放的平台，开创更加有利的条件，完善环境法律制度保障。

2015 年 10 月，党的十八届五中全会在原有的“创新、协调、开放”三个发展理念上，加入了“绿色、共享”两个理念，形成了五大发展理念。从“绿水青山就是金山银山”的“两山”理论到绿色发展理念的提出，表明中国共产党对环境保护、生态文明建设理论层面的认识不断深化，达到了一个前所未有的新高度。绿色发展理念是指在生态（环境）容量和资源承载能力的制约下，通过保护自然环境实现可持续发展的新型发展模式和生态发展理念（刘伊生，2014）。在提倡依法治国以及大力推进生态文明建设的新时期，环境问题的治理、生态文明的建设都离不开绿色发展理念。梳理浙江省新世纪以来生态文明建设的历程和思路，在“绿水青山就是金山银山”的生态现代化理念引领下，一方面在保持经济社会可持续发展的同时，大力推进生态文明建设，相继提出了“绿色浙江”、“生态浙江”、“美丽浙江”的发展战略目标，则是在实践层面对于“两山”理论到绿色发展理念的不断拓展，是建设美丽中国在浙江的具体实践。

（2）绿色发展理念指引下的环境法律制度创新。2014 年修订后的新《环境保护法》以绿色发展理念为指导思想，全面践行绿色发展的核心要旨。在绿色发展理念的影响下，新环保法不仅在立法技术上存在创新之处，即通过“立法目的 + 环境保护国家战略 + 经济社会发展与环境保护相协调策略 + 保护优先等原则 + 若干制度 + 违法责任”的立法模式，对环境保护与社会经济发展之间的关系进行相应调整，是在我国环保领域实行绿色发展模式、贯彻绿色发展理念的立法技术创新之一（竺效等，2016）。而且以绿色发展理念为指导完善和创新了相关环境法律制度，确保环境法律制度其在实践中得以落实，增强了环境法律制度的可操作性，开启了我国绿色发展理念指导下环保法律制度的创新路径。

在绿色发展理念指导下创新和完善了以下环境法律制度：一是完善了环境监测法律制度。新《环境保护法》在第十七条规定：建立环境信息共享机制，要求有关行业、专业等各类环境质量监测站（点）的设置应当符合法律法规的规定和监测范围；明确了监察机构应当使用符合国家标准的监测设备，遵守监测规范；监测机构及其负责人对监测数据的真实性和准确性负责。二是完善了环境影响评价制度。加大了未批先建的违法责任，没有进行环评的项目不得开工，新《环境保护法》在第十九条增加规定“未依法进行环境影响评价的建设项目，不得开工建设”。并规定相应的法律责任：“建设单位未依法提交建设项目环境影响评价文件或者环境影响评价文件未经批准，擅自开工建设的，由负责审批建设项目环境影响评价文件的部门责令停止建设，处以罚款，并可以责令恢复原状。”三是完善了跨行政区污染防治法律制度。新《环境保护法》第二十条规定：“国家建立跨行政区域的重点区域、流域环境污染和生态破坏联合防治协调机制”。加强了联合防治机制，实行规划、标准、监测、防治措施相统一。四是完备了防治污染设施“三同时”制度；重点污染物排放总量控制制度以及区域限批制度；补充了总量控制制度。五是明晰排污许可管理法律制度。新《环境保护法》第六十三条规定，企事业单位和其他生产经营者，违反法律规定，未取得排污许可证排放污染物，被责任令停止排污，拒不执行，且不构成犯罪的，除依照有关法律法规规定予以处罚外，对直接负责的主管人员和其他直接责任人员给予行政拘留。六是增添生态保护红线规定。新《环境保护法》第二十九条规定，国家在重点生态功能区、生态环境敏感区和脆弱区等区域以划定生态保护红线的方式来实行严格保护，明确环境保护范围。新环保法在创新相关法律制度的同时也严格相关法律责任，加大了违法排污的责任，解决了违法成本低的问题，新环保法加大了处罚力度，从责任违反层面维护和促进环境法律制度的实施。如新《环境保护法》第六十条规定对于污染物总量控制制度规定了责令停业、关闭的法律责任。第六十三条则对环境影响评价制度、排污许可证制度规定了行政拘留的法律责任。①

（3）绿色发展理念引领下的“两美”浙江环境法治回应。面对生态破坏严重、生态灾害频繁、生态压力巨大等突出问题，加强环境法治建设，补齐生态短板，是建设美丽浙江、实现浙江生态文明建设需要解答的重大课题。迈入新世纪，在“八八战略”指引下，从创建生态省、打造“绿色浙江”到建设“两富”、“两美浙江”，历任浙江主政者，以功

① 新《环境保护法》第六十条规定，企事业单位和其他生产经营者超过或者超过重点污染物排放总量控制指标的县以上环境保护行政主管部门可以责令其采取闲置生产、停产整治等措施，情节严重的，报经有批准权的人民政府批准，责令停业、关闭。新《环境保护法》第六十三条规定：违反法律规定，建设项目未依法进行环评，被责令停止建设，拒不执行的；未取得排污许可证排放污染物，被责令停止排污，拒不执行的；通过偷排或者篡改、伪造监测数据，或者不正常运行防治污染设施等逃避监管的方式排放污染物的；生产、使用国家明令禁止生产、使用的农药，被责令改正，拒不改正的。有以上行为之一尚不构成犯罪的，由县级以上人民政府环境保护主管部门或者其他有关部门将案件移送公安机关，对其直接负责的主管人员和其他直接责任人员，处十日以上十五日以下拘留；情节较轻的，处五日以上十日以下拘留。

成不必在我的胸襟，探索出一条富有浙江特色的绿色发展之路。“环境库兹涅茨曲线”，曾佐证了北美的经济转型和发展路径。这条倒 U 形的曲线，以长达半个世纪的历史长度，总结出经济发展的一个重要规律：以一国或一地为观察范围，经济发展之初，污染物排放增加，环境质量出现恶化；经济增长达到某种程度时，污染物排放达到顶峰，随后出现下降。曲线“拐点”的到来，区域经济体必须调整发展理念，对环境的内在价值进行重新认识，以科技创新、规模生产、生态保护、技术升级等方式，筑起经济转型升级的桥梁。浙江作为经济发达省份已提前遭遇资源紧缺、环境约束等难题。经济发展与生态文明建设之间的矛盾、生态环境的整体性与管理体制分割性之间的矛盾、公众环保意识的提高与政策制定缺乏群众参与之间的矛盾等，成为浙江省绿色发展的几大“桎梏”。因此，对浙江而言，树立绿色发展理念，坚持走绿色发展之路是不二选择，只有牢固树立绿色发展理念，着力改善生态环境，转变经济增长方式，才能促使浙江尽早迎来“环境库兹涅茨曲线”的“转折点”，使绿色发展理念成为我省经济转型升级的“绿色动力”，实现生态浙江建设到美丽浙江建设的逻辑转型。

生态文明是对环境保护和可持续发展理论和实践的总结和升华，是人类文明演进的必然趋势。党的十八大报告明确提出了“美丽中国”为目标的生态文明建设路径。从某种意义上来说，“美丽中国”这一全国生态文明建设目标的提出与浙江这片美丽的土地有渊源，又指导着“美丽浙江”为目标的浙江省生态文明建设。2014 年 5 月，浙江省委十三届五次会议通过的《关于建设美丽浙江创造美好生活的决定》认为：“建设美丽浙江、创造美好生活，是建设美丽中国在浙江的具体实践，也是对历届省委提出的建设绿色浙江、生态省、全国文明示范区等战略目标的提升。”

“美丽浙江”战略是绿色发展理念引领下的浙江省生态文明建设的一种终极的、理想的追求，以此形成人口、资源、环境协调和可持续发展的空间格局。浙江省加强生态环境保护、推进两美浙江建设的实践与探索证明，积极建设和不断完善生态环境保护的法律，形成区域法治的良好氛围，实行严格的生态环境监督管理，是加强生态环境保护，促进生态环境和经济社会协调发展的必要环节。作为生态文明建设的环境法律制度保障，一是建立完善“源头严控”的法律制度，如实行最严格的环境准入制度，即空间、总量、项目三位一体的环境准入制度，把环境容量与区域总量、环境质量、项目环评紧密联系，严控环境准入门槛，实行节能减排总量管制。二是建立完善“过程严管”的法律制度，如推进环境监管制度改革，完善资源有偿使用和生态补偿制度。三是建立完善“恶果严惩”的法律制度，如建立环境损害责任终身追究制度，对污染环境、破坏生态行为强化行政执法和刑法处置，切实保护公民环境权益，维护社会公平正义；建立环境损害惩治制度，对造成生态环境损害的责任者实行严格的赔偿制度，构成犯罪的依法追究刑事责任；探索环境污染损害赔偿责任风险基金，对高风险企业实行环境污染强制责任保险。

三、浙江环境法律制度建设的绩效评估

1.“命令—控制型”的环境法律制度绩效评估

命令—控制型环境法律制度又被称之为直接强制型环境法律制度，是我国占据主导地位的环境制度安排，突出特点是以直接管制与行政命令为主，制度实施过程中政府扮演主角，在宏观政策的制定或微观环境的监督都由政府直接操作，社会力量和市场作用发挥的空间有限。在制度执行过程中，政府往往采取直接禁止、制定环境标准、限期改进、处以罚款、勒令停工、甚至制裁等行政管制措施，控制经济主体危害环境的行为。命令—控制型环境法律制度包括环境影响评价制度、“三同时”制度、排污收费制度、环境保护目标责任制度、城市综合整治定量考核制度、排放污染物许可制度、污染物集中控制制度、限期治理制度、污染物总量控制、区域限期达标或限期关停企业的命令等。在我国，命令—控制型环境法律制度大部分都通过环境立法的形式取得了正式的法律

地位，也有一部分以政府指令的形式产生强制力，而且在环境法律制度实施过程中，政府行政命令的作用力度更大（李程，2011）。

命令—控制型环境法律制度由于存在以下几个方面的不足影响了其运行的有效性：一是环境法律制度的抽象性与操作系统的模糊性，导致制度安排缺乏效率。我国地形地貌、具体环境问题、经济发展水平、治污技术等方面存在诸多区域差异性，命令—控制型环境法律制度设计的各污染源统一的排污标准，忽略了不同企业间的技术差异和污染控制成本的差异，使之无法在达标的同时实现污染控制成本的节省。同时，刚性的标准难以对变化的环境和技术及时作出反应，缺乏灵活性和应变性，不利于促进企业技术革新，由此导致环境污染治理的预期效果并不理想。二是存在典型的末端治理思路。我国在理论上建立了预防为主、源头控制的治理原则，但实践中只能做到“末端控制”或是“末端控制下的预防”，环境制度安排大多是危害发生后再实施的治理，污染防治与生产、消费脱节，环境保护囿于被动应付，增加了环境执法和环境治理的成本。同时，生产全过程控制及产品生命周期生态化管理，在发展战略选择中基本上处于起步阶段，实践中依然是“先污染后治理”的模式。三是在环境政策的操作过程中，政府耗费了大量的行政资源，比如“会战式”的污染控制行动。公民的参与程度较低。四是环境环境法律制度制定的主导思想是以环境向经济发展的妥协为前提的，缺乏正向激励的制度安排。环境破坏只是一种表象，破坏环境的行为主要源于经济利益，现行环保制度重规制而轻激励、重收费而轻防治、重惩罚而轻奖励的特点，致使有令不行、有禁不止，利益机制的缺失直接导致了环境资源的恶化。低额度的收费标准和罚款，使企业交纳排污费等于购买了合法的排污权，不仅没有约束企业排污，反而激励了对环境的破坏。

命令—控制型环境法律制度也具有其他类型的法律制度所不具有的独特优势。管制制度采用行政命令直接控制经济主体的环境行为，制定具有法律强制性的标准，目标明确，具有实施时间短、见效快的特性，是其他环保制度无法比拟的，这也是世界各国选择同时运用命令——控制型制度和市场型制度解决环境问题的主要原因之一。此外，管制制度在消除外部性方而具有较大的确定性、权威性、直接性、强制性和高效性的特点，曾对我国的环境保护起到积极作用。对有害物质的控制，在生态敏感地带的禁止开发活动，在污染源数量相对较少情况下的管理，行政手段更为有效和简单。

就以往的制度传统看，环境法律制度的运行存在明显的命令控制中心主义倾向。主要表现为两种思维定式：其一，政府为“环境公益唯一维护者代表”，“以政府为环境治理唯一主体”因此，政府是“命令控制”的唯一且当然主体。其二，政府的监管形式只有“命令控制”一种，即使经济刺激机制也赖于行政实施，从而偏向“命令控制”的“单中心主义”（钭晓东，2010）。显然，这两种思维定式都存在不足，会大大限制环境法律制度功能的发挥。因此，传统的“以命令控制为中心”思维惯性及法律制度安排取向，不利于及时适应并治理复杂的环境问题。所以，必须变革传统的思维惯性，在充分虑及多样性区域环境问题以及环境治理条件基础上，拓展环境行政非权力机制，促进维护者与治理方式的多元化。在政府善治指引下，唤醒环境民主自决，健全环境法制体系，及时且高效治理环境。

2. “市场激励型”的环境法律制度绩效评估

将市场激励机制引入环境法律制度建设是市场经济体制下的必然要求，具体体现为一系列经济手段的利用。但这里的经济手段并非指经济学领域中所有的手段，而是指那些符合外部成本内部化要求、能够体现有效利用资源、适应可持续发展的经济手段。我国的环境制度大多数是在计划经济体制背景下制定，在市场经济体制下继续运行，体制冲突不可避免，制度效力大大减弱在经济体制转轨和国民经济高速发展时期，环境问题凸显，命令—控制型环境法律制度已经不能适应管理对象行为的迅速变化，而同市场经济体制具有“先天同质性”的经济激励制度，包括排污权交易制度、环境税费制度、可交易的许可证或配额以及提供补贴、提供信贷优惠、实行差别税率等方式，其灵活弹性的实施方式在很大程度上可以较好地兼顾差异，更加注重成本和效率。与此同时，市场激励型环境法律制度实行的是从末端治理为主转向预防为主，从点源控制扩大到面源控制，更有利于环境污染和破坏的预防（李挚萍，2005）。随着社会主义市场经济体制的建立和可持续发展战略、科学发展观的实施，运用经济手段保护环境成为环境管理的发展趋势，也成为环境经济学和环境管理部门研究和实践的新领域。

市场激励制度相比命令—控制型制度而言，具有两个优势：一是间接管理的有效性。市场激励制度以市场为基础，通过改变市场信号，把保护和改善环境的责任从政府转交给环境责任者，同时把环保行为选择的决策权也交给他们，通过影响经济主体的利益，引导其改变行为，这适合于具有不同条件、能力和发展水平的微观经济主体。对政府来说，修改和调整一种收费总比调整一项法律或规章制度更加容易和快捷，不需要全面监控经济主体的微观活动，从而大大降低了政策执行成本；对污染者来说，可以根据有关的收费情况进行选择，使环境管理更加灵活而有效。二是能够促进利益的有效协调。经济激励制度实行“污染者付费原则”，可以有效地筹集环境保护所需要的资金，可投资于对环境有利的项口，还可以用于纠正不利于可持续发展的环境行为，对于环保资金短缺的国家来说，这一点尤其具有吸引力。对微观经济主体而言，可以自主选择以最少的成本而达到环境保护的目的，使得经济主体有动力改变危害环境的行为。由于市场本身在环境资源配置中的局限性，市场激励型环境法律制度的本身也存在局限性。经济激励制度的制定受到政策可接受性、相关政策的制约、管理的可行性、公平性的考虑、对市场竞争力的担心、产业政策等方面的影响，具体的实施，要求具备比较完备的市场体系、相应的法律保障、配套的规章和机构、相应的数据和信息等条件。由于现阶段我国实施条件的不完善使得环境保护经济激励制度安排的绩效大打折扣。

浙江省在市场激励型环境法律制度方面的减少和创新居于全国前列，在市场机制方面的创新包括排污权交易制度和水权交易制度，具体表现为在全国率先推行排污权有偿使用和区域间水权交易。以排污权的有偿使用和交易为例，嘉兴是浙江省最早进行排污权有偿使用和交易实践的城市，排污权初始分配的“嘉兴模式”，通过承认试点前企业获得的排污权绕开了立法问题，保证了公平性。2007 年，嘉兴市颁布实施了《嘉兴市主要污染物排污权交易办法（试行）》，成立了排污权储备交易中心，开始在全市全面实行排污权交易制度。截止到 2009 年 11 月，嘉兴市已有 890 家企业参与排污权有偿使用和交易，交易额达 1.49 亿元（沈满洪等，2010）。在嘉兴成功经验的指导下，浙江省其他地方也开始排污权有偿使用和交易工作和试点。绍兴市推出的排污权抵押贷款制度和平湖市开展的排污权租赁制度，解决了中小企业资源不足和贷款难的问题；杭州市实行排污配额交易，依托产权交易机构推动交易的各项规则流程以及信息披露；台州市建立排污权储备和交易平台，开展收储和转让排污权的探索。这种排污权的有偿使用和交易充分体现了市场激励型机制在环境法律制度建设中的作用，也发挥了市场在环境资源配置中的决定性作用。由于环境资源具有商品属性，排污行为受经济利益的驱使，可转让排污许可证在一定程度上能够促进排污者自觉减少污染物的排放以获取更大的经济利益，有效地保护环境资源，因此，成为治理环境污染和生态破坏的重要制度机制保障。

3. “社会引导型”的环境法律制度绩效评估

社会引导型环境法律制度旨在倡导在非政府、非营利性民间组织和社会大众之间建立一种旨在改善环境质量或提高自然资源的有效利用的非法定协议，包括由各类国际组织（如 UNEP、ISO、国际商会）、工业协会发起的，在法规要求之外，旨在推动排污企业改进环境行为的各种环境保护宪章、环境行为准则和环境管理标准。与传统管理手段相反，它最大的特点是管理的主体变为工业协会和参与行动的排污企业等社会主体。国际上比较成熟的社会引导性的环境法律制度有 ISO14001 环境管理体系标准、清洁生产、环境标志、欧盟的 EMAS 和化工行业的“责任关爱行动”等。我国自 20 世纪 90 年代，清洁生产、ISO14001 环境管理体系、环境标志等社会引导性的环境法律制度从无到有，逐步建立起来。近年来，清洁生产工作得到了较大推广，在大气、水、固体废物环境污染防治法中均明确规定，2003 年我国第一部专门的清洁生产法规《中华人民共和国清洁生产促进法》也已经颁布实施。1997 年全面建立了环境管理体系国家认证制度，获得 ISO14001 认证的企业已超过 3000 家。起始于 1994 年的中国环境标志计划，在 2002 年有了较大发展，认证机构获得国家认证认可监督管理委员会的批准，并且与国家标准全面接轨，300 多家环境标志认证企业的环境标志产品产值总和达到500 亿元。环境标志产品已经得到社会公众的认可和欢迎，成为公众选择绿色产品、环保产品的依据（吴荻，2006）。

社会引导型的环境法律制度的兴起是政府、企业、公众共同作用的结果。这种基于引导社会参与基础上的环境法律制度促进了企业环保投入的增加，有效地减轻了政府在环境保护的责任。“标准控制—排污收费—排污许可证交易制度—环境标志”这一系列环境法律制度的发展过程中，政府的对于环境的主动控制职能不断的降低，政府由环境法律制度的推动者转变为环境环境法律制度的引导者；企业和社会公众则由环境法律制度的被动接受者逐步转变为环境环境法律制度的主动参与者。它反映出我国的环境法律制度正在由政府直接控制向政府间接控制的转变。浙江省推进社会引导性的环境法律制度建设，其社会引导型机制创新主要体现在：以公众参与监督环保为保障，构建最广泛的环保统一战线；充分发挥科研院所、高等院校和专家学者的智囊作用，为环境保护提供必要的智力支持和技术支撑；充分发挥环保民间组织和志愿者的作用，推进环保维权、环保宣教、环保创建等工作；充分发挥环境信访、有奖举报、行风评议等作用，促进公众参与环保、监督环保，把群众的意愿、热情和智慧转化为共建共享生态文明的具体行动。环境问题的社会性、复杂性需要广泛的公众参与和社会合作。可见社会引导型环境法律制度之下，社会公众参与程序在许多国家已经普遍融入各项环境管理和决策程序中，这种程序的建立和有效运作成了衡量环境法律制度完善程度的重要指标。作为公众参与重要组织形式的环保团体更是发展迅速，而且在很多国家取得了特殊的参与权和起诉权，发挥着极为重要的作用。

综上所述，不同类型的环保制度安排，对企业的污染行为有着不同的影响。基于命令—控制型的环保制度，实施机制僵硬，大多采用“一刀切”的方式，缺乏灵活性，遭到许多企业的抵制和学者的批评。基于市场的政策工具，具有低成本高效率的特点，且能够提供企业技术革新及扩散的持续激励，因此企业对环境管制的态度逐渐由消极抵抗向主动合作转变。基于社会引导型的环境法律制度具有非营利性、自我治理性和公共利益性，有利于环境保护的决策和措施的民主化和科学性。各种类型的环境法律制度在绩效层面各有优势和局限性，单纯的市场与政府二元化取向已经不能适应环境保护与治理发展的需要，任何单一的制度设计无法适应环境这一公益物品的多样性和环境保护的多样需求。因此，“两美”浙江建设背景下环境法律制度的建设应向命令—控制型、市场激励型以及社会引导型环境制度的混合途径的方向发展。在保持政府命令—控制占主导地位的前提下，注重用市场经济的手段引导企业的行为，同时要注重发挥社会公众参与环保的巨大作用，最终通过政府、市场与社会的多方努力，使环境保护制度真正发挥效力。

四、浙江环境法律制度建设的基本经验

1. 推进环境法律制度的技术创新

科学技术决定环境法律制度成本收益，环境法律制度成本收益决定经济发展方式。发展过程中存在“绿色不经济”、“循环不经济”、“低碳不经济”的现象主要原因在于科学技术的落后。加强制度科技创新，是新时期推进两美浙江建设、提高环境管理的水平、实现环境保护工作逻辑转变的必然要求，是完成节能减排约束性指标的重要保障，也是应对资源环境要素制约和科技、市场等竞争挑战的重要途径。一是加强环境标准体系建设。环境标准制度是科学技术进步的体现，顺应了区域经济社会发展和人民群众的环保要求，实行阶梯形的环境标准。浙江省一方

面根据省内产业聚集现状和发展方向，重点对化工、医药等行业中比较普遍与敏感、具有区域特征的有毒有机污染物制定修订排放标准和准入条件；另一方面，着力加强具有重要技术支撑作用的包含最佳可行技术导则、环境保护工程技术规范、清洁生产标准等在内的环保标准制定工作。二是加大环保科研和技术应用力度。浙江省充分发挥环保公共科技创新服务平台的资源整合作用，建立利益共享和风险共担机制。同时，浙江通过建设各具特色和专长的环保研发中心，使之成为环保科技创新的主力；通过支持一批重大环保科技攻关项目，抓好以水污染、大气污染和土壤污染治理为重点的重大科技攻关项目。三是以技术为支撑提升完善环保装备和治污设施。浙江省通过在重点污染企业安装在线监控设备，使用环境质量在线监控系统等方式，监控排污单位的排污行为，建立污染源增量、减量、超排量或偷排量的“三量”台账，从技术层面完善污染物浓度控制和总量控制制度的技术规范，增加制度实施的可操作性。建设刷卡排污系统，一旦企业的排污额度用完，排污管道阀门就会自动关闭，从而有效监控企业的排污行为。建立排污权交易与排污许可证管理、建设项目审批、环境执法等环保综合管理联网的制度，实现数据的共享。从在线监控到刷卡排污，从单项检测到检测体系的建设，浙江省均走在全国前列。此外，浙江还深入实施《浙江省数字环保信息化规划》，建立健全了环境质量、污染源和环境管理“三位一体”的信息化管控体系和环境信息安全保障体系。

2. 引入“绿色GDP”指数评估体系

以法治量化评估促进法治浙江建设各项工作的推进，始于杭州市余杭区的法治指数评估是基层党政机关为推进法治建设和法治社会化而首创的成功经验，在全国都有一定影响。法治指数评估，推动了整个社会对法治精神的理解和法律知识的学习，强化了党政机关、社会团体、企业法人和公民个人依法办事的观念、能力与行为习惯，促进了法治人格与法治思维的形成。2008年，省委建设法治浙江领导小组办公室牵头组织了“创建法治县（市、区）工作先进单位考评活动”。2012年，浙江省出台《浙江省法治政府建设实施标准》和《浙江省法治政府建设考核评价体系》，建立政府内部评价、专业机构评估和社会满意度测评三者相结合的机制，有力地促进了各级政府和职能部门依法行政和法治政府建设，为促进环境法律制度的量化评估提供政策和技术方面的支撑，对环境法律制度的建设具有监测、评估、引导、规范等功能，可以直观反映和客观监测环境法律中制度运行的效果，也可以及时发现、改进环境法律制度在施行过程中存在的问题。

在传统的政府考核中，GDP 所占的比重过大，对地方政府的评价也以当地的 GDP 为主，以 GDP 论英雄，导致环境与经济、人与自然的矛盾加剧。因此，树立正确的政绩观，将生态环境指标纳入评估领域，创新“绿色 GDP”政绩评估体系，是政府机制创新的关键环节。一是注重分类考核，强化生态环境保护。浙江省各地实际情况和经济发展水平不同，不能使用相同的指标评估体系。为保护生态、建设“生态浙江”和“两美”浙江，对部分地区和部门，根据其自身特点，建立有侧重、有特色的指数评估体系。如浙江省在对各市县进行考核时，按照相应的标准将 11 个地市分为三类，经济发展水平高的杭州、宁波等地重点考核经济结构调整、科技创新、社会服务等方面内容，其他地区则加强对生态环境、环境质量等方面的考核。在重点生态功能区，取消 GDP 考核，重点考核生态保护等相关指标，促进地区生态文明发展。二是在改进环境法律制度考核评价机制方面，形成总量控制、浓度控制等无选择性的强制性政策、排污权交易等权衡利弊的选择性政策、环保教育等道德教化的引导性政策等政策组合拳，优化考核评估体系。从环境法律制度量化评估实践经验看，制度内容覆盖全面、指标设定合理、样本抽检正确、操作方式规范、技术处理严谨的科学评估是“两美浙江”建设的重要推手。

3. 激活市场机制的调节作用

由于环境资源公共物品的性质以及环境的外部性，在环境资源领域存在市场失灵问题，需要政府干预，发挥环境法律制度的保障功能。随着环境资源的稀缺性加剧以及资源产权界定成本的降低，在环境资源领域引入市场机制成为可能。因此，需要进行市场机制创新，改革传统的环境法律制度，让市场在环境资源配置中发挥决定性作用。在优化市场机制方面，浙江省在生态保护补偿制度、水权交易制度、排污权交易制度、第三方治理制度等环境法律制度领域已经取得成功经验。其中排污权交易制度作为广泛关注的环境经济政策，由于具有费用有效性、管理成本低、有利于达标、能够缓和环境与经济之间的矛盾等优点，成为总量控制制度的主要手段和环境治理的重要措施。排污权是以市场机制为基础，是指排污单位合法向环境排污的权利，通过引入市场机制，进行排污权的有偿使用和交易，能够充分发挥市场配置资源的决定性作用，在污染物总量控制的前提下，实现减排成本的最小化，促进环保目标的实现。浙江省的排污权有偿使用和交易方面的实践经过了局部试点到全省推动的过程，其中嘉兴是浙江省最早进行排污权有偿使用和交易实践的城市。2012 年，浙江省开始全面强制推行排污权制度。这一制度的实施全面走在全国前列。

总体上，浙江省排污权制度改革集中体现在四个方面：环境保护从“浓度控制”转向“总量控制”，环境产权从“开放产权”转向“封闭产权”，环境容量从“无偿使用”转向“有偿使用”，环境产权从“不可交易”转向“可以交易”。具体来说，浙江省在推进排污权交易制度主要经验包括：一是以政策为导向，完善相关法律法规。为了推进排污权有偿使用和交易，浙江省出台了许多省级政策文件，如《关于开展排污权有偿使用和交易试点工作的指导意见》、《浙江省排污权有偿使用和交易试点工作暂行办法》、《浙江省排污权有偿使用和交易试点工作暂行办法实施细则》、《浙江省排污许可证管理暂行办法》、《浙江省排污许可证管理暂行办法实施细则》、《浙江省排污权有偿使用收入和排污权储备资金管理暂行办法》、《浙江省排污权抵押贷款暂行规定》、《浙江省初始排污权有偿使用费征收标准管理办法（试行）》、《浙江省环境保护厅排污权交易报批程序规定（试行）》、《浙江省排污权交易中心排污权有偿使用和交易程序规定（试行）》、《浙江省环境保护厅排污权交易内部审查程序规定（试行）》《浙江省主要污染物排放权指标核定和分配技术方法（试行）》等。这些政策文件虽然内容各有侧重点，但都从不同方面完善了排污权有偿使用和交易的政策法规体系。二是重视排污权衍生制度的创新，最大程度地发挥排污权制度的实效性。如排污权初始分配的“嘉兴模式”，通过承认试点前企业获得的排污权绕开了立法问题，保证了公平性；绍兴市推出的排污权抵押贷款制度和平湖市开展的排污权租赁制度，缓解了中小企业资源不足和贷款难的问题。

4. 深化“环境法治社会化”建设

注重“环境法治社会化”，为环浙江境法治的建设提供了深厚的社会环境基础。法律信仰来自于对法律的尊重，环境法治的建设依赖于公民和政府公职人员的法治观念的树立。提高全民法律信仰和法治意识是环境法治建设的前提条件。浙江省加强生态环境保护、推进生态文明建设的实践是一项具有深远意义的系统工程，关系子孙后代的生存与发展，必须使其深入人心，成为全民自觉要求和自发行为。因此，浙江省在大力推进环境法律制度建设过程中，除了社会制度领域的努力外，还必须有社会心理、社会风尚领域的努力。正如习近平总书记指出，要“突出培养公民的法治精神，在全社会树立法治信仰、形成法治风尚，努力把法治精神、法治意识、法治观念熔铸到人们的头脑之中。”浙江在推动环境法律制度的实践中，以“环境法治社会化”为基础，积极调动社会力量参与和支持，提升环境法律制度建设的科学性与实效性。一是通过一系列的制度建设和制度创新，加大了社会公众参与环境保护的力度。如《浙江省建设项目环境管理办法》中对于环境影响评价制度作出规定：在建设项目做环评时要邀请社会团体、研究机构及有关环境敏感区的单位、个人参加座谈会、论证会、听证会，保障了公众的知情权。二是拓宽社会公众参与环境法律制度建设的渠道，强化制度实效。如浙江省环保厅设立环保举报热线和网络举报平台，积极动员广大群众参与环境保护的监督工作，落实环境法律制度从法律层面到实践层面的合理对接。各地市积极探索公众参与环保的模式，包括环保联合会、市民环保检查团、生态文明宣讲团等多种公众参与模式，加强环境法律制度实施效果的公众监督。三是实行环境信息公开制度。环境信息包括政府环境信息和企业环境信息，将环境信息公开能够有效的维护公民对于环境法律制度信息的知情权。浙江省出台《当前我省政府信息公开重点工作安排》，将环境信息公开纳入大力推进的九个重点领域信息公开工作，要求重点推进空气质量和水环境信息、建设项目环境影响评价信息、环境污染治理政策措施和治理效果信息、减排信息等四个方面的信息公开工作。[①] 与此同时，政府及时发布重大环境监测制度领域信息，积极构建信息发布平台，如在水污染防治领域，省环境信息中心构建了浙江省水污染信息公开与公众参与平台，及时向公众发布水污染情况、环境质量监测结果等信息。

五、浙江环境法律制度建设的问题与不足

1. 法律规范的可操作性优化

立法的关键在于规范的可操作性，即有效实施问题。这是法律由应然向实然转变、功能外化的必要条件。为了保证立法的严肃性和法律的稳定性，“宜粗不宜细”是我国一贯的立法原则，特别是已出台的许多环境法规中对“三同时”、环境影响评价等环境法律制度的规定过于原则化缺乏相应法规规章和实施细则的配套，重实体规定、程序规范欠缺，重行政主导、公众参与欠缺，结果导致法律的可操作性差，执法随意性很大和执行标准不一致。主要表现在以下几个方面。

（1）制度的适用范围不够明确统一。关于环境影响评价制度的适用范围，环境保护法律作了如下规定：“凡从事对环境有影响的建设项目都必须执行环境影响报告书的审批制度。”但如何判定“对环境有影响”，国家环保局 1988 年颁发的《关于建设项目环境管理问题的若干意见》中

① 浙江省人民政府办公厅．浙江省人民政府办公厅关于印发当前我省政府信息公开重点工作安排的通知（浙政办发〔2013〕112 号）．http：//www. cnfood. com/news/29/144600. html。

提出了这样一个原则："凡属中型以上的建设项目，对厂区以外地区的基本环境要素（大气、水体、土壤、植物等）或特定环境保护区（如城镇、疗养区、自然保护区、温泉、名胜古迹等）可能造成的污染和破坏，不通过环境影响评价不能判明影响程度者，都应编写环境影响报告书，其余项目可填写环境影响报告表。"但解释仍未能说明该制度的适用范围。对于现行法律法规中的一些不规范用语必须及时改正，这些具有明显不确定性的法律规定，会为法律的实施带来很大的困难。科学用语不仅可以增加法律规定的严谨性，更是提高可操作性的重要环节。根据新《环境保护法》第二十六条规定的"三同时"制度，适用于可能造成环境污染的建设项目。1984 年国务院颁布的《关于环境保护的决定》中"三同时"制度的适用范围是可能对环境造成破坏的一切建设项目和自然开发项目。二者规定不统一。从环境保护的需要以及"三同时"制度本身可以发挥作用的范围来看，"三同时"制度也可以而且应该适用于可能造成生态破坏的建设项目。但《环境保护法》属于上位法，这就造成了制度的适用范围不统一。法律条文的不明确、不统一，使执法人员无所适从，而且导致一些企事业单位不执行环境法律法规。

（2）缺乏相应法规规章和实施细则的配套。法律制度的实施需要借助于法律体系的保障，环境法律制度的实施也是如此，这种体系的保障首先表现为要有根本法律依据，要有环境基本法及单行法。以"源头严控"的环境影响评价制度为例，新《环境保护法》在环境基本法的层面上增加了相关规定，如政策考虑环境影响评价、规划环境影响评价、环评区域限批、公共参与建设项目环境影响评价等制度，但是随之而来的问题也需要引起重视。第一，政策考虑环境影响评价的规定是在新法中首次被提出，因此落实这一规定的具体制度还有待补充。第二，与建设项目环境影响评价相配套的法律制度是建设项目"三同时"制度，而在规划环境影响评价方面，尚缺乏相应的制度（常纪文，2011）。第三，除新法外，环评区域限批制度在现行环境立法中仅有《水污染防治法》与《规划环境影响评价制度》有原则性规定，缺乏具体设计，相关的配套规定有待完善。此外还有，环境许可制度最重要的组成部分是排污许可制度，对于排污许可制度，新《环境保护法》第四十五条作了原则性规定，但其他相关法律对其也没有进行更细化的规定，如缺乏排污许可证核发机关和监管等内容的法律规定，因此其实施也受到了影响。对于环境税费制度，新《环境保护法》第四十三条作出原则性规定，关于环境税相关的具体制度仍有所欠缺。

（3）我国的环境法律制度重实体规定、轻程序规范。这也是导致环境立法可操作性不强的重要原因之一。环保法律大多是“软法”，所规定的法律责任要求不严，且大多数没有刑事制裁条款，不足以震慑违法者；二是对环境违法者大多执行行政制裁，而没有提起司法诉讼，由此导致执法效力不高。由于缺乏具体的程序性规定，各地在实施各项制度时经常是无所适从，执法过程中的不规范性和任意性使法律的权威性受到挑战。因此，要不断转变观念，扩大环境立法的影响。应尽快制定及颁布各项基本法律制度的具体实施和管理办法，明确其适用范围、管理程序、法律责任等。使各项制度具有可操作性的意义在于，既为行政执法提供可操作性，也有利于加强对行政执法主体的约束，从两方面确立稳定的环境行政执法秩序。

2. 行政管制路径依赖导致灵活度不足

在众多利益界定之中，公共利益是国家利益的重要表现形式，而政府在公共利益中起着主导作用。环境法律制度则是以此利益理论为内涵，具有强烈的行政管制色彩，并且“命令—控制”是环境法律制度发挥实效的动力源泉。我国环境法律制度建设以1979年《中华人民共和国环境保护法（试行）》的颁布为重要标志，到20世纪90年代之前，由于当时还处在计划经济体制之下，各项环境法律法律制度（如排污收费制度、“三同时”制度和环境影响评价制度，简称“老三项”）都是从计划经济向市场经济转型之前建立的，因此，在有些地方的计划经济结构偏重。到中共十四大的召开，确立了社会主义市场经济体制，这一时期环境法律制度建设重视市场经济体制的需要，开始带有市场激励型的外在特征，但是并没有从根本上改变计划经济体制色彩的影响，政府在环境法律制度之中的行政管制依然存在，初步发展的市场经济对于环境法律制度的激励作用尚未显现出来，应有的灵活度远未得到充分展现。但是像排污收费制度、排污许可证制度、环境影响评价制度等相关的环境法律制度主要从欧美发达国家借鉴而来，是这些国家市场经济发展水平高、社会公众环保意识强、科学技术进步的产物。在我国计划经济体制之下产生的环境法律制度在环境治理之中发挥了重要约束和导向作用，虽然存在一些制度本身固有的缺陷，如具体的程序、措施以及法律后果等不适应新的市场经济体制的要求，不符合改革发展方向，影响环境法律制度的有效性。例如我国实施的超标排污收费制度，作为治理环境污染的关键法律制度，其征收排污费是以行为人超过污染物浓度标准为依据。从本质上来说，这种因超标排污承担的法律责任依然是计划经济体制下利用行政管制推动环境污染治理的手段，其主要特征为资源的有序分配和无偿使用，是产品经济在环境保护领域的主要表现。排污行为人只要在污染物排放标准之下就可以无偿使用环境公共产品，由于环境违法成本低，不能从根本上解决环境污染问题，反而在一定程度上加剧了环境污染和资源的浪费。此外，我国现行有效的《大气污染防治法》、《环境保护法》等规范性文件中相关的市场激励型条款和融资体制存在矛盾，社会主义市场经济条件下环境事权的分配也与此有矛盾。针对这些矛盾需要协调、完善相应的制度性规定，并与市场经济相适应。

3. 制度之间的衔接性与系统性联动不够

系统性是环境法律制度的基本特征之一，各项环境法律制度相互补充和相互配合可以发挥其在解决环境问题中的整体效应。但是由于环境法律立法的滞后性，众多环境法律制度存在着抽象性规定，在适用条件、具体措施、法律责任等方面缺乏可操作性。此外，各项制度制定时间有先后之分，如环境法律制度的“老三项”和“新五项”，还有一些环境法律制度是在不同的经济体制背景下制定的，导致这些制度之间衔接性与系统性不够。再加之制度实施的具体配套法规和制度的不完善，导致我国环境法律制度缺乏系统性，甚至存在相互冲突和抵触现象，严重制约了环境法律制度实效性的发挥。在环境治理的司法、执法实践中，这一问题的存在大大降低了环境法律制度实施的效率，也增加了环境问题解决的成本。整体效应难以发挥，立法资源不仅被消耗，而且环境法律制度仍然停留在理论层面，这一系列问题最终导致环境法律制度的功能被弱化。如污染物浓度控制是在环境治理实践中得到广泛应用的方式，其中“三同时”制度、环境影响评价制度以及排污收费等制度都采用了这一方式，对于污染物的控制起到了强有力的作用。建设工程在污染防治方面的验收标准是依据该工程设施排放的污染物的浓度，环境影响报告书中包含的防治方案以该浓度标准为基础，超标排放征收排污费也是以浓度标准为依据。但是统一的浓度标准忽视环境影响因素的多样性，污染物对环境造成的损害现象，污染物的浓度大小只是其中的一个原因，污染物的总量也是关键原因。通过污染物的浓度达到控制环境的效果有限，忽视了环境本身的容量要求，即环境能够容纳的最大污染物排放量，这对于环境治理是很不利的。我国采用的排污许可证制度则运用了污染物总量控制制度，逐步实现了环境治理由污染物浓度控制向总量控制的转变，有利于解决污染防治制度之间不协调的问题。与此同时，针对的对象不同，环境立法也存在差异性，如对自然环境保护以及污染防治分别单项立法，这种情况会使得立法者在立法过程中考虑不全面，导致一些环境法律制度存在重叠甚至冲突的现象，例如《水污染防治法》、《水法》和《水土保持法》三者之间既有环境法律制度重叠之处，也有冲突之处。

4. 基础理论尚待夯实

（1）新兴学科导致环境法律制度的理论基础先天不足。环境法学是一门新兴学科，新兴学科的特性导致了环境法律制度在理论基础的储备上存在着先天不足。环境法学在形成与发展中，不可避免地需要求助、借鉴与引用经济学、环境科学、环境管理学等其他学科的研究成果。国家管理环境资源的基本理论，就是在环境资源公共物品属性、外部性理论、“公地悲剧”、科斯定理等经济学理论的基础上创立的，从而加速了环境法学的发展。运用经济学的准则和价值观判断研究环境法律制度问题，一方面要重视对环境法律制度进行经济分析，另一方面强调法的经济效益和选择。这一个重视和一个强调将经济学的研究方法直接运用到环境法律制度的研究中，从而将效益作为评价环境法律制度和措施的一个基本标准。但是对于上述提及的其他学科理论的借鉴最终目的是为了完成对环境法学的研究，应该明确这一目的，不应该简单移植其他学科理论来直接用来作为环境法学的基本理论，不同学科、不同理论成果、不同实践三者之间需要一个再连接、再创作的转换过程。我国的环境法学还没有形成系统性、综合性地体现其本质特征的基础理论。这使得环境法律制度建设长期滞后，使环境法律制度体系无法体现环境问题的关联性、综合性。由于没有能够指导环境法律制度建设的先进的环境法学基本理论，使得中国企业一直在走“先污染，后治理”这一西方国家走过的道路，而且表现得心安理得，进而形成了中国经济发展当中的一大难题——怎样在不束缚经济发展、不让数百万人失业的情况下治理好被污染的环境。应当承认，环境法学的基础理论是构成环境法律制度的核心，所以构建环境法律基本制度极为重要。

（2）在建构进程中对“利益衡平”等重要理论重视不够。法律完成其社会控制的基本使命是借助于对利益的确认、维护、限制和分配。因而，法学研究和法律制度实践都将围绕利益的衡平而展开，它们在利益的均衡与非均衡之间进行博弈与取舍。现实中的许多法律制度正是忽视了权利与义务的衡平，才使人们遵守法律的积极性较弱或对现行法律存在较严重的抵触情绪，使法律达不到预期的社会效果。法律制度对环境问题的调整方面有失公允和合理，也是由于在司法实践中对法律关系涉及的主体权利的价值选择失衡。据权威部门估算，我国因为环境污染造成的直接损失每年达 1200 亿元，而实际赔偿数额却很少，绝大部分损失是由受害者、国家、社会来承担。松花江污染事件即为明证。这是环境法律制度偏离利益平衡规律造成的典型后果，也是在衡量利益中出现的衡平失当。

人类对经济利益的过度追求和环境利益与经济利益在多类型、多主体上的失衡，是导致环境问题的根源。有人说环境问题是经济活动的副产品，但其本质还是环境利益与经济利益之间的不良衡平的结果。环境问题的产生与发展是由于出现了新的利益冲突，对新的利益衡平提出新要求。构建环境法律制度是经济利益发展到一定阶段的需求，亦是适应利益调节的需要，是不同利益主体之间相互妥协的结果。利益冲突的、驱动的结果也会使得环境法律制度得到相应的发展，环境法律制度的实质就是对环境利益与经济利益进行衡平与整合。所以，构成环境法律制度的基础是利益规律，环境法律制度演变的重要动因也是利益规律。我国长期以来的指导思想是经济效益与环境效益协调发展。研究环境法律制度要从人对环境与经济的利益需求着手。经济利益与环境利益都是人类最基本利益，不应将二者割裂或对立，亦不应简单理解为两者谁更为优先。两者应是经过衡平和整合后的协调关系。

想要平衡各种不同利益之间的关系，环境法中一系列的法律制度，如环境影响评价制度、“三同时”制度、排污收费制度等，它们通过对利益主体行为的调控而直接有效地预防和控制环境污染与破坏，从而促进经济社会可持续发展。我国主要从政府失灵角度，并结合市场失灵问题来研究环境法律制度，引出环境公益与经济私益的如何衡平问题。为了发挥环境法律制度的利益调控作用，必须按照符合当下形势的利益平衡观，科学合理地安排运用环境制度，从而保证经济刺激手段能够引导市场主体的自觉的环境保护行为。以适应环境保护市场化的要求，协调不同主体之间利益以及经济与环境的利益的相互关系。符合社会进步要求的环境利益关系有恰当的制度安排，从而实现利益的最佳协调与衡平。所以，环境法律制度的构建和设计的目标应是实现和促进两个利益的衡平，即指导环境法律制度建设的理论基础是利益衡平理论。

六、浙江环境法律制度建设的完善路径

1.“源头严控”推进环境法律制度的完善

（1）修改环境影响评价制度条款。作为源头干预的实然法律制度，

适用领域广泛，同时具有事前预防和管理的外在特征，在防治环境污染和环境保护等方面发挥着重要的作用。我国 2003 年就开始施行《环境影响评价法》，但在施行过程中存在一些问题，针对这些问题，结合浙江省的实际工作经验，可以从以下几个层面发展和创新：一是以环境污染物的最大容量为基础，环境影响评价制度通过对环境容量的调整和控制，从而使某个区域内经过环境影响评价制度验收的建设项目不超过当地的环境容量。二是在科学认定标准上进行统一，对环境影响程度的评定在不同的主体条件下得出的结论会有所差异，将界定标准科学化、规范化、统一化，提高对不同区域内建设项目评价的可操作性。三是加强环保行政主管机关管理，严惩违法审批、越权审批现象，建立环境影响评价的司法监督机制。通过追究环境机构从业人员的责任，追究因环评材料弄虚作假造成环评项目严重污染环境的环评单位的行政或刑事责任（薛继斌，2007）。四是完善社会公众参与机制，发挥社会引导型功能在环境影响评价中批评监督的作用，在环境开发、利用、保护、管理以及污染防治的全过程中，鼓励公众参与其中，各类建设项目的环境影响评价和环境影响评价审批都要公开信息，除法律规定建设项目需要保密的除外，并征求公众意见，保障公众的知情权。五是简化环境影响评价的流程，降低社会成本，国家的程序复杂，因此可以由省级以下环保部门负责审批的建设项目，不再编制和和报批环评大纲。对于确实需要让行业主管部门提前审核的环评项目环评报告，由环保部门会同有关单位统一审核，不再单独评审。

（2）完善排污许可证制度。作为环境治理的重要手段，排污许可证制度依然存在发证率低、后监管不到位、缺乏公众参与等主要问题，这些问题限制和削弱了该制度的功能和作用。为此需要在以下几方面进行完善：一是对各政府部门环境事权进行合理分工，完善行政管理体制，减轻关于行政许可方面的职责冲突。政府要树立宏观决策思维，对环境资源的开发、利用和保护要符合可持续发展理念的要求，统筹中央与地方环境保护领域的职权，减少部门利益矛盾，也要排除地方对于实施排污许可证制度的干扰。二是强化对排污许可证使用的内部和外部监督。在内部行政许可机关要明确其监督管理责任，将排污许可证的实施情况作为自己的一项重要职责，严格行政许可证的颁发资格条件，尤其是环境资源开发、利用规划方面行政许可须从严审核，并将其与行政许可机关的管理绩效相联系，防止排污许可证的使用超出行政许可机关的控制程度。三是加强环保宣传，提高企业环保与守法意识，实行信息公开制度，提高公众知情权和参与权，把公众参与纳入对政府和排污者的监督和制约体制。

2. “过程严管”推进环境法律制度的完善

（1）完善生态环境补偿费制度。一是通过多种方式进行生态补偿。如对流域上游的生态功能区，采用异地开发的方式，通过提供机制、政策优惠，建设扶贫经济开发区进行补偿。二是探索市场化的生态补偿制度。实行排污权有偿使用和交易制度，引入市场机制，促进排污成本的降低和环保目标的实现；探索水资源有偿使用机制，实行配额交易，实现水权交易的双赢结果；建立森林生态效益补偿基金制度，通过财政资金用于补偿生态公益林项目。三是建立多渠道的融资机制。生态补偿的资金来源不能仅仅依靠财政支持，应该拓展多元融资渠道。四是严格追究生态环境破坏者的责任。加强对污染物排放的监控，切实加大对污染物超排、偷排等行为的处罚力度。

（2）完善“三同时”制度。“三同时”制度是我国环境管理的基本制度之一，是我国首创的一项环境法律制度，也是控制新污染源产生，践行预防为主原则的一项重要措施。“三同时”制度的适用范围非常广泛，“三同时”制度对我国的环境保护发挥了重要作用，但是对我国的经济发展也有一定的不经济的影响。一是由于“三同时”制度要求环保设施必须与主体工程同时投入，一些企业的环保设施由于无法得到充分利用而积压资本，或由于资金短缺无法投资设施建设而导致搁浅。因此该制度实施时如果允许部分对环境影响不大的企业借助其他企业的环境保护设施代为同步建设，既有利于节约成本又能提高企业治理环境污染的积极性。二是对新建、改建、扩建的项目，基本建设项目、技术改造项目、区域开发或资源开发项目等，在立法上应有严格的界定，以利于法律的适用。在执法实践中，经常由于这一问题上界定不清或认识上的不一致而引起诉讼。三是有必要通过专门立法对“三同时”制度中一些规定进行解释与规范，进一步细化和明确“三同时”验收和审批的程序，明确“三同时”制度的验收条件和标准，配套规定“三同时”制度的监督检查制度（周利海，2014）。

（3）完善清洁生产制度。清洁生产作为社会主义市场经济快速发展的产物，是推动循环经济运行的有效手段，一方面体现了环境污染治理中全过程控制理念的内在要求，另一方面是落实绿色发展理念，实现可持续发展的重要环节。清洁生产环境法律制度作为市场激励型制度，充分发挥了市场在环境资源配置中的决定性作用，其在环境治理中的强制性和规范性的优点得以显现。为此，完善和创新清洁生产法律制度可以从以下几个方面展开：一是充分发挥市场机制的促进作用，通过使用经济刺激、奖惩制度促进清洁技术的发展与实施。二是从清洁生产的立法原则和指导思想层面加以完善，首先要立足于我我国市场经济发展的现状以及环境立法的进程，通过相关法律促进清洁生产法律制度的发展需要遵循两个基本原则：立法是对现行环境法律制度的完善与创新，而不是对其内容进行的根本性改变，立法的重点任务是实现市场激励作用与清洁生产的思想内涵相结合。其次，要转变清洁生产法律制度的立法指导思想，具体实现从“源头”控制到“末端”治理的全过程思想转变，把清洁生产作为市场经济下环境保护法的指导思想，促进环境法律制度绿色化和科学化的发展。三是以社会引导型机制促进清洁生产制度发展，因此，可以通过鼓励企业、社会公众等参与清洁生产的全过程，加强对清洁生产法律制度实施的监督力度，优化企业的工业生产模式，以科学技术的发展促进资源的有效利用，减轻工业污染，实现“企业“源头”治理。要重视宣传、教育，增强社会公众的环保意识，为清洁生产法律制度的有效实施提供良好的社会基础。

3. “恶果严惩”推进环境法律制度的完善

(1)建立环境损害责任终身追究制度。党的十八届四中全会指出“建立重大决策终身责任追究制度及责任倒查机制”,这是对党的十八届三中全会提出“建立生态环境损害责任终身追究制”要求的进一步深化、完善和推动。从党的十八届三中全会和四中全会的制度设计中不难发现,领导干部是主要追责对象。建立生态环境损害责任追究制,一方面有利于倒逼领导干部转变政绩观,从源头重视生态文明建设,另一方面有助于进一步促使政府牢固树立权责一致的思想观念和生态环境保护责任意识,并加快向生态型政府转变的步伐。政府只有建成生态型政府,才能主导我国生态文明建设。建立生态环境损害责任终身追究制,一是明晰责任主体。要明确个人生态环境损害责任和集体生态环境损害责任的界限。依照法定规范和法定程序,环境决策需要由领导干部集体参加讨论决定的,参与环境决策的领导干部均需承担生态环境损害连带责任,但能够证明自己在决策过程中表示反对或提出异议且被会议纪要、会议记录等材料记录在案的除外。二是细化责任形式。终身追究领导干部的生态环境损害责任有四种:道义责任、政治责任、行政责任和刑事责任(高桂林等,2015)。三是整合社会力量,强化监督。首先,要完善举报制度,加强社会监督,规范政府行为;其次,集聚生态专家、学者的智慧,吸收、培养更多优秀人才,创新和引进先进技术,开发新能源,开拓新领域;最后,加强宣传教育,在全社会树立生态责任意识,提高人民生态素质水平。

(2)完善环境损害赔偿制度。环境损害是一种针对环境本身的新型损害,其特殊性决定了传统部门法在保护和救济环境利益方面具有无法克服的局限性(张锋等,2012)。因此,可以从以下几个方面来完善环境损害赔偿制度:一是建立环境责任保险制度。环境责任保险是随着环境污染事故和环境侵权行为的频繁发生以及公众环境权利意识的不断增强,从公众责任保险、第三者责任保险中逐渐独立出来。环境责任保险制度有利于分散企业经营风险,有利于发挥保险机制的环境治理功能。

为此，完善环境责任保险制度便需要首先明确环境污染责任保险的投保主体；建立健全环境污染事故勘察、定损及责任认定机制；制订环境污染事故损失核算标准及核算指南；健全理赔程序；进一步提高污染事故预防机能。二是建立健全环境风险基金机制。此为环境责任风险移转方式之一，在一定程度上可以等同于任意性环境责任保险。这有助于保护受害人利益和分散风险。三是建立健全第三方鉴定评估机制。环境损害评估具有专业性和复杂性，鉴定评估机构必须具备相应的专业知识。我国尚未设立具备相应资质的环境损害的司法鉴定机构。为此，应当尽快培养相关专业人员，建立环境损害司法鉴定机制，设立环境损害鉴定专业机构。

【参考文献】

[1] Gunningham N. Environment Law, Regulation and Governance: Shifting Architectures [J]. Journal of Environmental Law, 2009, 21 (2).

[2] 蔡守秋主编. 环境资源法学 [M]. 湖南大学出版社, 2005.

[3] 陈真亮. 我国环境基本国策之检视与展望——基于法定主义的规范分析 [J]. 吉首大学学报（社会科学版），2015 (3).

[4] 夏光. 环境政策创新 [M]. 北京：中国环境科学出版社，2002.

[5] 金瑞林主编. 环境法 [M]. 北京：北京大学出版社，2002.

[6] 钭晓东. 论环境法的利益调整功能 [J]. 法学评论，2009 (6).

[7] 刘淑青. 我国污染物总量控制制度研究 [D]. 中国政法大学，2009.

[8] 沈满洪，魏楚，程华等：2012 浙江生态经济发展报告 [M]. 中国财政经济出版社，2012.

[9] 习近平. 干在实处 走在前列—推进浙江新发展的思考与实践 [M]. 中共中央党校出版社，2006.

[10] 习近平. 之江新语 [M]. 浙江人民出版社，2007.

[11] 沈满洪. 生态经济学 [M]. 中国环境科学出版社, 2008.

[12] 刘伊生. 绿色低碳发展概论 [M]. 北京交通大学出版社, 2014.

[13] 竺效, 丁霖. 绿色发展理念与环境立法创新 [J]. 法制与社会发展, 2016 (2).

[14] 李程. 环境管制: 从管理到治理的转变 [J]. 经济与管理, 2011 (3).

[15] 钭晓东. 环境法调整机制运行双重失灵的主要症结 [J]. 河北学刊, 2010 (6).

[16] 李挚萍. 20 世纪政府环境管制的三个演进时代 [J]. 学术研究, 2005 (6).

[17] 沈满洪, 谢慧明. 生态经济化的实证与规范分析——以嘉兴市排污权有偿使用案为例 [J]. 中国地质大学学报 (社会科学版), 2010 (6).

[18] 吴荻, 武春友. 建国以来中国环境政策的演进分析 [J]. 大连理工大学学报 (社会科学版), 2006 (4).

[19] 常纪文. 环境法前沿问题 [M]. 中国政法大学出版社, 2011.

[20] 薛继斌. 中国环境影响评价立法与战略环境评价制度 [J]. 学术研究, 2007 (9).

[21] 周利海. 对我国环境法 "三同时" 制度的分析与反思 [D]. 吉林大学, 2014.

[22] 高桂林, 陈云俊. 论生态环境损害责任终身追究制的法制构建 [J]. 广西社会科学, 2015 (5).

[23] 张锋, 陈晓阳. 环境损害赔偿制度的缺位与立法完善 [J]. 甘肃社会科学, 2012 (5).

(**作者:** 钭晓东, 宁波大学法学院)